毛泽东评史

张汉清 ◎ 著

MAOZEDONG
PINGSHI

人民出版社

出版前言

　　毛泽东喜欢学习和研究历史，尤其是中国历史，并从中吸取经验教训，做到"古为今用"。在其读过的历史著作中，对历代人物、事件多有评述。本书虽名为《毛泽东评史》，但内容并不局限于这一范围，还涉及戏剧、小说中的人物、事件等。作者试图通过对毛泽东点评古代典籍的阐释，让读者了解毛泽东的历史观和治国理政的基本方略。

目　录

　　毛泽东说起义是被逼上梁山的。逼上梁山的要害，一是
"逼"，二是"上梁山"。他领导的秋收起义，也像逼上梁山一
样，是大革命失败后，被四一二反革命政变逼迫的；在攻长沙
失败后，上了井冈山，创建了革命根据地，开辟了农村包围城
市最终夺取全国政权的成功之道。

　　林冲退击和孙子、孙膑等优秀传统兵法，常为毛泽东在长期
革命战争中应用和发挥。他在指挥中央苏区三次反"围剿"、四渡
赤水、保卫延安和解放战争中的三大战役中应用和发挥得最好。

毛泽东说刘备彝陵之败，在于未抓主要矛盾和"联营七百里"。毛泽东和他的战友在处理"西安事变"问题上，就善于正确处理主要矛盾和次要矛盾的关系，促进了国共合作抗日；领导八路军、新四军进行的抗日战争，采取以山地游击战为主、运动战为辅的战略战术，起到了抗战中的中流砥柱作用，外人说毛泽东是"现代游击战之父"。

孔明借过东风，用过空城计，并用锦囊计使周瑜"赔了夫人又折兵"。毛泽东很敬重诸葛亮，但认为其智慧源自他善"皱眉"和谨慎，不要虚夸和神化他。他自己也善"皱眉"，打仗讲究气象；用"空坡计""空村计""空河计"化险为夷。

毛泽东反对贾桂的"奴才思想"。他在国民党多次破坏国共合作时，在抗日战争、国际交往和经济建设中，领导中国人民不做困难和敌人的奴隶，独立自主地走自己的路。特别是在美国将侵朝战火烧向我国边境时，领导一个刚从战争废墟中走出来、军队装备落后的中国，将世界头号强国美帝国主义打败，打出了国威，表现了中国人的非奴性格。

毛泽东以王莽提倡"均田"为由说他"注意到农民问题"，"还不是怎么了不得的一个坏人"。其实，他自己就史无前例地重视农民，瞿秋白说他是"农民运动王"。不仅视农民为中国革命和建设上的基本力量，而且为农民解决了许多问题，史无前例地完成了土地改革和社会主义改造，发展了农业生产，农村各项建设全面开展，面貌焕然一新。

毛泽东说刘邦得天下，一因"决策正确"，二因"用人得当"。毛泽东是人才建设的能手。他用人有唯贤、重育、必信、务管等绝招。陈云说："毛泽东同志一个无可比拟的功绩是培养了一代人，包括我们在内。"邓小平说："我们在座的同志，可以说都是毛泽东思想教导出来的。"

毛泽东说孔明处理民族关系"高明"，康熙的统一战线有"神奇效果"。他自己更会处理民族问题。"三大法宝"的提法来自《封神演义》，他是做统一战线工作的能手。他选择的"民族区域自治"比"民族自决"好得多。他亲自作过张学良、杨虎城的统战工作，促成了国共合作抗日；由于他善于处理民族问题和与党外合作，使我们这个全世界人口最多的多民族国家呈现出了空前大团结、大统一的盛况。

九、别做"霸王"和"傀儡"

毛泽东把《霸王别姬》剧作为民主教育的教材，他说的"非傀儡皇帝之罪"决非傀儡当之无愧。从整体上来说，毛泽东还是善于发扬民主作风的。同时也未因片面强调民主而放弃应该坚持的对人民有利的东西。他倡导的民主集中制，既异于封建专制，又异于某些西方国家的民主自由，久行不衰。

十、"希望考个好成绩"

李自成因大将刘宗敏索财和霸占人姜陈圆圆而败。毛泽东进京时说的"希望考个好成绩"，意在警惕和防止糖衣炮弹的侵蚀，永保红色江山不变色。他为此带头清廉自律，开展了各种形式的整风，不断加大反腐倡廉力度，处决了有战功的违法者和贪污犯，促进了广大干部的作风建设。

十一、"伟乎"岳飞，满门忠烈

岳飞和其子岳云一同殉国。毛泽东自己经历几十次危难，每次都将生命置之度外，泰然面对。他的六位亲人在他的教育和影响下，先后走上革命道路，面对敌人的威逼利诱，无一偷生叛敌，一个个英勇就义，为国捐躯。

毛泽东说:"我党干部应学韦睿作风",认为不贪财且敢以数万敌百万的韦睿为"有勇"的"仁者"。他自己的许多轶事表明他不搞特殊化、不收礼占公、不做寿自封、不用人唯亲、不忘记故旧、不怠政闲逸、不奢侈浪费,归根结底是不谋一己之私。

毛泽东说屈原"高踞上游"。他自己又诤言犯上,又服从组织决议,能上能下,苦读勤问。特别是在读书方面,毛泽东简直是个罕见的求知狂,住室藏书 6 万余册,床铺半边是书。他虽然只有中专文凭,却成为文服群儒、用兵如神、赋压诗坛、史通千古的大学问家。

唐明皇晚节不保,使唐朝由盛转衰。毛泽东却始终如一地做人民的勤务员,废寝忘食,永保晚节。他晚年的失误,在于贯彻自己提倡的正确路线不彻底,给党和人民带来损失,但决非失节,其过像其功一样,都是为国为民和为了实现党的最终目标。

　　毛泽东不赞同卢弼给曹操贴的"大字报"和祢衡对曹操的"蚁观"，主张给曹操"翻案"。他对人物的评价务实、全面，敢于拨乱反正。毛泽东对商纣王历史人物的评价也是这样。毛泽东在他的战友遭受冤屈和不公正处理时，不仅客观评价，而且挺身而出，为其纠正错处，让其发挥才干。这也是毛泽东评人用人上的古为今用。

前　言

毛泽东异乎寻常地酷爱评点中国古代文化，包括评点古代历史、古典小说、古代戏剧。在他的一生中，有很多与他评点古代文化内容恰恰相同或相反的实践。

本书选用毛泽东评点中国文化的十六组原文，回顾了毛泽东一生中指导中国革命建设和自身成长的实践。

旨在展现毛泽东一生所爱好的一个绝招——古为今用。

毛泽东酷爱评点古籍文史，绝非为评而评，为趣而评，而是为了古为今用。他一直倡导古为今用，他自己就是一个古为今用的大师，常常借鉴古代文化的珍品，用于指导中国革命和建设的实践。

早在 1938 年 10 月 14 日召开的中共六届六中全会上，毛泽东就指出："指导一个伟大的革命运动的政党，如果没有革命理论，没有历史知识，没有对于实际运动的深刻的了解，要取得胜利是不可能的"。"我们这个民族有数千年的历史，有它的特点，有它的许多珍贵品，对于这些，我们还是小学生。今天的中国是历史的中国的一个发展，我们是马克思主义的历史主义者，我们不应当割断历史，从孔夫子到孙中山，我们应当加以总结，承继这一份珍贵的遗产。这对指导当前的伟大运动，是有重要的帮助的"①毛泽东之所以如此酷爱读评古籍文史，正是为了承继历史文化的珍贵遗产，用于中国革命和建设的光辉实践。

毛泽东一生的光辉实践，无疑是马克思列宁主义的基本原理与中国实际情况相结合的产物。

他从来认为，中国的实际情况，不光是中国固有的国情，还涵括了中国当今革命、建设和中国历史实践的具体情况。1941 年 5 月 19 日，他在延安干部会上作《改造我们的学习》的报告，在讲到进一步搞好马克思列宁主义的普遍真理和中国革命实践相结合的伟大事业时，就强调要"研究历史"，"不要割断历史，不单是懂得希腊，还要懂得中国……不但要懂得中国的今天，也要懂得中国的昨天和前天"。他还尖锐批评那些只研究马列主义，不研究历史的人，说："不论是近百年的和古代的中国史，在许多党员的心目中还是漆黑一团，许多马克思列宁主义的学者也是言必称希腊，对于自己的祖宗，则对不住，忘记了"；"对于自己的历史一点不懂，或懂得甚少，不以为耻，反以为荣"②毛泽东自己这么酷爱研读中国的文史古籍，正是把中国古代文化的珍品，当成中国实际情况的一部分，以便更好地贯彻马列主义的基本原理与中国实际情况相结合。

他对历史文化珍贵遗产的承继，从不照抄照搬，而是像他自己说的那样，是"剔除其封建性的糟粕，吸收其民主性的精华"。"决不能无批判地兼收并蓄，必须将古代封建统治阶级的一切腐朽的东西和古代优秀的人民文化即多少带有民主性和革命性的东西区别开来"；"不是颂古非今，不是赞扬任何封建的毒素"③。他之所以常常评点文史古籍，正是为了用马克思列宁主义基本原理鉴别历史的糟粕和精华。吸取符合马列主义

① 《毛泽东选集》第二卷，人民出版社 1991 年版，第 533、534 页。
② 《毛泽东选集》第三卷，人民出版社 1991 年版，第 796、797、798、801 页。
③ 《毛泽东选集》第二卷，人民出版社 1991 年版，第 707—708 页。

基本原理与中国现实情况和中国革命建设实践具体情况的历史经验，应用于自身成长和中国革命、建设的伟大实践中去。所以，毛泽东的古为今用过程正是马克思列宁主义基本原理与中国实际情况相结合的诸多过程之一，与照抄照搬是两码事，更非取代、削弱马克思列宁主义对中国革命建设的指导。

毛泽东在战火纷飞和日理万机中作出的每个决策，不可能也没有必要都去寻思和引用历史经验教训的语言来表达。当有人说毛泽东用《三国演义》指导打仗时，毛泽东说："《三国演义》我看过几遍，但指挥作战时，谁还记得什么《三国演义》，统统忘了"①。但是，毛泽东在革命战争中常常乘天时和有利气候打仗，在西柏坡用一支笔吓退傅作义的十万兵，与孔明祭东风和《空城计》有关；敢打以弱胜强仗，与官渡之战有关。《实践论》中用的"眉头一皱，计上心来"，是《三国演义》作者罗贯中形容孔明"用兵如神"的话。毛泽东不是神，其治国智慧不可能生而知之，与他读书有关。不是读古书，也是读其他书或者是问到和听到的"无字书"，或者是借助于包括古代、现代，国外、国内，理论、政治，社会、科学，有字、无字等各种书的综合知识。既然毛泽东评古有原文可证，而且对于毛泽东来说，具有学以致用的良好学风，他的实践与所评的古典又是同一个事，起码可以肯定他的实践与他通过攻读包括古书在内的书得到的综合知识有关，因而本书所写的毛泽东对古典的评注对所写的毛泽东实践必然有影响。无论这种影响是单一的还是综合的，是正面的还是反面的，是主要的还是次要的，是直接的还是间接的，是大部分的还是少部分的，都叫影响。

毛泽东的古为今用，能更好地体现历史的伟大价值。马克思主义创

---

① 《毛泽东年谱（1949—1976）》（修订本）中卷，中央文献出版社 2013 年版，第 504 页。

始人说："历史就是我们的一切，我们比任何一个哲学学派，甚至比黑格尔，都要重视历史"①这句话一针见血地点出了马克思主义必须比任何哲学学派更要重视历史的价值。毛泽东的古为今用充分体现了他自己像马克思主义创始人一样重视历史的价值。本书通过撰写毛泽东应用中国古代文化珍品指导中国革命建设的实践，使新中国在短短的时间里，取得旧中国几百年几千年没有取得的高速进步和巨大变化，能比其他任何重视历史的绩效更加体现历史的伟大价值，能更好地促进人们像马克思主义创始人和毛泽东那样，重视历史的攻读、评研和应用其珍品指导自己修身和参加的伟大事业。

今天，毛泽东早已成为历史人物，我们重视历史价值，就不能忽视毛泽东的历史认知。期盼中华儿女和炎黄子孙，在实现中国梦的伟大事业中，要像毛泽东的古为今用那样，认真读好、评好和用好这一部难能可贵的毛泽东的光辉历史。

本书认真遵照习近平总书记关于改革开放前后历史时期不可互相否定的精神，探索毛泽东评古用古的实践纪事，还原毛泽东光辉历史的本来面目，弘扬毛泽东思想灵魂的伟大价值，承继毛泽东治国治军的宝贵经验，发扬毛泽东感人至深的无私品格。只因笔者学历浅、阅历薄、水平低，难免有许多不足、不妥之处，难尽人意，敬请诸位读者多加指点、校正和支持。

作　者

2016 年 12 月

---

① 《马克思恩格斯全集》第 1 卷，人民出版社 1960 年版，第 650 页。

一、"逼上梁山"

毛泽东说起义是被逼上梁山的。逼上梁山的要害，一是"逼"，二是"上梁山"。他领导的秋收起义，也像逼上梁山一样，是在大革命失败后，被四一二反革命政变逼迫的；在攻长沙失败后，上了井冈山，创建了革命根据地，开辟了农村包围城市最终夺取全国政权的成功之道。

[评注原文]

革命者并不是一开始就是革命的，他们是被反动派逼迫革命的……每一次起义都是被逼上梁山的。他（指起义者——引者注）并不想去，但压迫者使他无路可走。

　　　　——《毛泽东交往录》，人民出版社 1991 年版，第 413—414 页。

[故事背景]

逼上梁山是我国著名的英雄传奇小说《水浒传》中的故事。

今山东东平一带有个名叫梁山泊的地方，方圆八百余里，中间有个山寨，名叫宛子城、蓼儿洼，是个官军难攻之地。北宋末年，梁山泊聚集了很多因受封建统治阶级压迫、剥削，无路可走的英雄好汉，建成了一支强大的武装，劫富济贫，抵抗官军。这些好汉原来都是安分守己的，他们云集梁山泊无一不是被逼的。

最典型的是东京 80 万禁军枪棒教头林冲。贪官高俅为了支持义子高衙内霸占其妻，先将他骗入商议军机大事的"白虎堂"，以刺探机密罪将他定成死罪，经孔目周旋免死后，又将他刺了面颊发配沧州，在押解途中，高家父子又贿赂解差暗杀他，经鲁智深解救后，高家又派人夜烧他管理的草料场，企图烧死他，幸他这时出去打酒，当他打酒回来发现纵火者是高家所派，怒杀了三个纵火人。这时，他想罪不可免，无路可走，只得投奔梁山。有出名叫《野猪林》的京剧，就是演的林冲逼上梁山的情节。

梁山泊先后两个头头也是被逼而来的。

晁盖，郓城东溪村人，平生仗义疏财，不娶妻室，喜抱不平。北京大名府刮民血脂的留守司梁中书送一万贯珠宝财物给东京的岳父蔡京。他得知后，邀集吴学究、公孙胜、刘唐、阮氏三弟兄，在黄泥冈劫了这一生辰纲。官军四处通缉追捕。他被逼得无处可走，只得带了六位同伙，上了梁山。晁盖成了塞主，将劫来的生辰纲财物用于梁山事业。

宋江，字公明，郓城县宋家村人，排行第三，又称三郎。他孝敬父母，仗义疏财，自幼务农，稍读诗书，自做郓城押司以来，刀笔纯熟，更兼爱惜枪棒，武艺多般，爱打不平，舍施钱财，为人解难，山东、河北好多人称他"及时雨"。他与保正晁盖情同手足，对晁盖劫生辰纲的事表示过支持，官府追捕时，宋江暗暗告知晁盖，让晁盖上了梁山。晁盖早知宋江知书达理，有德有才，有意请他上山作主，便去信以求。不料此信落入宋江妻室阎婆惜之手，阎婆惜由于不满宋江因公少归而私通，久欲与之离婚。得到梁山书信后，便扣留作罪证，以害死宋江，成全其与情夫的久欢。宋江怕她告发，便杀了他。事发后，在官军追捕逼迫下，不得不上了梁山，成了领袖。

[实践纪事]

毛泽东一生最喜爱读《水浒传》。早在幼年时常将这本书暗藏在"正书"底下，乘老师不在时偷偷地读。他可以说是个《水浒传》迷，一次打仗进了一土豪家时，要警卫员到这家找一本《水浒传》来读，这个警卫员听错了，拿来了一只水壶，这个故事后来成为佳话。他对《水浒传》可说是常读常新。读得多，评得多，引用得多。他读过七十一回、百回、百二十回本，说过要把水浒当政治书看，有很多唯物辩证法，评过逼上梁山、林冲退击、武松打虎、三打祝家庄……

毛泽东常把逼上梁山的故事与他一生的革命事业联在一起。1944年1月9日，他看了延安平剧院演出的《逼上梁山》后，连夜写信给该剧编导杨绍萱、齐燕铭，说他们做了很好的工作，表示致谢，信中写道："历史是人民创造的，但在旧戏舞台上（在一切离开人民的旧文艺旧艺术上）人民却成了渣滓，由老爷太太少爷小姐们统治着舞台，这种历史的颠倒，现在由你们再颠倒过来，恢复了历史面目，从此旧剧开了新生面，所以值得庆贺"。① 毛泽东在这里不仅赞扬他们让人民占领舞台和为人民服务的文艺方向，更多的是赞赏他们宣扬水浒好汉被迫起义云集梁山反抗官军的革命精神，对中国20世纪革命大失败后，全国各地被四一二反革命政变逼迫的人民，纷纷起义，反抗压在头上的三座大山的现实意义。1945年9月25日，毛泽东在重庆谈判会晤国民党CC派头子、反共强硬分子、国民党组织部长陈立夫时，也谈了秋收起义是逼上梁山。他说："中国共产党和国民党在20年代曾经有过一段蜜月，我时时怀念那个时期，怀念孙中山先生"。"可惜呀！蜜月一过，孙中山先生一死，国民党就不认共产党了。1927年在上海捕杀共产党员"。"我们上山打游击，是国民党剿共逼出来的，是逼上梁山"②。1964年1月，毛泽东与美国记者安娜·刘易斯·斯特朗谈话时，也说过逼上梁山，他说："革命者并不是一开始就是革命者，他们是被反动派逼迫革命的"；"每一次起义都是被逼上梁山的，他（指起义者——引者注）并不想去，但压迫者使他无路可走"③。

从毛泽东的这些回忆，不难看出，他在大革命失败后，提出枪杆子

---

① 《毛泽东年谱（1893—1949）》（修订本）中卷，中央文献出版社2013年版，第490页。

② 《毛泽东读水浒传》，上海人民出版社2005年版，第107、108页。

③ 《毛泽东交往录》，人民出版社1991年版，第413、414页。

里出政权，领导秋收起义，与他在攻长沙失利后，上井冈山，创建革命
根据地的伟大事业，与逼上梁山的典故是相吻合的。他说的每一次起义，
无疑是包括历史上的诸多起义，为何只提梁山？因为其他起义很多是流
寇式的，20世纪20年代的其他起义也没有上山，南昌起义正是吃了没
有上山的亏。每次起义在被逼这一点上是一致的，上山并以它为根据地
就不一样，秋收起义却像梁山起义一样，上了山，并以山为根据地。所
以逼上梁山的全部涵义不仅是被逼的，而且是上了山。从此角度看，秋
收起义更像逼上梁山，既被逼，也上山。

秋收起义是被四一二反革命政变逼出来的

1924年至1927年，中国大地爆发了反对帝国主义、反对封建军阀的
革命运动。

这场大革命是由中国国民党与中国共产党共同领导的。当时，中国
仍处于军阀割据、四分五裂的状况。在各派军阀中，以曹锟、吴佩孚为
首的直系军阀势力，在英美等国支持下，于1920年的直皖战争和1922
年的第一次直奉战争中取得胜利，控制了中央政权。1923年3月，他
们在洛阳召开了军事会议，部署武力统一全国，再次挑起军阀混战。到
1924年，全国参加军阀混战的兵力达45万人。大小军阀在各自统治区
域内巧立名目，增收捐税，滥发纸币，随意搜刮，全国经济萧条，生灵
涂炭。刚成立不久的中国共产党，眼见此况，心急如火，深感要推翻帝
国主义和封建军阀在中国的统治，自身单薄，很有必要联合孙中山领导
的中国国民党。此前，共产国际执行委员会，根据马林的提议，于1923
年1月12日，作出了《关于中国共产党在民主革命中同国民党关系问题

的决议》。认为中国"独立的工人运动尚且软弱",工人阶级"尚未完全形成独立的社会力量",中国国民党是"中国唯一重大的国民革命集团"。中国共产党在民主革命中间同国民党合作是必要的,它的党员应该"留在国民党内",但共产党要保持自己在政治上的独立性。1923年6月12日至20日,中共三大在广州召开,接受共产国际关于同国民党合作的指示,作出了"共产党员应加入国民党","努力扩大国民党组织于全国,使全中国革命分子集中于国民党"的决定,还规定了党在政治上的独立性原则。党的三大采取共产党员以个人身份加入国民党的方式实行国共合作,很快为孙中山和国民党接受。1924年1月20日至30日,中国国民党第一次代表大会在广州举行。会议审议和通过了由共产党人谭平山起草的《中国国民党第一次全国代表大会宣言》草案,确立了同中国共产党的民主革命纲领基本原则一致的,被后人称之为"新三民主义"。这就是国共合作的共同纲领,后来共产党人将此纲领概括为联共、联俄、扶助农工三大政策。国民党一大的召开标志着第一次国共合作的正式形成。

经过国共两党共同努力,国民革命的影响很快从中国南部扩大到中部和东北,从国共两党扩大到工人、农民、士兵、青年学生和中小商人。全国形成了以广州为中心的反对帝国主义和封建军阀的革命新局面。1925年爆发的震惊中外的五卅运动,标志着大革命高潮的到来。广州和香港爆发的省港大罢工,为统一广东革命根据地和准备北伐战争作出了突出贡献。1926年7月9日,以推翻帝国主义支持的北洋军阀的反动统治,实现中华民族的独立、自由、民主和统一为目的的北伐战争,在"打倒列强除军阀"的雄壮口号中正式开始。到1927年3月下旬整整10个月时间,北伐军从广州打到武汉、上海、南京,打垮了吴佩孚、孙传芳两大军阀,歼敌数十万人。北洋军阀反动统治面临崩溃。

　　这是国共两党共同进行的一场革命的、正义的战争。国共两党虽然有些矛盾，但基本上是团结的。国民党尽了很大努力，中国共产党不计较国民党右派的排共，积极参加北伐，也作出了很多的贡献。1926年4月，国民政府军事委员会制订的计划，是同时向湖南和江西进军，苏联军事顾问加伦主张集中优势兵力先向湖南进军，各军按苏联顾问意见进军；7月11日，攻克长沙后，又有人主张同时向湖北和江西发展，中共中央坚持先攻武汉，国民党最终还是采纳了中共的意见。在战争中，国民革命军中的共产党员、共青团员，英勇顽强，拼搏奋战，蒋介石的嫡系部队第一军一直担任预备队，没有同敌人打过硬仗，在北伐军打下汉口、汉阳时，才指挥第一军第二师同其他北伐部队进攻武昌，由于蒋介石指挥失误，一再受挫，待到10月10日，北伐军第八、四军再次发动对武昌总攻，才攻克武昌；第四军共产党员最多，赢得"铁军"称号，其中的叶挺独立团战斗力最强，表现出无比坚强的忘我精神和不怕牺牲的英雄气概，攻打武昌时，该团第1营作为奋勇队（敢死队），不到20分钟，全营仅存10余人，第二营伤亡也很重大。战后，为纪念牺牲的官兵，在洪山修建烈士墓，墓碑上刻"诸烈士的血铸成了铁军的荣誉"。在北伐战争中，民众的支持和军队的政治工作也起了极大的作用，各个军担负政治工作的共产党员，到1926年12月已达到1500人左右，共产党人实际上已经领导了北伐军的全部政治工作，周恩来、恽代英等共产党人的文章和讲话对北伐政治工作产生了很大影响；进军途中，各地的工人农民纷纷为北伐军送信、慰劳、供粮、带路、侦察、搞运输、担架救护，特别是各地的农民运动对北伐军提供了很大的支持，毛泽东、彭湃、阮啸仙等共产党人主持的六届广州农民运动讲习所为农运作出了很大贡献。

　　谁知好梦不长，北伐即将胜利时，蒋介石发动了四一二反革命政变，使大革命走向失败。

早在国共合作初期，国民党右派分子千方百计要将共产党员赶出国民党。1924年6月18日，国民党的监察委员邓泽如、张继、谢持等提出"弹劾共产党案"，称共产党员加入国民党，"确于本党之生存发展有重大伤害"，主张"绝对不宜党中有党"，8月，张继等又发表所谓《护党宣言》，公开反对反帝反封建的政治纲领，污蔑共产党员加入国民党的目的是消灭国民党；毛泽东在上海国民党执行部成立四区党部时，国民党右派分子叶楚伧雇用流氓打手混入会场，干扰四区党部的成立，策划一些人在上海南方大学讨论所谓"处置共产分子问题"，还布置一些右派分子闯入上海执行部，殴打邵力子，将毛泽东从上海执行部赶走；1925年6、7月份，国民党执行委员、中央常务委员、宣传部长戴季陶先后撰文反对阶级斗争，要加入国民党的共产党员、共青团员"脱离一切党派，作单纯的国民党党员"；8月20日，暗杀国民党左派领袖廖仲恺；11月23日，少数国民党中央执行委员、监察委员，在北京西山孙中山灵前非法召开自称国民党第一届第四次中央委员会，非法决定另立国民党中央于上海，取消共产党员在国民党的党籍，开除谭平山中央执行委员一职，解除鲍罗廷的顾问职务，操纵上海的《民国日报》大造反苏反共，反对联俄、联共、扶助农工三大政策的舆论。针对国民党右派对国共合作的种种干扰、抵制和破坏，共产党人和国民党左派发起了多次反击，国民党右派的阴谋未能得逞。

不料，蒋介石摇身一变，逐渐成为国民党内的新右派核心人物。他自1922年陈炯明叛变后，开始得到孙中山的信任。1923年被委任为大本营参谋长，8月奉孙中山之命赴苏联考察回国后，任黄埔军校校长，以后在主持黄埔军校工作和统一广东的几次战役中表现积极，地位显著提高；孙中山逝世后，他仍表示拥护孙中山的三大政策，1925年9月，他在黄埔军校说："'反共产'这句口号，是帝国主义者用来中伤我们的，如果我们也跟着唱'反共产'的口号，这不是中了帝国主义者的毒计么？""总理容纳共产党加入本党，是要团结革命分子，如果我们反对这个主张，就是要拆散革命团体，岂不是革命党罪人？"①他在国民党的重要人物胡汉民、许崇智等离开广州后，同苏联顾问保持密切联系，靠近共产党。其实，蒋介石早就是排共反共的国民党新右派核心，是与一身兼任国民党政治委员会主席、国民政府主席和军事委员会主席的汪精卫争夺国民党最高领导权的野心家。1924 年 1 月向孙中山呈交的《游俄报告书》和 3 月分别给孙中山、廖仲恺的信中，把苏联对外政策称之为"恺撒之帝国主义"，骂中国共产党为"俄奴"，敌视和力图限制共产党，人称"武装的戴季陶主义"；1926 年 2 月 26 日，蒋介石突然扣留亲近汪精卫的国民革命军第一军第二师师长王懋功，第二天将王押送出境，改派亲信刘峙任卫戍广州的第二师师长，消除了他向汪精卫夺权的后顾之忧。当年 3 月 18 日，黄埔军校驻省办事处主任欧阳钟称"奉蒋校长命令"，通知海军局代局长、共产党员李之龙派军舰去黄埔听候调遣，当李派中山舰开到黄埔后，就刮起了苏联顾问和共产党员劫持蒋介石的谣言。这时，蒋否认了他的调遣令，20 日，以此为名逮捕了李之龙，监视和软禁大批共产党人，解除省港罢工委员会的工人纠察队武装，包围苏联领事馆，监视苏联顾问。这就是中山舰事件。此事件激起了黄埔军校一部分进步学生的愤慨。蒋介石又玩弄两面派手法缓和矛盾，假惺惺地向以汪精卫为首的中央军事委员会提出"自请从严处分"的呈文，声称由于事起仓促，"专擅之罪，诚不敢辞"，他还表示此事与广州其他各军无关。由于蒋介石的拉拢，在广州的其他五个军军长如谭延闿、朱培德、李济深等由中立观望而支持蒋介石；3 月 22 日，国民党政治委员会通过蒋介

① 蒋介石在《黄埔军校特别区党部第三届执行委员会演说词》。

石提出的在黄埔军校和第一军中排除共产党员、解除苏联顾问季山嘉等人职务、撤回第二师各级党代表、查办"不轨"军官等提案，5月15日，国民党召开了二届二中全会，蒋介石提出所谓《整理党务案》，规定共产党在国民党高级党部任执行委员的人数不得超过该党部全体执行委员的三分之一，共产党员不能担任国民党中央各部部长，加入国民党的共产党员名单全部交出，等等；因而，时任国民党中央部长或代理部长的共产党员谭平山（组织部长）、林祖涵（农民部长）、毛泽东（代理宣传部长）等只得辞职。蒋介石通过中山舰事件和整理党务案，不仅打击了共产党，而且打击了原来支持共产党的国民党左派和一身肩任国民党三大要职的汪精卫。汪感到孤立，称病去职。蒋介石趁机当上了国民党中央组织部长兼军人部部长，随后，又当上了国民党常务委员会主席和国民革命军总司令。

1927年3月，已经夺取国民党大权的蒋介石，反共态度日趋明朗。他开始加紧勾结中外反动势力，积极策划反革命政变。4月初，他在上海约集国民党将领李宗仁、白崇禧、黄绍竑、李济深和国民党中央监察委员张静江、吴稚晖、李石曾等十多人举行反共秘密会议，污蔑共产党要打倒国民党，打倒三民主义，贻害北伐军，主张以暴力手段"清党"。4月12日凌晨，大批青帮武装分子冒充工人，从租界冲出，向分驻上海总工会等处的工人纠察队发动突然袭击，工人纠察队奋起抵抗，双方激战中，刚刚倒戈参加国民革命军的周凤岐第26军第20师开来，声称要调解"工人内讧"，工人纠察队员看到该军将青帮武装分子的枪械收缴，便热情地欢迎这些调解者。结果，在毫无戒备的情况下，2000名纠察队员被军队强行缴械，一部分纠察队员虽英勇抵抗，但终因寡不敌众，抵抗失败；加上在此前一日，上海总工会委员长汪寿华被诱骗杀害。当天，上海总工会在闸北青云路广场举行10万工人参加的群众大会，会后整队游行，要求释放被捕工人，交还纠察队枪械。队伍行进到宝山路时，埋伏在里弄内的第26军士兵突然冲出，用步枪、机关枪向密集的游行群众扫射，打死100多人。到4月15日，上海工人300多人被杀，500多人被捕，5000多人失踪。这就是震惊中外的四一二反革命政变。

在此前后，四川重庆反共势力制造了三三一流血惨案，搜捕共产党员和革命群众，伤亡400多人，重庆地委书记杨闇公等人惨遭杀害；在广州，李济深制造了四一五惨案，仅七天有2100多人被捕，其中共产党人600人，被秘密杀害者100多人；北方的奉系军阀张作霖也令军警在北京逮捕大批共产党员及其他革命者，中国共产党的主要创始人和领导人之一李大钊于4月6日不幸被捕，4月28日，李大钊等20名革命者从容走上绞刑台，英勇就义；4月18日，南京国民政府成立；5月21日，湖南发生由直系军阀部队改编的国民革命军第35军第33团团长许克祥在长沙捕杀共产党员和革命群众100多人，而后在长沙附近各县屠杀1万多人的"马日事变"；7月15日，汪精卫等控制的武汉国民党中央召开"分共"会议，彻底背叛孙中山制定的国共合作政策和反帝反封建纲领，宣布和共产党决裂，对共产党员和革命群众实行大逮捕、大屠杀。

据党的第六次全国代表大会的不完全统计，从1927年3月到1928年上半年，被杀害的共产党员和革命群众达30万人，其中共产党员2.6万多人。从此，由国共合作发动的大革命宣告失败。失败后的中国共产党内部在政治思想上陷入混乱。一些不坚定分子动摇悲观，登报声明脱离共产党和共青团，有的甚至公开向敌人忏悔，攻击共产主义和共产党，出卖党组织和同志，成为党的叛徒。据1927年11月统计，党员数量由大革命高潮时期的近6万人减少到1万多人。

毛泽东在中国共产党参与领导的大革命中表现出积极的姿态，曾一度把救国救民的希望寄托在国共合作上。他遵照中共三大决定，以个人身份参加国民党后，于1923年9月10日遵照中央指示，并受国民党总务部副部长林伯渠的委托，在没有国民党组织的湖南积极发展国民党党员，成立国民党总支和长沙、宁乡、安源支部，使湖南成为大革命时期国民党组织最发达的省份之一；他作为国民党地方组织的代表参加了国民党一大会议，被选为国民党中央执行委员会委员；会后，与恽代英分别主持上海国民党执行部、组织部的工作；1924年7月起，与共产党人彭湃、阮啸仙先后为国民党在广州开办了六届农民运动讲习所，为全国20个省、区培训700多名农运骨干，有力地促进了全国农民运动的开展，大大促进了北伐战争的胜利进展，毛泽东是第六届农民运动讲习所所长，培训300多人，是1926年3月19日由国民党中常委第13次会议批准的，是六届中规模最大的一届；1926年2月5日，国民党中常委第二次会议批准毛泽东为国民党宣传部代理部长，同一日，国民党中央农民部第19号通告，宣布毛泽东为农民运动委员会委员；随着北伐战争的胜利进军，1927年2月下旬，国民党中央常务委员会第76次会议决定，在武昌成立国民党中央农民运动讲习所，由毛泽东、邓演达、陈克文为常务委员，毛泽东是主要负责人。

大革命失败后，毛泽东和所有信念坚定、意志坚强的共产党人一样，并没有被血淋淋的反革命政变吓倒。血的教训提醒他们，与国民党合作救国的道路已经是走不通了。怎样办呢？毛泽东对《逼上梁山》的赞赏，真实地说出了他当时和他的战友所选择的道路。他这里说的"革命"实际上就是起义，因为这时他早就参加国共合作的反帝反封建军阀大革命了，他和其他共产党员一样，以共产党员身份参加国民党，作为革命分子"集中于国民党"，而且成为真心实意的与国民党合作的革命分子。起义是革命中的暴动，是好事，想起义也是好事，自觉革命，用不着逼。只是与国民党合作，虽有矛盾，基本上是团结的，没有想过起义，也没想去起义，更没有必要起义。这一段正是过"蜜月"，毛泽东自己对国民党很卖力，为国共合作革命做了很多工作，哪能会想起义？不料四一二反革命政变，蒋介石屠杀共产党员和革命群众，大革命失败，共产党无路可走。他说每一次起义是被逼上梁山的，就是说当时无疑是想到了《水浒传》，要像梁山英雄被统治和剥削阶级逼得无路可走时，想到没有武装的苦头，投奔梁山泊拿起武器反抗官军，劫富济贫一样，悟到大革命失败的原因就是没有抓枪杆子，要抓军事，要组织武装，要起义，走用武装推翻反动派，夺取政权的路。起义是革命的暴动，是为了救国救民，不得已而为之，是被逼的唯一途径。

当时，党内的坚定分子都开始先后从不同程度上看到抓军事的重要性。中共中央临时常务委员会派李立三等人赴江西九江，准备组织由党掌握和影响的国民革命军中的一部分力量，联合第二方面军总指挥张发奎重去广东，以建立新的革命根据地，实行土地革命。7月20日，因张发奎已经倒向汪精卫一边，李立三等提议独立发动反对南京和武汉国民党政府的军事行动，即南昌起义。中央临时政治局常委随即部署了南昌起义，并决定在工农运动基础较好的湘、鄂、粤、赣地区发动秋收起义。1927年8月3日颁发了《中央关于湘鄂粤赣四省农民秋收暴动大纲》。

毛泽东早在四一二反革命政变后就感到抓军事的重要。1927年7月4日，毛泽东在中共中央政治局常委第三十四次会议上，就非常注意当时农民运动的武装出路问题，提出农民武装可以"上山"或"投入军队中去"，以保存革命力量。他说："不保存武力则将来一到事变我们即无办法"，"上山可造成军事势力的基础"①。8月7日，中共中央在汉口俄租界三教街41号秘密召开了紧急会议，毛泽东在会上发言，从国共合作中

---

① 《毛泽东年谱（1893—1949）》（修订本）上卷，中央文献出版社2013年版，第203页。

不坚持政治独立，抑制农民革命、放弃革命领导权方面，总结大革命失败的教训，特别是对军事问题谈得很尖锐。他说："从前我们骂中山专做军事运动，我们则恰恰相反，不做军事运动，专做民众运动"；"现在虽已注意，但仍无坚持的概念……以后要非常注意军事，须知政权是由枪杆子中取得的"。① 会后，在临时政治局常委没有分工前，主持会议的瞿秋白征求他去上海中央机关工作的意见，他表示不愿意去大城市住高楼大厦，说："我要上山结交绿林朋友"。直到 1947 年 12 月 5 日，他在陕西米脂县召开的干部会上作的《目前形势和我们的任务》报告中，还深有体会地回忆革命惨败的教训在于没有抓武装，说："1927 年大革命北伐战争达到高潮时期，党的投降主义分子……尤其是放弃了对武装力量的领导权，使那次革命遭受了失败"②。可见，毛泽东对抓枪杆子的认识不是一般的。他不仅把枪杆子与夺取政权联系在一起，而且是亲自去抓枪杆子。"八七"会议上，毛泽东被选为中央临时政治局候补委员。8 月 9 日，中央临时政治局常委第一次会议见毛泽东执意要亲自抓武装，决定任命他为特派员，与彭公达一起到湖南改组省委，领导秋收起义，并指示把南昌起义和秋收暴动会合起来一致向前发展。从此，毛泽东脱下长衫，别妻离子，挺身从戎，开始组织秋收起义。

1927 年 8 月 16 日，毛泽东参加中共湖南省委改组会议，彭公达任省委书记，毛泽东为省委委员。18 日，湖南省委先后开会，根据"八七"会议精神，讨论和制订了秋收起义计划。会议鉴于国民党已经成为屠杀革命群众的工具，起义不应采用国民党的名义，必须用共产党的名义来组织。30 日，湖南省委再次开会，成立以毛泽东为书记的湖南省委秋收暴动前敌委员会。

---

① 《毛泽东教导我们学处事》，中共党史出版社 2009 年版，第 145 页。
② 《毛泽东选集》第四卷，人民出版社 1991 年版，第 1258 页。

9月初，毛泽东以中共中央特派员和湖南省委秋收起义前敌委员会的名义，到江西安源张家湾召开了湘赣边界秋收起义军事会议，传达"八七"会议精神和湖南省委改组及起义计划情况，决定以早由共产党控制的原国民革命军第二方面军总指挥部警卫团为主力，联合湖南平江和浏阳的农军、湖北崇阳和通城的部分农军、安源煤矿的工人等共约5000人，统一编为工农革命军第一师，下辖第一（以卢德铭警卫团为骨干，吸收平江、崇阳、通城农军，驻修水）、第二（安源工人纠察队、安源矿井队和安福、永新、莲花、萍乡、醴陵农军，驻安源）、第三（浏阳工农义勇队和警卫团一个营，驻铜鼓）团。余洒度为师长。起义前夕，余洒度还收编了滞留在鄂南一带的黔军残部邱国轩团为第四团。9月9日，工农革命军第一军第一师第一团在修水宣布起义。在此之前，9月8日，毛泽东从安源去铜鼓，准备指挥在那里的工农革命军第三团起义。途中在一个名叫张家坊的村子里被国民党民团所抓，侥幸逃出后隐藏在水塘边缘，机智地躲过了几次前来追捕的民团兵。9月10日，毛泽东到达铜鼓萧家祠第三团团部。这时，工农革命军第一师师部进到渣津，原国民革命军第二方面军总指挥部警卫团团长卢德铭从武汉回到师部，担任起义部队总指挥。

毛泽东已经抓枪杆子了，他挂了湖南省委秋收暴动前敌委员会书记的帅，领导5000人的武装，准备正式向敌人开火了。

说中国的内乱从此而起，是太不知情了。说国共分裂是共产党挑起的，是"唯恐天下不乱"，实在太冤。毛泽东本来就是国共合作的真诚拥护者，曾把救国希望完全寄托于合作，为国民党做了很多工作，只是国民党右派的排共使他成为被国民党通缉和追捕的对象，他抓枪杆子原是为了争得救国救民之权，不得已冒着生命危险而为之。张家坊被追捕时，要是追捕他的民团兵还细心一点，或者是再走近几步，他就被捕了，毛泽东这是"明知山上有虎，偏向山行"。毛泽东等无数共产党员为了救国救民，与国民党的合作是多么真心诚意呀！四一二反革命政变时，正值大雨，上海宝山路上被杀的共产党员和工人血染成河，是多么悲惨呀！这时，距南昌起义还有108天，距秋收起义还有四个多月，明明是蒋介石向共产党开了第一枪，才逼出南昌起义和秋收起义，革命是四一二逼出来的，国共分裂是开头枪者发起的，这才是历史真相。当时，为救国救民而革命的共产党员已经是救国无门，救民无路了，抓枪杆子是被逼的，是唯一出路。

官逼是坏事，官逼民反则并非坏事，它可以促使一切为官者不逼民，不欺压、剥夺老百姓，以民为父，以民为本，爱民为民，切实贯彻一切为了群众，一切依靠群众，从群众中来，到群众中去的群众路线，这就是坏事变好事。"官逼民反"的话是历史"警言"，"官逼民反"的历史故事可以教育人们为人民服务，我们不要怕群众，不要回避这警事警言。今天，情况完全不同了，人民早已当家作主，成为国家的主人，手里有权有法，对极少数欺人压人逼人和剥夺人民利益的贪腐反子的反对，比过去人民没有当家作主的时期容易得多了，可以不需武力，只靠自己手里掌握的法律就可以将一切腐败分子反下去。但也要用这些官逼民反的历史警言和警事，教育干部更好地贯彻党的群众路线，更好地以民为本，更好地做好全心全意为人民服务的勤务员，以免逼得人民将他们扫入历史垃圾堆。

上井冈山，创建革命根据地

水浒英雄的起义为何选择上梁山？正是由于这个地方是山东东平一

个水乡，方圆八百余里水泊，叫梁山泊，中间有个名叫宛子城、蓼儿洼的山塞，离官军远，是个官军难攻之地。选择这里好落脚，好议事，好练兵，好习武，出去好反贪，回来好休整，撒得开，收得拢，官军难得来，来了好防守。所以上梁山的意义很重要。

毛泽东领导的秋收起义，上面只讲了被逼起义和抓枪杆子的问题，究竟枪杆子怎么抓？暴动怎么动？是上山还是攻占中心城市，当时的党内有很大分歧。十月革命和巴黎公社革命都在城市举行的模式对中共党内影响很大，中共中央曾经一直把工作重心放在城市。南昌起义后部队按照起义前中央的设想也没有考虑过就近去农村领导农民运动，而是一直南下广东，欲占领海口，取得国际援助，导致劳师远征，损失严重，陷入被动；开创井冈山和赣南革命根据地以后，中央还一直是坚持"攻占中心城市"，争取实现"一省或数省首先胜利"的错误路线。

这次秋收暴动原也是攻取中心城市。"八七"会议后，中央就指示湖南省委，秋收暴动的主要目的是攻取长沙；8月18日，湖南省委开会，会议讨论进攻方向时，多数委员主张攻长沙，参加会议的苏联驻长沙领事、共产国际代表马尔也说过中共中央也有攻取长沙的计划。毛泽东原先主张上山，在1927年7月4日的中央政治局常委会第三十四次会议上的讲话中就透露了上山的意向。8月9日，毛泽东在中央临时政治局第一次会议上，在有人提出湖南组建一个师去广东的意见时，也透露了上山的念头，说："前不久我起草经常委通过的一个计划，要在湖南形成一师的武装，占据五六县，形成一政治基础，发展全省的土地革命，纵然失败也不用去广东而应上山"[1]。这时，对攻取长沙，毛泽东见中央和多数人同意，也只好先按多数人的意见报中央。8月23日，中央回信原则上

---

[1] 《毛泽东年谱（1893—1949）》（修订本）上卷，中央文献出版社2013年版，第207页。

同意，攻长沙的计划就这样定下了。9月11日，起义军分别从江西修水、安源、铜鼓等地进入湖南，会合平江、浏阳的起义农军攻长沙。不料，起义军与敌人一接上火，即遇到了远比自己强大的反革命军队的抵抗，起义军不仅兵力少，而且大部分是手持梭镖的农民军，刚成立就上战场，没有严格的训练和纪律，装备差一大截，加上兵力分散，对敌情估计不足，再加上邱国轩团叛变，所以，遭受了很大损失。毛泽东领导的秋收起义第一仗失败了。这可是步大革命失败后的第二次失败，毛泽东心情非常沉重。但他仍然没有灰心，很快悟到这次失败是对攻打长沙计划的盲从。敌人数量多，装备好，是正规军，又有严格训练；起义军数量少，主要是手持梭镖的农民军，组建不到几天就上阵，根本没有时间训练、动员、研究战略战术，造成指挥失当，有的还叛变了，安得不败。他越来越加懊悔当时没有坚持上山，随即果断作出停止攻长沙的决定。

9月14日，毛泽东率第三团退到浏阳东乡上坪开紧急会议，毫不犹豫地下决心，放弃攻打长沙的计划，暂时向萍乡方向转移，要第一团尽快与第三团会合，并致信湖南省委，建议停止打长沙，15日，湖南省委决定停止执行长沙武装起义计划。19日，三个团在浏阳文家市会师，这时，起义军只剩下1500人。毛泽东见减员这么多，更感到上山的重要。晚上，毛泽东在文家市里仁学校召开前委会议，提出了上山的意见，余洒度等人仍然坚持取浏阳直攻长沙，毛泽东态度很坚定，他从学校借来一张地图，指着罗霄山脉中段说："我们要到这眉毛画得最浓的地方去"。他还讲了很多道理，如这是两省边界，谁也管得少；离统治者所在的中心城市远；交通不便，官兵难得来；崇山峻岭，易守难攻；好练兵；好做"山大王"。这个"山大王"不是"响马""落草"，而是特殊的，是共产党领导的有主张、有政策、有办法的搞革命的"山大王"等。卢德铭坚决拥护毛泽东的主张，他说："现在交通要道的城市不是我们占领的地方，如果还攻长沙，就有全军覆灭的危险"①。会议经过激烈争论，毛泽东的战略退却意见，得到了多数人的拥护，余洒度虽然还固执己见但最终还是按多数人意见定，转移到敌人统治力量较薄弱的农村山区寻找落脚点。

9月20日，毛泽东在文家市里仁学校出发前给全体官兵说："这次秋收起义，虽然受了挫折，但算不了什么，胜败乃兵家之常事。我们的武装斗争刚刚开始，万事开头难，干革命就不要怕困难。我们有千千万万的工人和农民群众的支持，只要我们团结一致，继续勇敢战斗，胜利是一定属于我们的。我们现在力量很小，好比是一块小石头，蒋介石好比是一口大水缸。总有一天，我们这块小石头，要打破蒋介石那口大水缸。大城市现在不是我们要去的地方，我们要到敌人统治比较薄弱的农村去，发动农民群众，实行土地革命"②。讲话后，部队随即出发，方向是罗霄山脉以南的萍乡。

其实，毛泽东这次进军方向是有所指的。笔者为此电话求助了湖南衡山县史志办。2015年7月10日，中共衡山县委办副主任、衡山县史志办主任熊仲荣发来了江西省修水县党史办副主任张涛给他的一件原始记录影印件。该影印件是修水县党史办编的，题为江西省有关人士对张琼（即朱舜华、石君1927年改名朱霞仙，1932年改名张琼，是中共湘南特委在衡山建立的武装斗争指挥部副指挥长）访谈的原始记录《张琼同志谈毛主席"上山"的思想》。张琼谈的是毛泽东1927年1月23日在衡山县城妇训班召开的座谈会的情况，参加座谈会的有毛泽东、张琼、夏明翰、李少山、黄庆之。张琼受访时谈道："1927年1月，毛主席到湘

---

① 《秋收起义和引兵井冈山》，中共党史资料出版社1987年版，第111页。
② 《毛泽东年谱（1893—1949）》（修订本）上卷，中央文献出版社2013年版，第218页。

南考察农运……毛主席说，武汉有向右的倾向，党内也有右，应有最坏的打算，刚才我来时，在后山看了看，后山很好，将来不好就拉上山。黄庆之听毛主席说了上山后，说他有个表叔在井冈山当土匪，地主剿了几个月没抓到他，官兵来了，他才走。李少山也说他有个表兄弟在井冈山当了地主狗腿子，到处跑，团丁追了几天追不到，团丁走了，他自己也回家了，又逃到水口山。毛主席说，哪里那么好啊！将来我们到那里去，我九峰（即九宫山）是强（可能是"去"字）过几次，这个地方倒没有去"。这份资料证实毛泽东早在脑子里就有井冈山这个地方的印象。另据《放眼看秋收起义》和《井冈山革命根据地全史》记载：毛泽东在组织秋收起义队伍的安源会议上，江西农民自卫军总指挥兼安福县农军负责人王亚新向毛泽东汇报过赣西农民自卫军和 1927 年 7 月间农军攻打永新县城的情况，还向毛泽东建议：如果起义失败，可投奔我的朋友袁文才、王佐，他们在宁冈、遂川均有枪支人马。这次向萍乡方向进军途中，又听到宁冈有我们武装的情况。9 月 22 日，部队得知萍乡有敌情，便绕道卢溪进莲花。9 月 25 日，卢德铭为掩护主力而牺牲，毛泽东忍着对战友牺牲的无比悲痛，领导部队冲破敌人尾追之后继续向莲花进军途中，接到宋任穷带来江西省委的信。宋任穷原是秋收起义部队工农革命军驻铜鼓的第三团秘书处文书，秋收起义前，江西省委派来一个交通员到铜鼓与三团进行联络，三团派宋任穷带着团部下一步行动的计划，跟着交通员去南昌向江西省委请示，在南昌找到江西省委书记汪泽楷。汪给三团回了一封用药水写的信，交把宋任穷，并说："宁冈县有我们党的武装，有几十支枪，其他的事，信上都写了"[1]，宋任穷回到铜鼓后，部队走了，在莲花的陈家坊追上了向南转移的起义部队，把江西省委的信交

---

[1]　宋任穷 1974 年 10 月同井冈山博物馆同志的谈话，见《井冈山革命根据地回忆资料》，第 191 页。

给了毛泽东，并把汪泽楷口里的原话照样地给毛泽东讲了。这时，部队听到莲花农民自卫队 9 月 18 日攻城失败，死 12 人，被捕 90 余人，便攻莲花，从狱中救出 70 多个共产党员和革命群众。下午在莲花召开党组织负责人会议，听朱亦岳关于莲花、永新、宁冈农运情况的汇报，也讲了井冈山有两股武装的情况。以上这些情况可以证实毛泽东从文家市率领部队向南进军时的脑子里就有井冈山的印象，有过到井冈山落脚的想法。

9 月 27 日，部队向永新、宁冈方向行进。29 日，毛泽东在距宁冈不远的永新三湾谢生和杂货铺住下。从急需找到落脚点出发，写信给宁冈县委负责人龙超清和井冈山的袁文才征求上井冈山落脚的意见，派三湾支书李立祥送至井冈山北麓宁冈茅坪。龙超清接信后，觉得是个好事，想去三湾迎接，袁文才心里还有些不踏实，派陈慕平（农军司书）代表他去，带去了请毛"另择坦途"的信。龙超清和陈慕平（在广州农民运动讲习所听过毛泽东讲的课）来到三湾，毛泽东热情接见了他们，对井冈山两个武装的情况进行了解。在看了袁文才的信后，仍未改上井冈山的初心，诚恳、耐心地向他们表明政治主张和与袁合作的意愿。他们听了以后，也受感动，对毛泽东去井冈山的意见表示欢迎。起义部队当即决定进宁冈，先驻离三湾只有三十里的古城。

毛泽东在古城文昌宫召开有宁冈县委负责人 40 余人等参加的前委扩大会议，传达中央和湖南省委的精神，总结秋收起义以来的工作，对井冈山两股武装的情况进行详细的了解，龙超清等人也对袁、王情况作了更详细的介绍。袁文才，1898 年出生，宁冈茅坪马源坑人，客籍，因新婚妻被当地土豪强占，加上父亲早逝而中途辍学务农，与土豪结下深仇。19 岁时参加以胡亚春为首的"马刀卫队"（没有枪）。常到山下"吊羊"（绑架土豪上山为人质，索以巨款）。先是秘密参加，后被土豪谢冠南告知官兵，房子被烧，母亲被杀，逼得落草，"劫富济贫"。1926 年 10 月，中共宁冈党支部书记龙超清，策划他率领"马刀卫队"一部分人和县保卫团起义，在工农暴动队配合下，攻下宁冈县新城，摧毁了清乡局，缴枪14支，驱逐县知事出境，成立了县人民委员会。县保卫团改为农民自卫军，袁文才任总指挥。11月，袁文才参加了中国共产党。1927年，先后击毙、赶跑了国民党委派来宁冈执政的三个县长，为了逃避追捕，回守井冈山。王佐，1898年出生，江西遂川人，裁缝出身，识字很少，跟拳师王冬文学过武功，在马上射枪，可击中野鸡。1920年，湖南军阀部队有个叫朱孔阳的连长，因不满上级克扣军饷，带了20多个弟兄到井冈山当"绿林"。此人耳聋，广东人，人称"朱聋子"。有一次"吊羊"，"朱聋子"弄了点钱，给弟兄们做衣衫，请来了王佐。王佐在做完衣衫后，为他们当了一段"水客"（即侦探），就入了他们的伙。有一次突围，撑起一根竹竿上了屋顶，一个跟斗翻到屋外，不见人影。1924年，他自己买了一支枪，拉出一支队伍，打出"劫富济贫"旗号，单独行动。曾任遂川农民自卫军总指挥，赣西农民自卫军副总指挥。这两股武装"吊羊"只吊土豪不吊农民，"打富不打贫"。袁文才的一股驻扎在山下宁冈茅坪，王佐的那股驻在井冈山上茨坪。毛泽东听到这一情况后，感到两股武装与劫财害命的土匪不同，恨官亲民，都是本地人，在当地有一定的群众基础。若是消灭了他们，等于埋下了仇恨的种子，逼得他们反对我们，即算上了山，也落不了脚；若是收编了他们，就可以壮大力量，有利于在井冈山立脚。同时，他们在井冈山经营时间长，官军没有征服他们，定有做"山大王"的经验，有些经验也可用于在井冈山建立革命根据地的事业。所以，毛泽东认为这两股武装对建立革命根据地有利，更坚定了上井冈山的决心和信心。会议决定上井冈山，创建革命根据地，开展游击活动。针对有人对山上武装主张消灭的意见，毛泽东进行了耐心说服，一致同意采取团结合作的方针。针对袁文才还不欢迎工农革命军进山的情况，毛泽东请龙超清等人做好袁文才的工作，并要龙转告袁文才，他要亲自见袁文才。

龙超清给袁文才传达古城会议精神后，袁文才听到毛泽东对他并无火并之心，并要与他见面和合作，很受感动，便决定会见毛泽东。为了以防万一，他把会见地点安排在茅坪与古城之间的大苍林风和家，并在林家祠埋伏了20来个带枪的弟兄。10月6日，毛泽东只带几个人前来，袁文才才把心放下来，撤掉了埋伏，热情地把毛泽东迎到林风和家的吊楼上，双方谈得很投机。毛泽东肯定了袁文才过去为农民运动和对伪县政府进行斗争所作的贡献，对他讲了秋收起义精神和来意，说明他们的劫富济贫与共产党领导革命的目的、方向都是为了穷苦老百姓，反压迫，反剥削，希望他以一个共产党员的身份，服从党的决议，支持和一起参加秋收起义，并当场表示送他100支枪。袁文才终究是个党员，很快接受了毛的意见，并对送枪特别感动，表示欢迎起义部队上山，还表示送部队几百块银元，承诺帮助部队解决困难，筹粮筹款，安排吃住和伤病员，做好王佐的思想工作。

10月7日，袁文才和龙超清发动群众杀猪放铳，热烈欢迎工农革命军进驻茅坪。他们早就开好床铺，垫好稻草，为全体官兵安排了住的地方，在攀龙书院安排了伤病员，辎重和多余枪支都有地方放。

王佐与袁文才唇齿相依。袁文才安排工农革命军后，派人上山给王佐讲了工农革命军进入茅坪的情况。并说毛泽东的队伍是穷人的队伍，专跟土豪劣绅作对，与他们同走一条道路。王佐得知后，对这支部队很为欣赏，特别是听到毛泽东给了袁文才枪后，更感震惊。他想到自己在井冈山这么多年，只弄到60来条枪，其中还有好多土枪，他的队伍两人还轮不上一支枪。毛泽东既然给了袁部这么多枪，说明也不会亏待他们，更能说明这支工农革命军不会"吃"掉他们这两股绿林军。因此，王佐得到这些情况后，也告诉袁文才派来的人，说他也希望见毛泽东。袁文才很快将王佐的希望报告毛泽东。

毛泽东在茅坪立脚后，于10月份沿湘赣边界各县开始游击活动，目的是扩大政治影响，与王佐见面。袁文才给王佐写了一封信，交给毛泽东，好让毛与王佐见面。毛泽东来到酃县水口时，听到酃县党组织派来的周里讲国民党湘军分两路从茶陵向井冈山进军，派第一营第二三连由营党代表宛希先率领前去扰乱敌后，以阻其进军，并在筹得款之后回井冈山会合；自己则率团部、第三营和第一营第一连、特务连沿湘赣边界游击。在遂川大汾被地主的靖卫团打散后，三营误入桂东，在上犹县鹅形参加朱德部整军。毛泽东剩下30多人，退到井冈山的黄坳，又收集后面赶上来的人，共200余人转到荆竹山，遇上了王佐派的朱持柳前来迎接。第二天，朱持柳派人报告王佐。24日，朱持柳将毛泽东的部队带上了大井，受到王佐热情的欢迎。毛泽东送70条枪支给王佐，王佐立即送给起义军500担谷和一些银元。27日，王佐领毛泽东到达茨坪。

茨坪，古木参天、崇山峻岭，住了几十户人家，是当时井冈山最大的村庄。毛泽东来到这里，想起"八七"会议时，曾向瞿秋白说过要"上山与绿林交朋友"的话，想不到从10月7日至27日的20天时间，果真实现了"上山"的意愿，结识了两个"绿林朋友"。这里也像梁山一样，虽无水泊环抱，却有高山连绵，形势险要，森林密布，好打圈圈，易守难攻，周围有几个县，地区广宽，群众基础好，物产丰富，有供养部队条件，离两省省会远，交通不便，官军难得来，早就没有敌军驻扎，起义军上山这么多天还没有敌军来，正好可以利用这一不可多得的条件，为战胜和最终消灭敌人做很多工作。

首先改编改造部队，扩大力量，抓紧练兵，建立一支党领导下的能打仗的新型人民军队。早在9月27日，起义部队向永新、宁冈方向行军途中，毛泽东见到这个原是 5000 人的起义部队，攻长沙失败一下子只剩下 1500 人，沿途逃跑、掉队、病死、打死，只留下 1000 余人。秋收起义总指挥卢德铭，在从长沙撤到萍乡卢溪镇遇上敌人伏击时中弹身亡，使起义部队失去一位得力的带兵将领，加上起义军余部纪律松弛、精神萎缩，官多兵少，怎能打仗？毛泽东越想越感到，再也不能像攻长沙那样乱兵上阵，要尽快找个离"皇帝远"的高山，好在那里整顿和扩大队伍。29 日，部队到了三湾，见部队快要到群众中间去，为了得到群众的欢迎和支持，感到部队急需先整顿一下，决定在这里改编。

毛泽东在三湾召开了起义部队的全体指战员会议，对大家讲清为什么进行起义和革命的道理，鼓励大家在黑暗中看到光明，失败中看到成功，树立信心，继续革命。在这一基础上提出留去自由，愿留的欢迎留下，对不愿留的不勉强，发路费离队。接着要他们一个个表态，对要离队的当场发路费，当场离队，自愿留下的只有 700 多人。部队改为一个团，为了便于发展，也好迷惑敌人，称工农革命军第一军第一师第一团，陈皓任团长，下辖一营、三营、特务连、军官队、卫生队。为了加强党对军队的领导，党支部建在连上，班、排设党小组，连以上设党代表，由以毛泽东为书记的中共前敌委员会统一领导。同时，建立民主制度，规定官长不准打骂士兵，生活、供给和零用钱官兵一致；士兵有开会、讲话的自由，连、营、团三级建立士兵委员会，不断听取士兵意见，不断改进部队工作。在离三湾去宁冈时，制订和宣布"说话要和气，买卖要公平、不拿群众一个红薯"的纪律。

这次改编以后，部队在党的领导下，有民主，有纪律，士气高，精神旺。特别是各级建立了党组织和党代表制，在发生意外时，经得起考验。

1927 年 11 月 16 日，毛泽东派第一团团长陈皓率领团部和第一营（这时，由宛希先带去阻扰湘军的该营第二三连已回井冈山）及特务连攻茶陵，有两件事体现了"三湾改编"中所确立的党指挥枪的重要作用：一是真正地成立了湘赣边界第一个红色政权——茶陵县工农兵政府。18日上午，工农革命军攻进茶陵城后，团长陈皓将一位在上海政法大学读过书并在北伐时当过一个国共合作县县长以后又回部队，起义时任工农革命军第一营副连长的谭梓生为县长，成立茶陵县人民委员会，在老县衙内办公。这位县长一切按陈皓意见办，不下乡发动群众，像旧县衙一样开庭审案，向行业摊派粮款，命商会送来鱼肉酒饭，和几个团部当官的吃小灶，没收查封县城几家商号的光洋财物由团参谋长徐恕保管，几个当官的想拿就拿，陈皓竟将伪县长刘拔克的一块四两重的沉香占为己有，还将状告有命案的地主陈老珊的中瑶农民赶走，当农民捆绑这个地主送来不得不关进县衙后，又和徐恕两人分别奸污前来求情的地主儿媳和女儿，逼得两位年轻女子跳河自尽。前敌委员会委员、团政治部主任、营党代表宛希先看在眼里，也想找陈皓谈一下，改变这一换汤不换药的状况，想起这位毕业于黄埔军校第三期的军官不会听取仅仅是刚提上来的仍是他下级的意见，便写了一封信，将这些情况急忙派人送去远在茅坪的毛泽东。毛泽东阅后，眉头紧缩地给陈皓、宛希先写了一封信，明确指出由部队派人当县长是不对的，不能按国民党那一套办，要建立代表工农兵利益的苏维埃政府，维护劳苦大众利益，保护商店、邮局、学校和医院。陈皓阅信后，立即召开连以上干部会贯彻中共前敌委员会书记毛泽东的指示信，停止由部队派县长的人民委员会职权，当面安排营党代表宛希先重新组建工农兵政府。宛希先立即找茶陵县党组织的几个人开会，成立了以陈韶为书记的中共茶陵县委。27日，他和陈韶分别召开县总工会、县农民协会和工农革命军士兵委员会，选出了工农兵代表。当晚，召集工人代表谭震林、农民代表李炳荣、士兵代表陈士榘开会，推选谭震林为工农兵政府主席。28日上午，一个真正代表工农兵利益的，湘赣边第一个县级政权——茶陵县工农兵政府在3万人聚集的洣江书院操场上正式成立。新选出的县政府工作人员，一改原来人民委员会开庭审案的旧县衙作风，分头下乡，发动群众，开展惩治土豪劣绅的斗争；二是挽救了人民军队。12月24日，湘省主席鲁涤平派吴尚第八军一个加强团，联合罗定的地方武装，向茶陵进军。26日下午，在茶陵的工农革命军第一团第一营将该反扑敌军粉碎后，陈皓以回井冈山为由率部行至湖口，调头向安仁方向进军，准备投奔驻扎在安仁县城的敌第十三军军长方鼎英。幸好这一阴谋早被宛希先发现。22日下午4点左右，宛希先领着几个战士在茶陵城南门外巡查，遇到一名邮差从城内走来，宛希先以战时需要为名，向邮差检查，看到一封信的面上写着"安仁县城国民革命军第十三军供应站启"，心生疑惑，询问此信系何人所写，听邮差答话后，说"此信事关军机，要查阅"。宛希先拆阅后，惊知这是陈皓写给他的上司——黄埔军校教育长、国民党第十三军军长方鼎英的信，称将在近日带部队前去安仁县投奔。宛希先随即给前委书记毛泽东写了一封信，派一名班长连夜去茅坪步云山，要他务在天亮前将信送给毛泽东手里。这名班长马不停蹄地在下半夜赶到茅坪。被叫醒的毛泽东阅信后，急忙派陈伯钧带一个连跟他去茶陵。他们急速行军，于26日晨赶到茶陵与县城只有一河之隔的中瑶。27日上午8时，赤卫队长陈奇仔来报，说东门浮桥被拆，工农革命军南撤。毛泽东紧紧追去，正当他们在湖口斛头向安仁进军时，毛泽东即将部队突然截住，带回宁冈砻市，处决了叛徒陈皓。此前，在大汾被打散的第一团第三营得知团部在茶陵，也早去茶陵归队，正赶上与第一营一起反击湘敌的反扑，被陈皓一同带去投敌。因而陈皓带去投敌的不止是第一营，而是包括第三营，即三湾改编时唯一一支由原国民革命军第二方面军总指挥部警卫团转过来的正规部队，还有由茶陵县工农兵政府主席谭震林率领的农民自卫军200人，一起跟着他们离开茶陵。所以，毛泽东在这里不仅挽救了开创井冈山根据地唯一的一个创业队，而且把茶陵农军一起带回井冈山，扩大了队伍。如果毛泽东不截回这支部队，他的手里则只有袁、王两支地方武装，只能成为无正规军的地方武装司令。所以，湘赣边第一个县级红色政权茶陵县工农兵政府的建立和湖口的截变意义深远，宛希先立了大功，不能不说是三湾改编时首次确立党对军队的绝对领导，部队实行党代表制所起的作用。

毛泽东从陈皓投敌事件的教训中想得很深，他认为井冈山的袁、王武装，虽然受过党的教育，劫富济贫，为革命作过贡献，但终究是出自绿林，有不良作风，急需改造。1927年10月中旬，毛泽东应袁文才要求，派游雪程等四人为他改造部队，在步云山进行练兵，使袁文才部队的素质大有提高。陈皓投敌事件发生后，毛泽东想起了王佐的部队。王佐虽也劫富济贫，但终究不是党员，担心起义军吃掉他。1928年1月上旬，毛泽东派何长工为党代表帮王佐抓部队。何长工发现他内心背着一个沉重的石头，这就是井冈山"四大屠夫"之首的恶霸尹道一，多次将王佐打败，并杀了他的侄女，这个深仇大恨没有报。何长工先率部为王佐杀了尹道一这个"大屠夫"，解了他的恨，王佐才把起义军真正当作他的贴心人，说永远跟着毛委员走。毛泽东又根据王佐的要求，加派康健3人跟何长工一起帮他改造部队。对这两个部队的改造除了进行各种教育外，还帮他们清除了一些绿林习气比较严重的人，招收了一些要求参加革命的年轻人，将这两支武装扩到500人；2月，在宁冈大陇接受了袁、王的要求，正式收编他们为由何长工任党代表，袁、王分别任正副团长的工农革命军第二团。

根据中央"把南昌起义和秋收运动会合起来一致向前发展"的指示，毛泽东于1927年10月派何长工去湖南省委汇报后，寻找南昌起义部队，何在广东韶关找到了朱德。朱德也从在大汾被民团打散去上犹县的工农革命军第一团第三营那里知道毛泽东上井冈山消息后,派毛泽覃(毛泽东的小弟)去井冈山找毛泽东。毛泽东从何长工回来汇报和毛泽覃口里得知了南昌起义部队的情况。原来,2万多兵力的南昌起义部队,为了占领海口,南下到广东大浦县,在三河坝错误分兵后,大部分被敌人打散,除小部分去海陆丰和海南岛外,只有留守三河坝的部队由朱德、陈毅率领,冲破重重险阻,转入到广东韶关犁铺头整训,人数只有700余人。这时,通过相互沟通,两支部队都有会合的意愿。1928年3月下旬,毛泽东得知朱德、陈毅率领的南昌起义部队在发动湘南农民起义后遭遇湘粤强敌"追剿",正向井冈山转移的危急情况后,亲率全山所有的工农革命军去湘南迎接,击退湘敌吴尚第八军,掩护了朱德、陈毅率领的部队上井冈山,实现了朱毛会师。工农革命军从此又扩大到五千多人(除因给养困难遣返一部分湘南农军外),正式将工农革命军编为由毛泽东任党代表、朱德任军长的工农红军第四军。

6月26日,中共湖南省委派代表杜修经来井冈山,带来了红四军"立即向湘南发展"和"毛泽东须随军出发"的指令。30日,毛泽东在永新召开了湘赣边特委、红四军军委、永新县委联席会议,由于大敌当前,都不同意执行湖南省委的意见。不料,当朱德、陈毅率红28、29团去鄌县后,得知湖南省委指挥的第29团(大部战士是资兴人)思乡心切,召开士兵委员会,擅自决定回乡,朱德、陈毅多次制止无效,连夜派人送信报告尚在永新的毛泽东解决。谁知毛泽东写信派人前来制止也无效。难以挽回局面的朱德、陈毅担心红29团力单难敌,来不及报告毛泽东,带红28团一同与他们出击湘南。不料,两团8月进攻郴州失败,红29团1000余人几乎全军覆灭,剩下100余人并入红28团。红28团第二营营长袁崇全率部投敌,团长王尔琢去追,被袁枪杀。正在永新的毛泽东得知这一情况后，立即率红 31 团第 3 营心急如火地奔赴湘南。幸好，这一次毛泽东又挽危局，虽然白白少了一个团，反了一个营，死了一个团长，但还是把由原南昌起义部队正规军余部组成的红 28 团迎返井冈。

1928 年 7 月 22 日，敌周盘独立第五师第 1 团团长彭德怀在湖南平江率 2000 人起义，成为工农革命军第五军。彭德怀在敌军第五独立师陈光忠部和第 33 团朱光华部向平江起义军"堵截"下，对毛泽东创建井冈山根据地的举措羡慕不已。他曾经送给黄公略一首诗，诗中写道："秋收起义在农村，失败教训是盲动；惟有润之工农军，跃上井冈旗帜新；我若以之为榜样，或依湖泊或山区"。他还说："对天上有飞机，陆地有火车、汽车，水上有兵舰、轮船，且有电讯、电话等现代化交通运输与通信联络的敌军作战，没有根据地是不行的；不实行耕者有其田，也就建立不起根据地。我就在这个问题上产生了对毛泽东的敬仰"。7 月 30 日至 8 月 20 日，彭德怀正是怀着这种敬仰之心，通过与井冈山联络，率红五军第三纵队和特务大队 800 余人，撤出平江县城，转战湘赣边界，走向井冈山。1928 年 12 月 16 日，毛泽东和朱德派何长工率部迎接，彭德怀在宁冈新城与毛、朱会师。他带来的部队正式编为工农红军第五军，彭德怀为军长。

毛泽东十分重视军队内建设，先后通过主办龙江军官教导队、雷打石讲话、中村授课、老虎冲订纪、步云山练兵，部队的素质大大提高。如通过中村授课特别是其中的军民诉苦大会，全体指战员树立了全心全意为人民服务，为反压迫、反剥削，解放全国人民当兵打仗的思想。又如制订军纪，通过几次修改，于 1928 年 4 月，初订了三大纪律、六项注意。三大纪律是：行动听指挥；不拿工人农民一点东西；打土豪要归公。六项注意是：上门板；捆稻草；说话和气；买卖公平；借东西要还；损坏东西要赔。后来，六项注意又增加洗澡避女人和不搜俘房腰包。为尔后正式制订的三大纪律、八项注意奠定了基础。

毛泽东还在这里抓紧给部队进行战略战术的训练。他从袁文才和王佐那里听到老"山大王"朱孔阳（聋子）总结的"不要会打仗，只要会打圈"这一条善于与官军打交道的经验，于1927年12月给战士讲了这一经验，提出利用山区能打圈子的优势打胜仗，他说："我们既要会打仗……又要会打圈子，先领他们兜个圈子，等他们弱点暴露出来，就要打得准，打得狠，打得干脆利落，要缴到枪，抓到人"；"打得赢就打，打不赢就走"；"赚钱就来，蚀本不干"，这就是我们的"战术"①。1928年1月，毛泽东在遂川五华书院召开的遂川、万安两县县委联席会议上，把这一朴素的战术提升为"敌来我去，敌驻我扰，敌退我追"的"十二字诀"，五六月间又提升为"敌进我退，敌驻我扰，敌疲我打，敌退我追"的"十六字诀"。

通过一年多的整军扩编，部队人数比攻长沙时多了，战斗力比攻长沙时以持梭镖的农军为主的起义部队强了。现在的红军大大异于旧国民党军队，是一支自觉接受中国共产党领导的具有理想（为实现共产主义）、宗旨（为人民服务）、民主（不准长官打骂士兵、不准虐待俘虏，建立士兵委员会，吃穿和零用钱与官兵一致），纪律严明，能打胜仗的新型军队。

其次是颁布"三项任务"，开展土地革命，创建红色政权和革命根据地。

毛泽东说："真正的铜墙铁壁是什么？是群众，是千百万真心实意拥护革命的群众。这是真正的铜墙铁壁"②。他认为抑制农民运动是大革命失败的另一个原因，缺乏群众基础是导致攻长沙失败的另一个重要因素。

---

① 《毛泽东教我们学处事》，中共党史出版社2013年版，第146页。
② 《毛泽东选集》第一卷，人民出版社1991年版，第139页。

所以，自上井冈山以来，毛泽东一直重视做群众工作，向部队进行一切为了群众，一切依靠群众，从群众中来，到群众中去的群众路线教育。

上井冈山遇到的第一个困难就是给养问题。当时，农民已向国民党交粮，部队不能再向群众摊派，更不可强夺粮钱。毛泽东将以袁文才、王佐为首的劫富济贫，且曾为当地革命作过贡献的农民武装，同其他绿林武装分别开来，当成农民群众自己的武装，对他们宣传秋收起义的目的和重要意义，动员他们参加起义，与起义军一起闹革命，并给他们解决了缺枪的困难。袁、王分别给了部队数目可观的大洋和粮食，并发动当地群众让房，借稻草，借门板，解决了部队的居住和吃饭困难，从而有了落脚点，武器弹药等有地方放，伤病员有个养伤治疗的地方。

毛泽东考虑部队要在这里整顿、训练、学习、扩大，不是一两天时间和几个山头的事，必须从长打算。因此，他在茅坪落脚后，便亲率部队沿湘赣边界各县开展游击活动，了解情况，发动群众打土豪、筹款子。11月，毛泽东派出的队伍打下茶陵后，发动群众打土豪、筹款子，不仅接济了贫苦农民，而且解决了部队给养，成立了工农兵政府。12月29日，毛泽东在宁冈砻市沙洲上召开了工农革命军大会，根据打茶陵的经验，第一次颁布了工农革命军的"三大任务"，把打土豪、筹款子（以后发展为减租减息和土地革命）和做群众工作，作为与打仗消灭敌人同等重要的任务。

军队执行"三项任务"，特别是把打土豪、筹款子和发动群众的工作确定为部队的任务，是古今中外军事领域里从未有过的创举。从此，军队既是打仗的战斗队，又是发动群众的宣传队，更是筹款子、减租减息、土地革命，建立人民政权、地方武装和各种群众组织的工作队，这是以后成为红四军内部争论焦点、最终通过中央肯定了的成为中国共产党领导的军队长期执行的任务。打土豪、筹款子、减租减息、土地革命，不仅使农民从中分得果实和土地，发展生产，改善生活，当家作主人，建立自己的政权和组织，更重要的是体现了中国共产党全心全意为人民服务的宗旨，使人民从实惠中真正体会到共产党和人民军队是真心实意为人民的，从而，自觉拥护革命，参加革命，帮助部队解决给养和各种困难，支援部队打仗。实践证明，这是部队扎根于民，营造当兵建军为民，养兵打仗靠民的军民鱼水关系，使人民军队永远立于不败之地的好创举。

部队的三项任务，一般是同时进行。像打茶陵一样，每打下一县城后，随即宣传群众、发动群众，建立政府和各种群众组织，打土豪、筹款子、扶贫穷、分田地。

1928年1月4日，毛泽东和张子清指挥工农革命军第一团第一营和第三营第九连，在遂川县大坑镇击溃地主武装肖家璧靖卫团三百人后，于5日乘胜进占遂川县城，立即以班排为单位组织部队分头下到各个街道、乡村向广大群众宣传党的主张，发动群众起来革命，打土豪，筹款子。8日，他在县城天主堂召开遂川县中共党员会议，成立以陈正人为书记的中共遂川县委。14日，亲自带领一支武装到城西的草林圩，在向群众进行宣传时，提出保护中小商人的政策，只对压迫群众和中小商人的豪绅没收浮财。16日，利用逢圩机会召开群众大会，继续宣传保护中小商人的政策，发动群众，团结一致打土豪，筹款子，并把打土豪得来的衣服、铜板、猪肉等物品分给贫苦群众。21日，与中共遂川县委研究筹建县工农兵政府各项事宜。24日，在县城召开群众大会，成立以王次淳为主席的遂川县工农兵政府，通过《遂川县工农兵政府临时政纲》。2月21日，随着第一次反"进剿"的胜利，毛泽东在宁冈砻市召开万人群众大会，成立以文根宗为主席的宁冈县工农兵政府。这时，井冈山地区已有茶陵、遂川、宁冈成立了县工农兵政府，这三个县和永新县还建立了地方武装，井冈山革命根据地已初具规模，湘赣边界的工农武装割据局面形成。

2 月下旬，毛泽东派毛泽覃在宁冈进行土地革命试点，使宁冈成为井冈山根据地最早进行土地革命的县。接着，茶陵、遂川、永新等县的土地革命先后展开。3 月 19 日，毛泽东在酃县中村召开了有三千多人参加的军民诉苦大会，发动酃县群众打土豪、建政权、分田地。5 月底，毛泽东在宁冈茅坪召开中共湘赣边界第一次代表大会，出席会议的有宁冈、永新、遂川、酃县几个县委和茶陵特别区委及军队代表六十余人，提出深入土地革命，加强根据地政权建设，军队建设和党组织建设的任务，选举成立以毛泽东为书记的中共湘赣边界第一届特委委员会。在特委领导下，成立了以袁文才为主席的湘赣边界工农兵苏维埃政府，设土地、军事、财政、司法四部和工农运动、青年、妇女等三个委员会，统一领导边界各县工农兵政府。要求各县政府均设土地委员会，具体负责土地革命运动。会议还在秋收起义时制订的《土地纲领》基础上，提出一个没收一切土地平均分给农民的实施办法。从此，湘赣边界各县的土地革命轰轰烈烈地开展起来。

土地革命在 1927 年 11 月由彭湃在海陆丰根据地最早开展，毛泽东从 1928 年 2 月在宁冈试点以后，使井冈山地区成为步彭湃以后最早开展的地方。他早在"八七"会议上，把不能"解决土地问题"作为大革命失败与不重视军事并列的原因。他说："必须铲除封建土地所有，实行'耕者有其田'的制度，只有这样，才能得到人口绝大多数的农民的支持和参加，才能使开展武装斗争和建立革命政权有广泛的、可靠的群众基础"[①]。毛泽东在井冈山地区领导的土地革命，自 1928 年 6 月全面开展，开始是凭着 5 月茅坪会议通过的没收一切土地平均分给农民的实施办法，

---

① 《中国共产党历史》第 1 卷，中共党史出版社 2011 年版，第 238 页。

以乡为单位，男女老幼一律平均分配，后改为以劳动力为标准，能劳动的比不劳动的多分一倍。这种办法侵犯了中农利益，导致中间阶级反水，根据地经济萧条。毛泽东很快改变了这一"左"的政策，使井冈山地区的土地革命得以顺利开展，成为全国土地革命开展得比较好的地区。

通过部队宣传群众，发动群众，打土豪、筹款子，开展土地革命，创建红色政权和革命根据地，井冈山地区的人民觉悟大大提高。他们纷纷起来闹革命，当家作主人，参加红军和地方武装，为红军解决给养等困难，支援红军打仗，消灭敌人。

随着袁、王地方武装为部队捐粮捐银，宁冈县各乡人民将公产、神产、族产的积谷收起来供给军队；朱毛会师时，砻市、古城一带群众筹集了可供2万人吃半个月的粮食为部队解决吃饭问题；1928年，各县农民通过打土豪分得了土地，秋收后农业大丰收，农民踊跃交公粮供养部队。1928年元月部队打下遂川，缴获了6架缝纫机和四百担白布，茅坪桃寮村人民让出房子，从山上采来"牛眼籽"（野生植物），掺上茶梓壳、黄桅粉加工成染料将白布染成黄、绿色，由当地的裁缝，加上从军队抽出的几个会踏缝纫机的战士，办起了被服厂，为战士供给衣被。伤病员缺药，群众从山上采来了中草药，帮助卫生队医治伤病员，翌年4月，军队打下永新后，缴获了400多担药，基本上解决伤病员医药不足的困难。茅坪安家时，袁文才向军队送来了原来绿林武装建起的修械所，加上抽调了能整修枪支和水口山铅锡矿工出身的战士，办起了军械处，修各种枪炮，造"来火枪""单响炮"和土硝、土炮。湘赣两省对井冈山实行经济封锁后，边界人民兴办了红色圩场、公卖处、竹木委员会、上井造币厂、熬硝厂等，搞活了经济。

随着各县政权的建立，各地纷纷成立了赤卫队、儿童队、工会、农协会、妇女协会等群众组织，发动群众支持和参与井冈山的保卫战争。

1928 年 2 月中旬，当赣敌杨如轩第 27 师被工农革命军突然袭击避入宁冈新城闭门不出时，当地群众纷纷送来楼梯、煤油、稻草、棉絮等物具，支持工农革命军用火攻粉碎了敌人向井冈山第一次"进剿"。7 月，毛泽东在永新以 31 团 7 个连的兵力布下了困敌阵，在当地群众参与下袭扰敌人，将赣敌 11 个团的兵力在永新城外 30 里内困守 25 天之久，使敌人发起的第一次"会剿"不攻自破。8 月，面对湘敌第八军 3 个团向黄洋界的进攻，仅有 2 个连的红四军第 31 团第三营在群众布下的毒竹钉阵和搬来的石块支援下，使敌人几次冲锋冲不上来，夺取了黄洋界保卫战的胜利。9 月 13 日，毛泽东、朱德率部在遂川遇到敌刘士毅独立第 1 师"追剿"，县城两个赤卫大队自发参战，前后夹攻，将敌打败，缴枪二百五十支，俘敌营、连长各一人、俘敌兵二百。

毛泽东在井冈山的日子里，一手抓军事，整编和扩大部队，创建了一支在党领导下的新型人民军队，一手抓政治，发动群众，开展土地革命，创建为人民革命打仗靠人民养兵支军的根据地。虽然部队的力量只恢复到攻长沙时一样，但战斗力大大提高，又有群众的支持，比攻长沙时大不一样了。虽然这里"山高皇帝远"，敌人难得来，但上山约三个月后，他们还是来了，并且还是两省的。可是这次却打了胜仗，连续粉碎了敌人的六次"进剿"。

1928 年 2 月，赣敌杨如轩第 27 师向井冈山地区发起了第一次"进剿"。杨如轩以第 81 团和 79 团的一个营攻万安，威逼已驻遂川的工农革命军主力第一团。以装备先进的第 79 团独立营进占宁冈新城，准备攻打工农革命军的大本营茅坪。已经进驻遂川的毛泽东，用"敌进我退"和"捡弱的打"的战术，率主力部队撤离遂川，退到茅坪，会合刚刚升编的由袁、王领导的第二团，攻打准备袭击茅坪的敌军第 79 团独立营及宁冈靖卫团。18 日晨，新城的第 79 团独立营官兵起床到南门架起枪支徒手晨操，工农革命军发起猛攻，吓得敌人弃枪躲入 8 尺厚的城门内，凭着几挺机枪向城外反击。中午，毛泽东令北门南门的部队向敌人发起佯攻，吸引敌人火力，令第一团第一营从东门外一间民房里揭开瓦片爬上屋顶，用机枪居高临下地向城内扫射，掩护几个勇士披着沾湿了的棉絮夹着干草、煤油烧破东门，三路人马乘机先后攻进城内，把敌人杀得东逃西奔。从西门逃窜的敌人又被早已埋伏在那里的第二团堵住。敌人在前后夹攻的火力下溃败，击毙击伤 300 余人，生俘 100 多人，活捉伪县长张开阳，打死敌营长王国政，攻万安之敌闻讯溃逃。

4 月间，敌杨如轩全师兵力第二次向井冈山发起"进剿"，也是朱毛会师后的首次反"进剿"。这次，敌 27 师除留第 80 团留守永新大本营外，以第 79 团攻七溪岭，第 81 团攻五斗江，两面夹"剿"。毛泽东和朱德决定，由毛泽东率第 31 团阻击七溪岭之敌 79 团，由朱德率第 28、29 团迎接五斗江之敌 81 团。战斗首先由朱德打响，他先以由湘南农军组成的第 29 团击败敌 81 团的一个营，再以小股部队和遂川赤卫队轮番骚扰攻五斗江的敌主力，待敌人疲惫不堪后，再令由南昌起义余部编成的战斗力较强的第 28 团，全歼进入五斗江包围圈的敌主力第 81 团。进攻七溪岭的敌 79 团和留守永新的敌 80 团闻讯后纷纷逃窜。第二次反"进剿"大胜，缴敌枪支 200 支。

5 月 13 日，敌杨如轩 27 师全部和王均第 7 师的一个团及杨池生第 9 师的一个团向井冈山发起第三次"进剿"，以 27 师师部和 79 团及 9 师的第 27 团一个营进扑永新，其他部队向宁冈进攻。毛泽东和朱德决定避敌锋芒，撤离永新，退守宁冈，把敌人引出来打，在运动中消灭敌人。先派 29、32 团及宁冈、永新地方武装赶往新老七溪岭阻击向宁冈进攻之敌，由朱德率 28 团和 31 团 1 营抢占茶陵高陇，击败湘敌数百人，诱敌 79 团从永新出击高陇方向的浬田。朱德率 28 团、31 团一营从高陇开来，连夜抢先占领浬田的草市坳埋伏，敌 79 团进入伏击圈后大部被俘，团长刘安华毙命。朱德乘胜率部进永新，坐镇永新的杨如轩被子弹打穿耳朵后逃往吉安。进犯宁冈的敌 80、81 团闻讯后溃逃。此役缴山炮 2 门、迫击炮 7 门和大批枪支弹药及 20 余担大洋。

6 月中旬，敌杨池生率本师 3 个团和杨如轩的 2 个团向井冈山发起第四次"进剿"。我军分别在龙源口的新老七溪岭迎战。敌 9 师的 27 团抢占了地势险要的风车口等制高点，集中几挺机枪压得我军抬不起头，朱德赶至我军原占的制高点望月亭，架起一架花机关（冲锋枪）向敌人猛烈扫射后，不顾一颗子弹打掉他的军帽，向部队发出了"摘掉敌机关枪"的命令。31 团一营班长马奕夫先用几颗手榴弹炸敌几挺机枪，又爬上敌人的另一挺机枪边，用已经受伤的胸膛挡住正在吐火舌的机枪口，用生命掩护战士夺下了敌风车口的制高点。在老溪岭迎战敌 25、26 团的第 28 团，在敌人利用早已抢占的百步墩制高点的火力压逼下，团长王尔琢与党代表何长工决定以三营营长萧劲为首组成若干个冲锋群轮番进攻，抢夺制高点。中午，乘敌休息之际，萧劲率冲锋群奋勇冲锋，一颗子弹打中他的腹部，他撕下衣袖紧扎已经溢出的腹肠，继续率冲锋群冲杀，终于抢夺了百步墩制高点，全团随即发起猛攻，将敌人压至龙源口。此役由于我军奋力拼搏，夺取了龙源口大捷，歼敌 3 个团，缴枪七八百支，杨如轩又伤了右臂，与杨池生逃往吉安。

7 月中旬，湘敌吴尚第 8 军和赣敌王均第 3 军、金汉鼎部、胡文斗第 6 军共计 11 个团向井冈山发起第一次"会剿"。朱德、陈毅率 28、29 团牵制湘敌后去湘南。毛泽东令 32 团防守井冈山，自己带着仅有的 31 团组成三路行委，分别袭扰敌人，将数倍于我之敌困在永新城郊 30 里之内达 25 日之久，待敌发现我军主力已去湘南时，敌军发生内讧，第一次"会剿"不战而退，显示了毛泽东非凡的胆略和杰出的指挥艺术。

8月下旬，在我军主力出击湘南欲归未归之际，湘敌吴尚第8军第1师3个团和赣敌第3军第9师王均部一个团，向井冈山发起第二次"会剿"。留守根据地的31团团长朱云卿和党代表何挺颖，率31团一营2个连和大小五井的地方武装守卫黄洋界。以1连守卫哨口两侧主要工事，阻击大陇方向的进犯敌人；三连的一个排守卫哨口北侧的工事，防御茅坪方向的进犯敌人；三连的另两个排布置在山顶瞭望哨，作为一连的预备队，掩护前面的两个工事。大小五井的地方武装隐蔽在附近山头，协助红军作战。在哨口工事修筑加固时，从大陇、茅坪方向通往山上的两条小路上，筑起了"竹钉阵""竹篱笆""滚木礌石""壕沟（内设毒竹钉）""石射击掩体"五道防线。8月31日大早，湘敌3个团从大陇方向向黄洋界进攻，我军守在战壕里的战士等敌人进入有效射程距离时，一声令下，弹无虚发，敌人接连四次冲锋，均留下尸体溃退。待到下午4时，我军把28团留守在茨坪修械所里修理的一门迫击炮搬来，向敌人连发三炮，第三发正落在敌人指挥所跃子坑爆炸。敌人以为我出击湘南的主力已回，吓得乘夜雾弥漫之际一个个争着逃命。赣敌王均部一团正准备从茅坪方向袭来，听得炮声也大惊溃逃。这就是"报道敌军宵遁"的黄洋界保卫战。

16 个半月带来的胜利曙光

大革命失败后，毛泽东不去上海中央机关工作，而是不顾个人安危，亲自组建秋收起义部队，领导秋收起义，在攻长沙失利后，带领700人的余部，上井冈山这块敌人很少去的湘赣边界地区。从1927年8月31日乘火车去江西安源部署武装起义起，到1929年1月14日红四军出击赣南，红五军守井冈山的 16 个半月时间里，创建了一支拥有 5000 多人的在中国共产党绝对领导下的有理想、有宗旨、有民主、有纪律的身负三项任务的新型红军，并发动群众开展土地革命，创建人民政权和革命根据地，反击敌人多次来"剿"，保卫了他亲自创建的人民政权、人民军队和革命根据地。使井冈山地区成为全国革命的摇篮，成为全国各地红军、苏维埃政权、土地革命和革命根据地样板，为即将召开的古田会议，为中央苏区的建立，为中央苏区夺取四次反"围剿"的胜利打下了扎实的基础。第一次将中国共产党的工作重心成功地实现了由城市向农村转移，第一次实行在中国共产党领导下的武装斗争、土地革命、建立革命政权结合起来的工农武装割据。为全国革命走出一条以武装斗争为主要形式，以土地革命为基本内容，以农村根据地为根本依托的适合中国国情的，并由毛泽东自己结论的"农村包围城市，最终夺取全国政权"的正确道路，无疑是马克思列宁主义与中国包括古文化在内的实际情况相结合的产物。

这 16 个半月，在中国几千年的历史里，多么短暂，但对中国的命运和巨变，是多么宝贵，多么深远，多么重要！

它改变了以推翻帝国主义和封建军阀在中国的统治为目的的大革命败局，第一次使因手无寸铁，长期受压迫、受剥削，处于贫穷、落后、挨打地位的中国人民，从血淋淋的四一二反革命政变屠杀中尝到了苦头，被迫抓起了枪杆，开辟了自己解放自己的成功之道。它又一次证明"水可载舟，亦可覆舟"的话没有过时，"官逼民反"的历史警言不可忘，"逼上梁山"的戏有现实意义。历史是人民创造的，一切为政者必须时刻不能脱离人民群众，不能压迫和剥夺人民群众。秋收起义是被四一二反革命政变逼出来的，为中国人民反抗和推翻压在头上的三座大山拉开了序幕。

它创建了革命根据地。1928 年 4 月的一天，毛泽东在井冈山对部队讲革命根据地的重要性时，说："革命要有根据地，好像人要有屁股，人假如没有屁股，便不能坐下来，要是老走着，老站着，定然不会持久，腿走酸了，站软了，就会倒下去。革命有了根据地，才能有地方休整，恢复气力，补充力量，再继续战斗，扩大发展，走向最后胜利"。这是毛泽东在大革命和攻长沙失败后，坚持建立井冈山革命根据地，走农村包围城市道路的一条最通俗的解释。毛泽东建国后没有重回曾经战斗过5年的中央苏区，没有返回曾经生活过13年的陕北，唯独在1965年重上了只战斗过403天的井冈山。他一生创作了很多诗词，一般是一地一首，但为井冈山作的就有"西江月""水调歌头""念奴娇"三首。据《汪东兴日记》记载，1965年5月25日，毛泽东在井冈山对随行的人员说："没有过去井冈山艰难的奋斗，就不可能有今天"。"什么事情都是开头难"。"我们在井冈山，住的是草房，吃的红米饭、南瓜汤，穿的百家衣。有的连草鞋都穿不上……""没有井冈山作后方休整地，战斗的胜利就没有保障"。"井冈山点燃了'工农武装割据'的燎原之火，指出了农村包围城市武装夺取政权道路的方向"。可见，毛泽东领导的秋收起义，在攻长沙失利后，上井冈山创建革命根据地，在他一生的革命事业中占有的分量多么重！

它点起了燎原的星星之火。1930年1月5日，毛泽东在给时任第一纵队司令员林彪写的回信中，将包括红四军开辟赣南根据地在内的两年多的"工农武装割据"，用中国的一句老话"星星之火，可以燎原"来形容。指出："这个'星星之火'，距'燎原'的时期，毫无疑义是不远了"；有如"站在海岸遥望海中已经看得见桅杆尖头了的一只航船"，"立于高山之巅远看东方已见光芒四射喷薄欲出的一轮朝日"，"躁动于腹中的快要成熟了的一个婴儿"①。此话说后19年的1949年，井冈山点起的星

---

① 《毛泽东选集》第一卷，人民出版社1991年版，第99、102、106页。

星之火终于燎遍了全中国的每个角落，躁动于母腹中的婴儿——一个崭新的中国果然出生了，长期处于贫穷、落后、挨打地位的破烂不堪、四分五裂的几千年旧中国永逝不返。

它挽救了中国革命，为中国革命开辟了正确航道。1978年12月13日，邓小平在中央工作会议闭幕会上指出："回想在1927年革命失败后，如果没有毛泽东的卓越领导，中国革命有极大的可能到现在还没有胜利，那样，中国各族人民就还在帝国主义、封建主义、官僚主义的反动统治之下，我们的党还在黑暗中苦斗"①。

革命是好事，为救国救民，是天底下的大好事。共产党参加国共合作的大革命，四一二反革命政变不准共产党革命，用枪杆子来镇压，共产党被逼得无路可走，不抓枪杆子，不起义，只有当炮灰；攻长沙失败后，5000人剩下700人，不上井冈山，也无路可走。毛泽东像梁山好汉逼上梁山一样，抓枪杆子，领导秋收起义，上井冈山，虽是被逼的，是不得已而为之，但它逼出好的结果来，也是天底下的大好事。这是符合官逼与民反这一对立统一的矛盾法则的。大革命失败后，是俯首为奴地任其宰割，或走西方的议会道路吗？攻长沙失利后，仍然仿效十月革命和巴黎公社革命在城市举行的模式吗？显然是不行的。因此，毛泽东抓枪杆子，领导秋收起义，创建井冈山革命根据地，走农村包围城市最终夺取全国政权的道路，是从中国实际情况出发的，是符合毛泽东思想三大活的灵魂之——实事求是原则的。

① 《邓小平文选》第一卷，人民出版社1994年版，第148页。

二、"退却"和孙氏兵法

林冲退击和孙子、孙膑等优秀传统兵法，常为毛泽东在长期革命战争中应用和发挥。他在指挥中央苏区三次反"围剿"、四渡赤水、保卫延安和解放战争中的三大战役中应用和发挥得最好。

[评注原文]

江西反对第三次"围剿"时，红军实行一种极端的退却（红军集中根据地后部），然而非此是不能战胜敌人的，因为当时的"围剿"军超过红军10倍以上，孙子说的"避其锐气，击其惰归"，就是指的，使敌人疲劳沮丧，以求减杀其优势。

——《毛泽东选集》第一卷，人民出版社1991年版，第208页。

谁人不知，两个拳师放对，聪明的拳师往往退让一步，而蠢人则其势汹汹，劈头就使出全副本领，结果却往往被退让者打倒。

《水浒传》上的洪教头，在柴进家中要打林冲，连唤几个"来""来""来"，结果是退让的林冲看出洪教头的破绽，一脚踢翻了洪教头。

——《毛泽东选集》第一卷，人民出版社1991年版，第203页。

有一种人，明于知己，暗于知彼，又有一种人，明于知彼，暗于知己，他们都是不能解决战争规律的学习和使用的问题的。中国古代大军事学家孙武子书上"知彼知己，百战不殆"这句话，是包括学习和使用两个阶段而说的，包括从认识客观实际中的发展规律，并按照这些规律去决定自己行动克服当前敌人而说的；我们不要看轻这句话。

——《毛泽东选集》第一卷，人民出版社1991年版，第182页。

[故事背景]

林冲退击是《水浒传》中的故事。北宋东京的八十万禁军枪棒教头林冲，由于受奸臣高俅陷害，由两个公人董赵、薛霸押解，发配沧州，来到大财主、人称小旋风的柴进大庄院。柴进见是林教头，大礼相迎，宰羊设宴。席间，来了一个人，经柴进介绍是一位姓洪的教头，林冲便拜，洪教头不答礼，便上首就座。洪责罪柴进，不该如此厚礼相迎林冲，柴进说人家是八十万禁军枪棒教头，不可小看，洪教头不信，要求比试一棒，才识真假。当夜，月亮照得如同白日，两个教头在厅堂后空地上比起棒来，使了四五回合棒后，林冲说他枷锁缠身，认输罢比。柴进请公差解下枷锁，林冲才答应继续比棒。只见洪教头大喝一声，口喊"来、来、来"，气势汹汹地使尽全力，将棒打将进来，只见林教头往后退了一步，头棒空落地，第二棒又打了下来。林冲见他乱了步伐，把棒从地上一跳，洪教头措手不及，棒直扫着洪教头的小腿胫骨，撇了棒，扑地倒了。洪教头被庄客扶起，羞颜满面地投庄外而去。

"孙氏兵法"即《孙子兵法》《孙膑兵法》。

《孙子兵法》系孙武所著，孙武生卒时间约同孔子。公元前512年，经吴国大将伍子胥推荐，以兵法十三篇晋见吴王阖闾，被任命为大将，同伍子胥辅助吴王经国治军，对于吴国的崛起起过重要作用。《孙子兵法》是经过三国时期曹操删削而成的，共分计篇、作战篇、谋攻篇、形篇、势篇、虚实篇、军争篇、九变篇、行军篇、地形篇、九地篇、火攻篇、用间篇十三篇。前五篇为先胜论，叙述出兵作战前各项准备工作，后七篇为战胜论，叙述战争实施的基本原理、原则和方法。最后的"用间"篇，为最高超、微妙的战争艺术。计篇的"知之者胜，不知者不胜","攻其不备，出其不意"；作战篇的"役不再籍，粮不三载，取用于国，因粮于敌"；谋攻篇的"知己知彼者，百战不殆"，"百战百胜，非善之善者也，不战而屈人之兵，善之善者也"，"用兵之法，十则围之，五则攻之，倍则分之"；形篇的"胜兵先胜而后求战，败兵先战而后求胜"；势篇的"凡战者，以正合，以奇胜"；虚实篇的"致人不致于人"，"敌佚能劳之，饱能饥之，安能动之"；军争篇的"以近待远，以逸待劳，以饱待饥"，"避其锐气，击其惰归"；九变篇的"杂于利而务可信也，杂于害而患可解也"；行军篇的"客绝水而来，勿迎之于水内，令半济而击之，利"；地形篇的"地形者，兵之助也"；火攻篇的"行火必有因，烟火必素具"；用间篇的"五间俱起，莫知其道，是谓神纪，人君之宝也"。其意义深远，如"避其锐气，击其惰归"，指避强击弱，或是将敌拖垮拖弱后再击之意。"知己知彼，百战不殆"，是指战前对敌方做好周密的侦察和调查研究，准确无误地掌握敌我双方，包括力量、武器、给养、地形、士气、指挥员能力、战略战术、支持力量等各方面情况，而后针对敌我不同的情况，研究和决定战略战术。它总结中国古代战争中的经验，揭示了许多具有普遍意义的战争规律，有朴素的唯物论和辩证法思想。它被历代军事家奉为经典，堪称兵家之"鼻祖"。具有超越国界，跨越时空的巨大影响。中国汉至清朝注释批校《孙子》者约二百余家，著作三百余种，而且被誉为"世界第一兵家名书"，曾被译成英、法、德等国文字流至国外，被推崇为"兵家圣典""世界第一兵家名书"。据说拿破仑在戎马倥偬的战场上还手不释卷地翻阅过它，至今仍是包括美国西点军校在内的东西方许多国家军事院校学员的必读书。英国亚洲问题专家作家克纳维尔，1963年为《孙子兵法》英译本写了序言，其中写道："所有的现役官兵，所有的政治家和政府工作人员，所有高中和大学学生都要把《孙子兵法》作为必读材料"。还说："如果我当总司令、总统或总理，我就用法律的形式规定下来，对全体军官，特别是全体将军每年进行一次《孙子兵法》十三篇的口试和笔试，及格分数为 95 分，任何一个将军如果不及格，要按制度立即免职，并且不许上诉，其他军官一律降级使用"。

《孙膑兵法》久已失传。1972 年山东临沂银雀山汉墓出土竹简，有《孙膑兵法》440 片，1100 字。孙膑（约公元前 378—公元前 310 年），战国军事家。齐国阿城（今山东阳谷东北）人，孙武之孙。他上云梦山学武，在马陵道（今河北大名东南）遇到庞涓，结为弟兄，同去学习，学期六年。庞涓学三年后，休学回到自己的魏国，在新梁桥遇从齐国赴宴逃回的魏惠王。原来，齐宣王发现魏王佩有稀世宝玉"避尘珠"，愿以两城换珠，魏王不肯，借故离齐。齐王命田忌带人马追杀魏王。庞涓杀退了田忌，魏王大喜，封他为武音君，授镇魏飞虎大元帅，并招为驸马，赐尚方宝剑，治理国政。庞涓向魏王荐孙膑，魏王见孙膑善战，让他带兵征讨燕国。庞涓妒之，不同意，且向魏王诬告孙膑私通齐国。魏王信以为真，命庞涓杀孙膑。孙膑不知内情，求庞涓救他，并承诺写出新兵法相赐。庞涓想得到新兵法，劝魏王将死刑改为刖刑，即在孙膑脸上刺字，刓掉他两块膝盖骨，使他变成残疾，然后把他软禁在他家里写新兵法。孙膑无意中从庞涓的小儿子口中得知了这一切都是庞涓的阴谋，便假装疯癫，拒写兵法。庞涓误以为真，将孙膑赶出。孙膑投奔了齐国。齐国大将田忌将他留住候用。有一次，孙膑观看田忌与齐威王赛马，田忌连输三场。第二次赛马时，威王先用中马，孙膑要田忌出上马，胜；次场威王用下马，孙膑要田忌出中马，又胜；最后，威王用上马，田忌出下马，输。田忌两胜一负，得了齐王的千金。孙膑的"赛马法"因此闻名。公元前 354 年，魏王派庞涓率兵攻打赵国，包围了赵国的都城邯郸，赵向齐求救。齐王命孙膑救赵。孙膑采取"围魏救赵"计，乘虚直取魏国都城大梁。魏军撤回围攻邯郸的兵力救大梁,在桂陵(今河南长恒西北)与早已等在那里的齐军相遇,早已消耗较大,又因长途跋涉疲乏的魏军被齐军打败。魏王献"避尘珠"给齐王。公元前341年,魏国又派庞涓包围了韩国的都城,韩国也求救齐国,齐王又命孙膑救韩。孙膑以部分兵力直捣魏国都城大梁,以部分兵力埋伏在马陵道。庞涓率军回救大梁,与攻大梁的齐军接火后,齐军诈退,诱魏军追来,并将做饭的灶减少,假装兵逃。庞涓误以为真,丢下步兵和军械,带领一部分骑兵追赶。魏军被齐军诱到树林密布、中间只有一条狭路的马陵道时,被早在那里埋伏的齐军打败,庞涓被杀。

[实践纪事]

毛泽东1936年12月写的《中国革命战争的战略问题》的第三节"战略退却"中的第二、三段,就在"评注原文"中写了"林冲退击"的故事,把"战略退却"叫作诱敌深入,说:"江西反对第三次'围剿'时,红军实行了一种极端的退却"。毛泽东把这种退却与孙子"避其锐气,击其惰归"战术看成一个意思。其实,江西第一、二、四次反"围剿"也是用退却兵法取胜的。他还写道:"战略退却的目的是为了保存军力,准备反攻",提出"反攻的条件"是"积极援助红军的人民;有利作战的阵地;红军主力的全部集中;发现敌人的薄弱部分;使人疲劳沮丧;使敌人发生过失"。[1]

毛泽东在青少年时代就间接地读过《孙子兵法》,1913年10月至12月在湖南第四师范(第二年后并入第一师范)就学,所做的读书和课堂

---

[1] 《毛泽东选集》第一卷,人民出版社1991年版,第207页。

笔记《课堂录》里，保存好几处前人记述和发挥《孙子兵法》的内容。这些东西使他在江西苏区和长征途中，对《孙子兵法》的接受就有一个间接的印象，对其原则与艺术的运用可以说是不自觉的。1936年10月22日，毛泽东写信给在西安作统战工作的叶剑英和刘鼎，特别要他们买一本《孙子兵法》。信中写道："买来的军事书多不合用，多是战术技术的，我们要的是战役指挥与战略的，请按此标准选买若干。买一部《孙子兵法》来"。此后，毛泽东对《孙子兵法》才开始系统地学习和研究，对它的理解、运用才更透彻、更高超、更富有成果、更为自觉。

明代冯梦龙编入《智囊》的《兵智部·制胜》卷中的《孙膑兵法》，主要是"赛马法"和"围魏救赵"两桩事。毛泽东读到《智囊》中叙述的"围魏救赵"兵法处，作了孙膑是"千古高手"的批注。读到"赛马法"故事时，作了李世民、朱元璋是"自古能军"的批注。"赛马法"实际上是毛泽东常用的"集中优势兵力""捡弱的打"的战略思想，"围魏救赵""减灶诱敌"是他最惯用的退却和诱敌深入计。

毛泽东和他的战友在长期革命战争中，正是这样善于把中国古代林冲退击、孙子、孙膑等许多优良传统兵法，当作中国实际情况的内涵，用马列主义的军事基本原理与之相结合，构成一整套符合马列主义的军事基本原理与中国实际情况的战略战术，夺取了一个个以少胜多，以弱胜强的战争奇迹，最后彻底推翻三座大山，建立新中国的。

中央苏区三次反"围剿"

1930年10月，蒋介石任命江西省主席、第九路军总指挥鲁涤平为陆海空军总司令南昌行营主任，率领十万大军，"长驱直入，分进合击"，向中央苏区红一方面军发起第一次"围剿"。

红军当时只有 4 万余人。面对敌强我弱的形势，有人主张主动出击打南昌。毛泽东主张就地反击，红军向根据地内退却，把敌人引诱到我事先布好的地方，依靠根据地的群众支持和有利地形等条件，粉碎敌人的围剿。在 10 月 25 日于新余县罗坊召开的红一方面军总前委和江西省行委的联席会议上，他的这一意见得到了绝大多数到会者的赞成。10 月 30 日，红一方面军总前委又召开了紧急会议，作出了"诱敌深入"就地反击的决定。

毛泽东的"诱敌深入"战术，是早就胸有成竹的。早在井冈山时期，有一天，毛泽东来到陈士榘所在的连队，谈起他们常抓虱子的问题。他先问："如果你身上有五个虱子是怎么个抓法？"有个战士说："一个一个抓"。毛泽东说："对呀！你要是五个虱子同时抓，恐怕连一个也抓不到。"毛泽东就大做打仗的文章。他说："打仗也是这个道理。现在敌人比我们强大，人家 100 个人，我们 10 个人，硬碰硬，根本无法打赢，不过，只要我们的战术对头，10 个人也能打赢他 100 个人""我们一次打掉 2 个，两次打掉 4 个，10 次就是 20 个。照这样打下去，这 100 个人不就很快会被我们这 10 个人消灭吗？""这就叫战略上以少胜多，战术上以多胜少"。所以，毛泽东在江西第一次反"围剿"战争中，以 4 万兵力就地反击敌人的意见，就是凭的这个分几次打，每次用以多胜少法打的。其实，他的战术上以多胜少，不仅在数量上，而且在质量上也通过退却，将敌人拖疲，并退到有根据地群众支持和好打埋伏的山区，人为地创造好打和易打的条件，再伏击之。这也类似孙武的"避其锐气，击其惰归"和"攻其不备，出其不意"及孙膑的"赛马法"和"围魏救赵""减灶诱敌"。

11 月 1 日，红一方面军总部下达了"诱敌深入赤色区域，待其疲惫而歼之"的命令，红军主力随即东渡赣江，向根据地中部退却，将敌人引来，以便将敌人拖得疲惫时，依靠根据地的群众基础和山地有利条件，捕找战机，在运动中歼敌。毛泽东、朱德见敌军从江西万安、泰和到福建建宁铺开800里长线，决定"中间突破"，将敌人分割为远距离的两群，而后各个击破。红军中间突破后，向有群众支持并熟悉情况的根据地和好打的龙冈退却，在那里埋伏。28日，敌张辉瓒率领他的第十八师师部和第五十二旅、五十三旅，果然向龙冈追来。30日，当该敌在龙冈以东、小别以西登山时，受到红三军的迎头痛击。下午三时，红十二军沿龙冈南侧从敌背后发起猛烈攻击，红四军和红三军团从龙冈北面高山上猛冲下来，敌军全线溃散，到傍晚结束战斗，歼敌九千余人，师长张辉瓒被活捉。红军乘胜转攻其他敌军，先歼灭谭道源师一半，随后深入根据地的其他各路敌军仓皇而逃。红军在群众支援下，由西向东横扫，各个击破，五天打了两个胜仗，共歼敌1.3万余人，缴获各种武器1.2万余件，第一次反"围剿"胜利结束。

1931年2月，蒋介石在亲自发动的对苏区第一次"围剿"失败以后，派他早在日本振武学堂留学的同窗、交情颇深的国民政府军政部长、代理湘鄂赣闽四省剿匪总司令兼南昌武汉行营主任何应钦，调集20个师又三个旅的兵力共20万人，带着蒋介石"三个月内消灭共匪"的指令，对仅有3万多人的红军发起第二次"围剿"。

面对兵力比第一次"围剿"多一倍且有飞机、坦克、大炮的强敌，兵力只有敌军六分之一，又无飞机、坦克、大炮的红军怎么办？有人主张"跑"，把红军开到四川去，还有人主张"分兵退敌"，毛泽东力排众议，仍然主张采用退却战略，诱敌深入，以弱挡强，各个击破，就地歼灭。经过前后半个月的三次会议反复讨论，苏区中央局接受了毛泽东的意见。

这时，何应钦的 20 万大军，西起赣江，东至福建建宁，延伸八百里，分四路徐徐向南推进。到了 4 月下旬，已经推到富田、广昌、建宁一线，但还不知红军主力在哪里。这时，毛泽东和朱德率红一方面军主力"中间突破"后，退到东固附近根据地山区隐蔽。因为这里群山环抱，北有东固岭、钟鼓山，东南有名为"狐狸十八歇"的大山，南有大鸟山、荒石岭，西南有白云山，西有观音崖，西北有九古岭。群山之间只有五个哨口，像井冈山一样，易守难攻；这里有很好的群众基础，曾是赣西南农民运动最红的地方；敌军王金钰部队离东固最近，驻在西面仅四十华里的富田坡一带，从北方调来，不习惯南方水土，士气不振，易于将他打败；这里是西南，打响后可以从西到东，乘胜横扫。红军有东固这样的优势，加上四个月的养精蓄锐，虽然力量有所减少，斗志和打胜仗的信心十分旺盛。

5 月 8 日，王金钰部第 28 师所辖的第 82 旅旅长王懋德，抓获红军一位因犯错误受到重罚而逃跑的排长，向他们报告了红军在东固的情况。何应钦得知这一情况后，派侦察机在东固上空侦察，因群众把战士隐藏在自己家里，没有发现红军隐蔽的迹象。5 月 11 日，何应钦令王金钰部第 28 师师长公秉范仍然率部向东固作试探性的进军。毛泽东从第一次反"围剿"中缴获的十五瓦特收报机中获得了公秉范 5 月 16 日清晨向东固进军的消息，在公秉范必经之路布好了"口袋"。

当天，由于路窄，公秉范的第 28 师和第 40 师的一个旅组成一路纵队向东固开来。上午 10 时许，敌军进入"口袋"，埋伏在那里的红军将长蛇阵的并无充分战斗准备的敌军截成几节打，分割包围，歼敌一万多人。师长公秉范被活捉，还缴获了一部一百瓦特的电台和六部十五瓦特电台。

东固一捷，朱毛红军声威大震，毛泽东乘胜前进，从 5 月 16 日到 5

月31日15天内，采用一个个战役，用以弱挡强的打法，由西向东横扫七百里，直到福建建宁，五战五捷，歼敌三万多人，缴枪二万多支，夺取了第二次反"围剿"的胜利。彭德怀把毛泽东比作是"摇鹅毛扇"的孔明，说他集中优势兵力，诱敌深入，各个击破。这叫"伤敌十指不如断敌一指"。

蒋介石不甘于第二次"围剿"的失败，于1931年7月亲自坐镇南昌，直接指挥第三次对红军的"围剿"。这次兵力增至三十万，增加的十万兵力全系蒋介石的嫡系部队。蒋介石自任"围剿"军总司令，聘用英、日、德等国的军事顾问，委任何应钦为前线总司令，下了"破釜沉舟""舍命疆场"的决心，真有"踏平"红军之势。红军呢？还是三万多人，第二次反"围剿"刚结束不到一个月，还来不及喘气，要对付十倍于己，又是蒋的嫡系部队，由蒋介石亲自指挥的强敌，毛泽东和朱德仍采取"退却"和"诱敌深入"的方法，"避敌主力，打其虚弱"。好的是有前两次反"围剿"的胜利，毛泽东这次是威信倍增，一呼百应。

开始，红一方面军正分散在建宁一带，毛泽东率军从建宁向赣南兴国退却，引诱敌人追来。和从赣江以西东渡的红七军会合后，于8月初，在高兴圩地区待机。果然，敌军紧紧追来，红军见敌军纷纷逼近，形成对红军半包围的态势时，突然调转头从敌中间40里的空隙地带向东突进，从8月7日到11日，对骄横追来的敌兵三战三捷，歼敌1万余人。

敌人挫败后，仍不甘心，分两路向红军密集包围，毛泽东这时使出了令人难以预料的绝招，布置红12军军长罗炳辉率部改变朝南退的方向，伪装主力朝东北方向前进。借鉴孙膑"减灶诱敌"计，诱敌追来，将敌拖疲。该军一改往日偃旗息鼓、衔枚而进的状况，打起红旗，在蒋介石飞机侦察时，连花被面都扎在竹竿上，迎风招展地前进，把队伍故意拉开距离，通过重步进军，把路上的尘土特意踏得像烟似的飞扬。遇到三岔路口，用石灰水刷上某团朝此前进之类的字眼，标上大箭头，到了村头扎营，用门板书写某团某营驻此的标记，造成红军全部主力经此而过，往东北方向进军的假象。蒋介石果然中计，听信飞机和地面侦探报来的如此情报，把红12军当成主力，调兵遣将，穷追不舍。罗炳辉这时故意不断地向敌军进攻，弄得尾追的敌军叫苦不迭，把追来的敌军拖得疲乏不堪，降低其战斗力。而毛泽东自己却亲率真正的主力，越过离敌重兵20里的大山，回到西面的兴国境内集中，隐蔽修整，待机歼敌。

这时，起兵反蒋的粤桂联军乘蒋介石深陷江西之际，正向湖南衡阳进发。蒋介石在牵制红军的同时，又不得不从江西分兵赣粤边界阻止粤桂联军。

毛泽东见敌军退却，命在兴国境内休整半个多月的红军主力从容不迫地反攻。于9月7日至8日，在老营盘、高兴圩两次毙伤俘敌4000余人，9月15日，在方石岭歼敌一个多师。这次反"围剿"前后共歼蒋军十七个团，三万余人，缴枪1.4万余支。

蒋介石闻信，气得咬牙切齿，他在南昌不得不叹道："中国亡于帝国主义，我们还能当亡国奴，尚可苟延残喘，若亡于共产党，则纵肯为奴亦不可得。"还说："我们十个人不能当他们一个人用，三十万打不过三万！"

毛泽东这次的战略战术是诈退诱敌，拖垮主力，集中兵力，以弱挡强，各个击破。彭德怀对这一次反"围剿"又深有体会地说："三个月的艰苦战斗，战胜了十倍之敌，以相对劣势装备和绝对劣势兵力，且无后方接济的对敌作战，取得了伟大胜利，粉碎了敌人的'围剿'，创造了古今中外没有过的'一套战略战术'，这无疑是马克思列宁主义武库中新的发展——毛泽东的军事辩证法。"

三次反"围剿"的胜利，对国民党军是个沉重打击。因要求到北方抗日而遭到蒋介石拒绝，曾经奉命参加"围剿"红军行动的国民党第26

军 1.7 万多人，在参谋长赵博生（共产党员）和高级军官董振堂、李振同、黄中岳等以及中共秘密特别支部领导下，于 1931 年 12 月 14 日在江西宁都起义，起义部队编为红 5 军团。这是一次非常成功的、重要的武装起义，使红军增加了一支生力军。

后来毛泽东在《中国革命战争的战略问题》中写道："江西反对第三次'围剿'时，红军实行一种极端的退却（红军集中于根据地后部）。然而非此是不能战胜敌人的，因为当时的'围剿'军超过红军 10 倍以上。孙子说的'避其锐气，击其惰归'就是指的使敌人疲劳沮丧，以求杀其优势"[①]。其实，毛泽东在这里说的不仅是第三次反"围剿"，第一、二次反"围剿"也一样，只是第三次的两次退却更明显就是了。第一次反"围剿"，退到龙岗；第二次反"围剿"退到东固，避在群众家里，使敌人不知东固有没有红军，试探性地以一路纵队在一条峡谷里作长蛇阵地行进，实际上简直不像进军，像行军，何以不败？退却是林冲退击洪教头的原理，是孙子"避其锐气，击其惰归"的思想，也是孙膑"减灶诱敌"计中"诱敌深入"的积极战略。

第四次反"围剿"，毛泽东失去了对军队的领导权，朱德和周恩来也是采取前三次反"围剿"中行之有效的"退却"战术夺取胜利的。第五次反"围剿"，博古、李德将朱德、周恩来调去后方，他俩搬用苏联红军正规军经验打阵地战，"短促突击"，以土堡垒攻洋堡垒，打了败仗，18 天时间，红军伤亡 5000 余人，广昌失守，红军被迫长征。长征中，由于博古、李德行动迟缓，延误战机，过湘江时遭遇惨败，使长征开始时的 86000 红军兵力，在此锐减为 30500 余人。博古、李德又想将长征部队带去湘西，与红二、六军团会师。被剥夺军队指挥权的毛泽东，眼见红军损失这么惨

---

① 《毛泽东选集》第一卷，人民出版社 1991 年版，第 208 页。

重，再也忍不住了，他坚决反对去钻这一蒋介石早在那里张好的阻击网，为避免像湘江那样的悲剧，坚决主张向由"双枪兵"王家烈把守的贵州进军，红军才进敌军处于弱势的贵州。遵义会议总结了几次反"围剿"的胜败经验教训时，批判了博古、李德的洋教条，肯定了毛泽东的马克思主义军事基本原理与中国包括优秀传统军事遗产在内的实践相结合的军事思想，确立了毛泽东在全党的领导地位，挽救了党和红军。

"四渡赤水"

毛泽东在《中国革命战争的战略问题》中指出："退却的最后一个要求，是造成和发现敌人的过失……我们可以人工地造成敌人的过失。例如孙子所谓'示形'（注：示形东而击于西，即所谓声东击西）之类。要这样做，退却的终点，就不能限定于某一地区。有时，退到该地区还无隙可乘，不得不再退几步，待敌人发生可乘之隙。"[1] 所以，声东击西，不仅是孙子的"示形"，也是多地区的退却。毛泽东在遵义会议后，指挥红军在贵州导演一部"四渡赤水"的千古绝唱，就是声东击西的退却战，"退却"战术是林冲"退击"和孙子"避其锐气，击其惰归""攻其不备，出其不意"兵法的发挥。声东击西的退却，也叫"运动战"。

1935 年 1 月，毛泽东在遵义会议后，面对蒋介石亲自指挥嫡系部队和川、滇、黔武装 40 多万国民党军的围追堵截压力，采纳刘伯承和聂荣臻的建议，准备北渡长江与红四方面军会合。28 日，率领红军向四川进发，先在土城青红坡设伏击圈，想跟川军打一仗，以扫除过长江的阻

---

① 《毛泽东选集》第一卷，人民出版社 1991 年版，第 209 页。

力。由于原判敌情有误，在打垮侯之担 3 个团后，后续敌军迅猛围了上来，碰到川军郭勋琪旅等敌军过于强大，这是刘湘军阀部下最精锐的部队，硬碰不利。

应变能力强的毛泽东果断决定撤出战斗，乘其不备，以迅雷不及掩耳之势，于 29 日率军改道，退到土城、猿猴，出其不意地一渡赤水河，进入川南古蔺、叙水地区，迅速转入川滇黔三省边境，国民党没有设防的云南一个极荒辟的有"鸡鸣三省"之称的扎西（今威信）。

蒋介石预测红军向南北两路"逃窜"，督令北路川军和南路滇军夹击，准备把红军消灭在扎西。谁知毛泽东泰然自若，他见到敌军向扎西集中，贵州方面渐渐空虚，准备回师东进，但不急于转移，把敌人拖得更疲点，让贵州那边更空点再转。为了便于与敌人打圈子，在扎西沉着地整编他离开已久的红军。除干部团外，将部队编为 16 个精干的团，组成一、三、五、九军团彻底轻装。一直等到敌 25 个师的兵力逼近，方率领红军分三路向东进军，于 2 月 18 日至 21 日在太平港、二郎滩等地二渡赤水，出敌意料地再入黔北，打败王家烈的"双枪兵"，勇夺娄山关，第二次进占遵义城。蒋介石暴跳如雷，急得命令嫡系中央军吴奇伟纵队立即北上，夺回遵义。毛泽东率部在遵义稍休待机，等到吴部追来时，集中主力在遵义以南的忠庄铺地区重创因紧跟而疲劳的吴敌，吴敌残部狂逃几十里，砍断乌江上的浮桥，侥幸逃脱。红军 5 天内歼敌 2 个师另 8 个团，取得了长征以来最大的一次胜利，部队士气空前高涨，毛泽东重获众望。

蒋介石弄得晕头转向，从南昌飞抵重庆，亲自指挥遵义以南的部队在川滇黔边界构筑封锁线，令遵义以北的部队沿川黔大道南攻，准备将红军压在遵义狭小地区"荡平"。谁知正当蒋介石急令各部迅速向三面环山的鲁班场蜂拥集结时，毛泽东突然指挥红军连夜秘密西进，来到赤水河东岸的茅台镇，于 3 月 16 日至 17 日三渡赤水，重入川南。

摸不着头脑的蒋介石这次又错判了情况，以为红军现在是迫不及待地入川，定要北渡长江，再令川军堵截，中央军从黔北追，在那里构成包围圈。谁知毛泽东入川南后，出人意料地派出 9 军团伪装主力，在马鬃岭地区大造声势，示形于东北，造成红军主力从此渡长江的架势。自己则带着真正的主力隐藏在山沟丛林，于 3 月 22 日掉头东进，四渡赤水，返回贵州，挥师南下，越过遵义仁怀大道，过乌江。坐镇重庆的蒋介石被毛泽东调动他的部队回回扑空，急得像热锅上的蚂蚁一样，带着夫人宋美龄抵达贵阳设立行营，亲自指挥"最后决战"，令各路军队从川南向东追来，准备将红军歼灭在黔东。

毛泽东过乌江后，又导演了三次新的声东击西戏。

4 月 2 日，红军以一部兵力佯攻息烽，主力进至扎佑、狗场地区，前锋直捣桂阳，距贵阳城只有一步之遥。贵阳城内风声很紧，蒋介石一夕数惊，一面令守军死守，一面令各部火速增援，他连发数道"万万火急"电报，密令滇军主力孙渡纵队从金沙江赶往贵阳"救驾"。谁知这原是毛泽东的心愿，他早就想从金沙江渡河入川。这一次声东击西，逼贵阳是虚，调离金沙江的滇军是实。

毛泽东等滇军调离还未全离金沙江后，仍不急于入滇。于 4 月 5 日导演了第二次声东击西的戏。他让部队架桥，摆出了大军向湘鄂西与红 2 军团、红 6 军团会师的假象。这是为了让蒋介石把云集贵阳的各路敌军引向东方，给红军西进让出通道。蒋介石果然听"调"，令各路军队向黔东集结。

毛泽东见西进通道打开，则从容自若地入滇。蒋介石大呼"上当"，又令各路部队西追。毛泽东这时又得到新信息，发现金沙江沿线仍有敌军，又使出了第三次声东击西计。指挥红军火速西进，直捣云南昆明，迫使蒋介石和云南军阀龙云调光摆在金沙江及其周围的部队驰援昆明，为红军北渡金沙江彻底扫除障碍。

毛泽东的声东击西退却计果然妙手回天，他不仅灵活机动地指挥红军，消灭和甩掉敌人，又调动敌人，使敌人晕头转向地跟着他乱跑。这时，见金沙江无敌，便争分夺秒地令红军三路抢渡金沙江。红军总参谋长刘伯承率先遣部队军委干部团于 5 月 3 日夺取金沙江皎平渡渡口，4 日黎明前，毛泽东、周恩来、朱德和刘伯承过了河。当时只有两只船，2 万多红军要一个多月才能过完河。毛泽东决定加船加船工，一下子船加到 7 只，船工加到 36 人，对船工加工资，改善伙食，日夜两班，歇人不歇船，使红军七天七夜顺利渡过金沙江。待到敌"追剿"军赶到江边时，见船只烧尽，红军空无一人，只得隔江兴叹。

四渡赤水，巧渡金沙，是红军长征中最辉煌的一页，是中外战争史上的奇迹，毛泽东也赢得了"用兵如神"的声誉。

延安保卫战

1947 年，在胡宗南精锐的 25 万敌军进攻延安时，毛泽东也是用退却和诱敌深入、避锐击惰战术，先撤出延安，后夺取延安，取得了延安保卫战的胜利。

延安自 1937 年起就是中国共产党领导机关所在地。1943 年起，蒋介石曾多次想夺取延安，1943 年和 1946 年 10 月两次进攻延安计划，由于边区军民严阵以待而中止。1947 年这一次，蒋介石出动了胡宗南精锐集团 25 万兵力（国民党一位御用学者说是 40 万人），可算动了真格。人民解放军为了面向全国解放，分赴国民党统治区几个战场，留在延安的只有彭德怀的 3 万余人。面对这一严峻形势，毛泽东原来也想过守住延安，因为它是中共中央工作、生活了多年的地方，同群众有感情，并且守不守得住，直接影响到全党全军的士气。如果以陕北战场内线作战与其他战场外线作战相结合，是可以牵制国民党军机动部队和胡宗南集团的，延安是可以保住的。但是，毛泽东经过深思熟虑，最后还是决定放弃延安，让延安暂时变成一块空城引胡宗南进来，而后再收回。

当时延安军民对此退却决策是很难接受的。毛泽东不厌其烦地召开多次小会大会，反复讲清这次退却的理由：一、为了保卫延安。毛泽东说这是保卫延安，只是方法不同，因为延安是"世界名城"，动火就使延安遭到很大损失，不动火让胡宗南进来可以避免损失。他进来是暂时的，我们退出去就是为了将来打回来。所以这是保卫延安的最好方法。他说："少则一年，多则二年，我们就要回来，我们要以一个延安换取一个全中国"①。二、为了赢得人心。毛泽东说："只要他们进占延安，就使他输掉了一切，全国人民甚至全世界都会知道是蒋介石背信弃义，破坏和平，发动内战，祸国殃民，不得人心"②（因为 1946 年 1 月国共达成了停战协定和政协协议，进占延安是行动上对协定、协议的破坏）。三、拖住敌人的腿子。毛泽东说："延安既是世界名城，也就是一个很沉重的包袱，他们既然要背这个包袱，那就让他们背吧"③；"一个人背着一个很重的包袱。包袱里尽是金银财宝，碰见了个拦路打劫的强盗要抢他的财宝，这个人该怎么呢？如果他舍不得暂时扔下包袱，他的腿脚很不灵便，跟强盗对打起来，就会打不赢，要是把这个包袱一扔，轻装上阵，那就动作灵活，能使出全身武艺跟强盗对拼，不但能把强盗打退，还可能把强

① 《毛泽东与中共党史重大事件》，中央文献出版社 2001 年版，第 192 页。
② 《毛泽东与中共党史重大事件》，中央文献出版社 2001 年版，第 190 页。
③ 《毛泽东与中共党史重大事件》，中央文献出版社 2001 年版，第 190 页。

盗打死，最后也就保住了金银财宝。我们暂时放弃延安，就是把包袱给敌人背上，使自己打起仗来更主动，更灵活，就能大量消灭敌人，到了一定时期，再举行反攻，延安就会重新回到我们的手里"①。四、各打各的。毛泽东说："我军打仗，不在一城一地的得失，而在于消灭敌人的有生力量。存人失地，人地皆存；存地失人，人地皆失。敌人进延安是握着拳头的，他到了延安，就要把指头伸开，这样就便于我们一个一个地吃掉它。""他打他的，我打我的。等蒋介石算清这笔账，后悔就晚了"②。五、以一个延安换取一个全中国。毛泽东在西北野战军前委扩大会议上说："退一步的目的是什么？是准备前进。为什么我们退出延安？退出延安是准备打到西安"③。通过这样反复多次的大讨论，延安军民终于接受了毛泽东的正确意见，作出了放弃延安的决定。

毛泽东撤出延安后，胡宗南部于 3 月 19 日进占延安，蒋介石闻讯后致电胡宗南说："时阅捷报，无任欣慰"。一些有眼光的人却讽刺蒋介石以一只肥牛换回了几条鸡肋。一个外国人说："蒋介石去了延安，等于一个人花一大部分财产去买一条钻石项链，它光辉灿烂，但一无用处"。1949 年美国政府的《白皮书》评说这段历史说："国民党军攻占延安……实则是一个既浪费又空虚的，华而不实的胜利"。国民党一位御用学者说："此举使蒋总统调往参加延安战役的最精锐部队 40 万人……无疑被冻结，于是政府不得不另准备一支军队对付刘伯承"。这些有眼光的人确实说得不错。西北野战军团撤出延安后，展开进退自如的运动战，与胡宗南部在陕北高原盘旋打转。

毛泽东料定敌人占领延安后不可一世，骄横十足，便在 23 日批准彭

---

① 《毛泽东与中共党史重大事件》，中央文献出版社 2001 年版，第 191 页。
② 《毛泽东与中共党史重大事件》，中央文献出版社 2001 年版，第 191 页。
③ 《毛泽东与中共党史重大事件》，中央文献出版社 2001 年版，第 192 页。

德怀的部署，首先在延安至榆林公路上的咽喉、敌人追击西北野战军必经之地青化砭设三路伏击。3月25日，果然将敌31旅近2900余人在这里歼灭，活捉旅长李纪云，取得了青化砭战斗的胜利。

3月27日，毛泽东对西北野战军的负责人彭德怀说："中央机关决定在陕北不走"。他带领的中央前委机关进行军事化编组，先称"昆仑纵队"，后改名"三支队"，以后又换名"九支队"。和周恩来、任弼时分别化名为"李德胜"、"胡必成"、"史林"，转战陕北，以中央前委机关这一中国共产党的首脑身份，和西北野战军一起，共同吸引和拖住了蒋介石的嫡系部队胡宗南集团，让东北、华东、华中各野战兵团在各个战场集中粉碎各路敌军的进攻，为解放全国做准备。不仅使蒋介石另派军队对付刘伯承，而且对付林彪、陈毅的野战军也无援军了。在陕北战场，急需把拳头散开的胡宗南集团又要对付西北野战军，又要追歼毛泽东的中央机关，顾此失彼。毛泽东率领的中央机关成为蒋介石亲自坐镇延安和胡宗南集团的主要追歼对象。蒋介石下令要"不惜一切代价"围追捕杀毛泽东，胡宗南下了"要牺牲两个师，也要捕捉中共首脑"的决心。毛泽东在前有险河、后有追兵的葭芦河边和前后左右重重包围的天赐湾小山沟里，考虑的不是个人的安危，而是如何牵制蒋匪主力，让各野战军好粉碎敌人进攻。他不顾千阻万险，谢绝周恩来、任弼时要他过黄河和林彪来电要他去东北指挥全国解放战争的好意，让为他的安全捏着一把汗的刘少奇、朱德放心，坚持不过黄河，与胡宗南的追歼部队"打圈子"。

胡宗南占领延安后，果然拳头散开，将敌军分成几路追"剿"西北野战军和九支队，应接不暇。毛泽东则一方面指挥全国各地的解放军作战，一方面与彭德怀一起，指挥西北野战军，寻捕战机，采取诱敌深入的战术集中优势兵力，各个击破已经分散在各个驻点的敌人。

4月2日，毛泽东接彭德怀、习仲勋电，得知敌人从青化砭战役后，异常谨慎，不单独一路前进，纵横三四十里以 10 个旅布成方阵向我进军，三面伏击已不可能。3日，毛泽东复电，要他们数日内隐蔽待机。11日，他见敌人在陕北山梁之间为追剿我军爬上爬下，睡野地，啃干粮，十分疲惫，乘当日清涧敌 24 旅一个团调赴瓦窑堡之际，预计留守瓦之 135 旅可能调动。致电彭、习，要他们准备伏歼运动中的该旅。14日，果然 135 旅南下羊马河以北高地。西北野战军迅速将其包围，歼敌 4700余人，活捉代理旅长麦宗南。

毛泽东借鉴孙子"避其锐气，击其惰归"原则，于 15 日致电彭、习："敌现在已相当疲劳，尚未十分疲劳；敌粮已相当困难，尚未极端困难"；"同敌在现地区周旋一时期（一个月左右），目的在使敌达到十分疲劳和十分缺粮之程度，然后寻机歼灭之"；"这种办法叫'蘑菇'战术，将敌磨得精疲力竭，然后消灭之"①。

"蘑菇战术"，正是孙子"避其锐气，击其惰归"等战术的综合体现。与毛泽东原来从此出发的"捡弱的打"思想一致。敌人本来是强的，硬碰是不行的，只有与他们磨，将他们拖得疲劳乏力，饿得腹空无劲，使他们由强变弱时再打，就可取胜无误。延安退却大计的用意就在于此，毛泽东惯打以弱胜强仗也在于此，妙哉！

4月28日，毛泽东见将敌人又磨了半个月，立即复电彭、习，同意并要下大决心攻击和歼灭国民党军后方重要补给基地，并有重兵把守的蟠龙镇之敌。西北野战军用调虎离山计，减少该镇敌力，便于歼灭好打的孤敌，先派出一个旅在清涧集结，诱敌第 1、第 29 军从该镇撤出，于5月2日深夜向孤守该镇的 167 旅发起攻击，至4日歼灭该敌 6700余人，

① 《毛泽东年谱（1893—1949）》（修订本）下卷，中央文献出版社 2013 年版，第 183 页。

活捉胡的"四大金刚"之一的 167 旅旅长李昆岗，缴获山炮 6 门、大炮弹和子弹百万余发、军服 4 万余套、面粉 1 万多袋、骡马千余匹。胡宗南闻讯落泪。

8 月 20 日，毛泽东见敌人同我们又打了近四个月的圈子，拖得够精疲力倦了。便复电彭德怀，完全同意他 19 日提出的沙家店作战计划。当日，西北野战军于拂晓对沙家店之敌发起攻击，至黄昏，歼灭敌 36 师主力 6000 余人。

1947 年年末至 1948 年年初，西北野战军仍然以静拖敌。同时，趁此机会采用"三查"（查立场、查意志、查方向）和忆苦的方法进行冬季整训 2 个多月，无论士气和战斗力都大大提高。于 1948 年 2 月发起宜川战役，以 11 个旅 70000 余人包围、全歼胡宗南精锐部队 90、27 师共 5 个旅、2 个师部、1 个军部共 29000 余人。这是西北战场第一大捷，打开了向渭北、陇南进军的门户。

此后，西北野战军乘胜向两府地区（西安以西泾渭两河之间）继续进军，延安守敌闻风而逃。1948 年 4 月 21 日，西北野战军终于胜利收回了延安。历史证明，毛泽东撤出延安，率中央机关不过黄河，冒险转战陕北，的确是一个事关全国解放战争胜利大局、以一个延安换取全国胜利的伟大战略部署。不仅麻痹了蒋介石和胡宗南，而且使精锐敌军分成若干个队伍，便于仅有 3 万兵力的彭德怀部队各个击破，重要的是牵制蒋介石这个王牌部队，又要对付彭德怀，又要寻找和追歼中共中央的首脑机关，顾此失彼，更重要的是牵制了胡宗南王牌的鼻子，使他不去干扰其他解放军，也使其他解放军不用分兵力支持彭德怀，便于其他战场上的人民解放军去为解放全中国做准备。这是战争史上多么宏伟的杰作呀！

三、刘备的"彝陵之败"

毛泽东说刘备彝陵之败，在于未抓主要矛盾和"联营七百里"。毛泽东和他的战友在处理"西安事变"问题上，就善于正确处理主要矛盾和次要矛盾的关系，促进了国共合作抗日；领导八路军、新四军进行的抗日战争，采取以山地游击战为主、运动战为辅的战略战术，起到了抗战中的中流砥柱作用，外人说毛泽东是"现代游击战之父"。

[评注原文]

三国时期，荆州失守，蜀军进攻东吴，被东吴将领陆逊火烧连营七百里，打得大败，其原因就在于刘备没有区分与处理好主要矛盾和次要矛盾的关系，在谋略中没有抓住主要矛盾。

诸葛亮在《隆中对》中所确定的战略方针是"东联孙吴，北拒曹操"。曹刘是主要矛盾，孙刘是次要矛盾……刘备见关羽被杀，荆州丢失，遂起兵攻打东吴，众臣苦谏都不听……诸葛亮也上表制止，刘备看完后，把表掷于地上，说："朕意已决，无得再谏。"决意起大军东征，最终导致兵败身亡。

——《听毛泽东谈哲学》，人民出版社 2012 年版，第 145 页。

土石为之，亦不能久，粮不足也。宜出澧水流域，直出湘水以西，因粮于敌，打运动战，使敌分散，应接不暇，可以各个击破。

——《毛泽东读文史古籍批语集》，中央文献出版社 1993 年版，第 161 页。

[故事背景]

刘备率军去彝陵攻打东吴是历史小说《三国演义》中的故事。

刘备，字玄德，涿郡涿县人，是汉景帝之子中山靖王刘胜的后代。关羽，字云长，河东郡解县人，因逃亡来到涿县。张飞，字益德，涿郡人，年轻时与关羽共同侍奉刘备。关羽比张飞大几岁，张飞将关羽当兄长看待。刘备在家乡招兵买马，关羽和张飞担任他的护卫。刘备做平原相国时，让关羽、张飞作为别部司马，分管属下士兵。刘备与关、张二人同床共寝，亲如兄弟。而在稠人广众中，关、张二人常常整天站在刘备身旁进行保护，跟随刘备应付各种场面，从不逃避艰难险阻。

诸葛亮，字孔明，琅邪都县人，汉朝司隶校尉诸葛丰的后裔。屯兵新野的刘备，经徐庶推荐三次拜访诸葛亮，请他出山，第三次才见到他。他向刘备献了《隆中对》，建议刘备占领荆州和益州，外与孙权结盟通好，对内修明为政之道，称霸诸侯的大业就可以成功，汉朝就可复兴了。刘备纳《隆中对》，诸葛亮出山，辅刘备实施隆中对。

孙刘联盟，在赤壁大败曹操。荆州刺史刘琦病故，刘备为荆州牧。刘备平定益州后，命关羽全权管辖守护荆州。建安二十四年，刘备被拥立为汉中王。关羽率兵在樊城攻打曹仁。曹操派于禁救援曹仁，于禁败，投降关羽。曹操采纳司马懿和蒋济的意见，联合孙权抗击关羽。孙权因关羽拒绝其子向关女求婚而恼怒关羽，诱降对关羽不满的下属糜芳、士仁，并占领江陵，将关羽及其部属的妻儿老小全部俘获。这时，曹操派徐晃救援曹仁，关羽只得弃樊城回救荆州。孙权派将迎击关羽，在临沮杀了关羽及其儿子关平。

公元221年，刘备在成都称帝。他闻孙权杀关羽后，怒火填膺，早就准备率兵攻孙权，以为关羽报仇。孔明等人多次劝他要以攻魏为大局，不要因小失大，攻吴弃魏，刘备不听，决意攻吴。张飞也率军从阆中赶赴江洲与刘备会合攻吴。出发前，张飞帐下将领张达、范疆杀了张飞，带着他的首级投奔孙权。刘备更加气愤，谁的意见也听不进去，亲率诸军讨伐吴国。孙权派使者送信请求和解，刘备怒不应允。

据正史《三国志》《陆逊传》释义载，陆逊，字伯言，吴郡吴县人。黄武元年，刘备率军来到东吴边界，孙权命陆逊为大都督，率军抵抗。刘备从巫峡、建平连营，连到夷陵地界，深入吴境五六百里，设立了几十个营地，准备向吴军挑战。陆逊不应。两军对峙七八个月后，陆逊见蜀军疲惫，便先打刘备的一处营寨，失利，但想到火攻之计，便命士兵各带一把茅草，用火烧了这个营寨，顷刻之间，熊熊烈火烧遍蜀军连营七百里，刘备的军队大败，死了几万人，尸体拥塞在江面上，漂流东下。蜀军将领张南、冯习和胡王沙摩柯等被杀，杜路、刘宁等被迫投降，刘备趁夜逃走，多亏驿站自动把士兵扔的铙、铠堆在一起，烧在路上，截断吴军追路，刘备才得以侥幸退入白帝城。刘备既惭愧又悲愤，说："我刘备竟然为陆逊如此折辱，难道不是天意吗？"第二年四月二十四日，刘备积忧成病，在永安宫去世，时年63岁。

[实践纪事]

刘备的彝陵之败，不仅自己身亡，而且由于倾国军马，大部折于此地，元气大伤，延误和影响了攻魏的大局，诸葛亮也无力回天，致使蜀汉早亡。若是当时联吴攻魏，三国的历史不一定如此。因此，刘备在彝陵的兵败身亡，是个历史悲剧。

这里，不禁让人想起毛泽东决策抗日战争中的两件大事。

和平处理"西安事变"

毛泽东认为刘备的彝陵之败，一个极为重要的原因，"在于刘备没有区分与处理好主要矛盾和次要矛盾的关系，在谋略中没有抓主要矛盾"。他抓次要矛盾丢主要矛盾，把诸葛亮在《隆中对》中所确定的联吴战略方针置于脑后，丢掉攻魏的主要矛盾，将为关羽报仇的事当作主要矛盾来抓，没有正确区分和处理主要矛盾和次要矛盾的关系。

与此相反，毛泽东在一生的革命生涯中，与他的战友们一起，就善于正确区分和处理主要矛盾和次要矛盾的关系。他和他的战友正确处理"西安事变"，正是他善于处理主次矛盾的一个典例。

"西安事变"的发生和处理情况是：

日本对中国的侵略是蓄谋已久的。早在清朝末年，日本通过甲午战争和1901年至1905年在中国东北进行的日俄战争等侵略扩张行动，迫使清政府订立不平等条约，侵占中国台湾，并把中国东北的南部地区强行划为自己的势力范围。自此，日本在中国设立殖民机构，如关东都督府、南满洲铁道株式会社（简称"满铁"）、驻奉天总领事馆等，建立关东军，对东北进行全面的政治、军事控制和经济掠夺。1927年6月27日至7月7日，日本政府召开东方会议，制定《对华政策纲要》。会后，日本首相田中义一根据会议精神起草一份奏折呈送天皇（即"田中奏折"）。东方会议和"田中奏折"，确立了先独占中国东北、内蒙古，进而侵占全中国的扩张政策。同年7月1日，正是当年蒋介石在上海发动四一二反革命事件，开始疯狂屠杀大批工人群众和共产党员以后，日本军事参谋官会议乘机决定，废除驻满日军两年调换一次的制度，调一个师常驻中国东北，分别在旅顺、长春、辽阳、公主岭驻有兵力10000余人，开始侵华准备。8月1日，任命曾当过张作霖顾问的本庄繁为关东军司令官。1929年7月，日本军人以组织旅游团的名义先后三次侦察中国东北地区的军事地形，完善占领东北的作战计划。1931年七八月间，日本一手制造唆使朝鲜人李升薰等人不经长春县政府批准，擅自雇人在他私自征来的万宝山荒田上挖渠，引起与当地农民闹纠纷的"万宝山事件"，和日本间谍中村震太郎等潜入东北大兴安岭等地侦察军事，被中国驻军破获，中村因疯狂反扑而被中国军警处死的"中村事件"。日本关东军以这两个事件为由，派出日警镇压中国民众，并煽动在朝鲜境内杀害华侨119人。同年9月18日，炸毁了沈阳北郊东北军最大兵营附近的柳条湖南满铁路的东段铁轨。反诬中国军队破坏铁路，以此为借口，以猛烈炮火袭击东北军驻地北大营和沈阳城，制造了震惊中外的"九一八"侵华事件。由于蒋介石下了"不准抵抗"的命令，19日，日军占领了北大营，随即分三路突入沈阳，经过4个月18天，东北三省全部沦陷，成为日寇铁蹄下的殖民地。1932年3月1日，日寇一手策划，在长春成立伪"满洲国"。3月9日，溥仪为"满洲国"的"执政"。1934年3月1日，"满洲国"改称"满洲帝国"，溥仪改称"皇帝"。

在中华民族最危险的时刻，蒋介石认为中国抗战是"自不量力"，对中国依靠自己的力量战胜日本"不可思议"，一直对日寇侵华视而不见，采取"不抵抗"和"攘外必先安内"的政策，全力"围剿"红军，使红军被迫离开中央苏区。中国共产党则以抗日救国的大局为重，从1931年9月20日到1934年4月20日，中共中央先后10次发表了有关积极抗日的宣言和决议。毛泽东在长征途中，确定红一、四方面军在四川懋功会师后的走向时，与张闻天、周恩来等多数人将陕甘地区邻近抗日斗争的前线华北作为一条重要因素，坚持北上，以便在北方建立抗日的前进阵地，领导和推进全国抗日民主运动。1935年8月1日，中共驻共产国际代表团草拟了《中国苏维埃政府、中国共产党中央为抗日救国告全体同胞书》（即《八一宣言》），10月1日，这一宣言以中国苏维埃中央政府和中国共产党中央委员会的名义，发表在法国巴黎出版的《救国报》上。同年12月，毛泽东在陕北安定县瓦窑堡由张闻天主持的中央政治局会议上，不计国民党对红军的多次"围剿"，特别是长征中红军的惨痛损失，以国家危亡为重，提出"民族资产阶级在亡国灭种的关头有参加抗日的可能，甚至连大资产阶级营垒也有分化的可能"，"我们要从关门主义中解放出来"，联合一切可能抗日的力量，"建立广泛的抗日民族统一战线"①，团结一致抗日。而蒋介石仍然执迷不悟，不顾全国人民的抗日要求，一意孤行，欲将红军彻底消灭。除令杨虎城的西北军继续"剿共"外，还在 1935 年将张学良的东北军调往西北地区"剿共"。这两支军队在"剿共"中受到了红军的沉重打击，他们出于对祖国的热爱，对蒋介石"攘外必先安内"的方针产生不满。毛泽东有鉴于此，与张闻天、周恩来等一起，把抗日统一战线的重点放在有可能联合的张学良和杨虎城身上。

毛泽东和他的战友趁张学良丢掉东北三省后面对国人唾骂的沉重压力，和杨虎城对蒋介石多次遏制的强烈不满的有利时机，对这两支军队分别成立两个工作委员会，开展统战工作。

原来，张学良的东北军在崂山、榆林桥、直罗镇"剿共"中失败，损兵三个师，近万名官兵成为红军俘虏，蒋介石对他们不仅不予补充，反而撤销被歼灭的东北军第 109、110 师的称号，张学良因此对蒋介石怨恨不已。早在瓦窑堡会议前后，毛泽东、周恩来等以传递信件等方式，已同张学良建立了联系。1936 年 1 月 19 日，中共中央派联络局局长李克农赴洛川，先后同东北军第 67 军军长王以哲和张学良会谈。1 月 25 日，中国共产党和红军领导人，发出《红军为愿意同东北军联合抗日致东北军全体将士书》，指出：苏维埃政府与红军是"愿意与任何抗日的武装队伍联合起来，组织国防政府与抗日联军，去同日本帝国主义直接作战的。我们愿意先同东北军来共同实现这一主张，为全中国人民抗日的先锋"；"东北军的敌人是日本帝国主义强盗，是卖国贼子蒋介石"，请他们与红军共同协商抗日大事。张学良接到这封信后，感触很深，讲了救

① 《中国共产党历史》第一卷（1921—1949）上册，中共党史出版社 2011 年版，第 416 页。

国之路只有"一条共产党的道路"。毛泽东还对被俘的东北军生活上给予优待，政治上给予教育，留去自由，去者发给路费，释放大批东北军官兵回去，特别让 1936 年年初榆林桥战役被俘的与张学良关系比较密切的团长高福源回到东北军，使东北军高级将领大为感动。2 月下旬，李克农再次到洛川与王以哲商谈，达成红军与第 67 军互不侵犯的口头协定。3 月初，张学良飞抵洛川，与李克农就双方联合抗日问题交换意见。4 月 9 日，根据张学良的要求，时任中共中央东北军工作委员会主任的周恩来就停止内战，一致抗日有关问题，与飞抵延安的张学良进行秘密商谈。张学良接受中国共产党关于停止内线、共同抗日的政治主张，并提出争取蒋介石抗日的意见。此后，中共中央派叶剑英为首的军事代表团驻西安，帮助东北军举办了王曲军官训练团，又派刘鼎作为驻西安的常驻代表，加强与张学良的联系。6 月 20 日，中共中央制定《关于东北军工作的指导原则》的党内文件，指出：党在东北军中的工作目标，不是瓦解东北军，分裂东北军，也不是把东北军变为红军，而是要使东北军变为红军的友军，使东北军实行彻底抗日的纲领。争取的办法，主要是耐心说服与解释工作。

杨虎城及其率领的 17 路军，早在大革命时期就同共产党有过联系，四一二反革命政变后，还与南汉宸等共产党人保持过联系。《八一宣言》发表后，杨虎城积极与中共中央联系。1935 年 11 月，毛泽东给这位早年参加辛亥革命，自 1922 年以后就受到进步思想熏陶，一直追求进步的杨虎城写了一封信。送信的汪锋与杨虎城会谈三次，沟通了中共中央与他的联系。1935 年 12 月到 1936 年 4 月，中共中央先后派汪锋、张文彬，中共中央北方局派王世英，中共驻共产党国际代表团派王炳南等人到杨虎城处商谈联合抗日问题。同年 5 月，红军和西北军就互不侵犯、互派代表、建立交通电讯联系、帮助红军运送物资、红军帮助改造 17 路军联合抗日等问题达成协议。1936 年 8 月 13 日，毛泽东又给杨虎城写了一封信，并派张文彬为中共驻杨虎城部的联络代表，被杨委任为少校秘书。

张学良和杨虎城在中共中央影响下，终于倾向和支持共产党联合抗日的主张。张学良向毛泽东说："蒋介石还有抗日的一面，只要他改变了'攘外必先安内'的错误，就可以实行全国抗日的大联合。"因此，毛泽东、周恩来和张闻天等接受了张学良"联蒋抗日"的意见，停止使用"讨蒋""反蒋"的口号，只提"停止内战，一致抗日"，并将旧日称"蒋贼""蒋匪"的提法改称"蒋氏"。毛泽东和他的战友这一海纳百川的博大胸襟，极大地感动了张学良、杨虎城，坚定了他们与共产党合作的决心。经过几个月的努力，中共与东北军、西北军初步达成停止内战，一致抗日的秘密协议，初步形成了互不侵犯，互相通商的格局。1936 年深秋，红军和他们的关系进一步改善，步调更趋一致，初步形成了"三位一体"的新局面。

随后，张学良、杨虎城多次向蒋介石提出了联合抗日的主张，毛泽东、周恩来和张闻天等也审时度势地在对蒋介石军事上、政治上的反共手段，进行针锋相对斗争的同时，通过中共中央与国民党直接对话的方式，向蒋介石提出以国家和民族利益为重，停止内战，化敌为友，共同抗日的期望。谁知蒋介石仍不改变"攘外必先安内"的方针，把毛泽东等的忠告视为软弱可欺，非要先灭共后抗日不可，要共产党向国民党投降，对红军的进攻变本加厉，调集 30 万军队集结在陕甘宁根据地周围。1936 年 10 月，蒋介石接到张学良、杨虎城密谋联合红军发动全国抗战的密报，于 22 日亲带部分军政要员飞抵西安，在临潼华清池附近的临时行辕里，面见张学良、杨虎城，逼令他们立即执行"剿共"命令，随即又到洛阳将其嫡系部队约 30 个师调到以郑州为中心的平汉、陇海铁路沿线，以便随时开赴陕甘地区；又把陈诚、卫立煌、蒋鼎文等高级军政要员召集到西安，迫令张学良、杨虎城立即将其军队全部开赴陕北"剿共"前线，由"中央军"在后接应督战；否则就要把东北军调往福建，第17路军调往安徽，由"中央军"在陕甘"剿共"。张学良、杨虎城两人向蒋介石"苦谏"，以抗日大局为重，劝说蒋介石放弃内战政策。蒋介石不但不听，反而对他们严厉训斥，并在西安城南王曲军官训练团给训练团的学员和东北军、17路军的五六百军官训话，提出："我们最近的敌人是共产党，为害也最急，日本离我们很远，为害尚缓，如果远近不分，缓急不辨，不积极'剿共'而轻言抗日，便是是非不明，前后倒置，不是革命。"一个绰号"疯子"的人在一些人的鼓励下，跑到军训团向学员们大声疾呼："昨天有人说日本是远处的敌人，共产党是我们近处的敌人，要我们不去打日本而要打共产党，这简直是放屁！"有人要张学良惩办叫"疯子"的人，张学良一面把"疯子"送去天津，一面说"疯子"畏罪潜逃。29日，蒋介石去洛阳，30日，张学良以向蒋拜寿为名去洛阳，在那里听到蒋介石在洛阳军官训话时讲了"勾结日本是汉奸，勾结共产党也是汉奸"的话，对蒋介石"攘外必先安内"的用心有了更深的了解。11月27日，张学良致电蒋介石，要求"调派东北军或一部"援绥抗战，蒋介石严加拒绝。还于28日派陈诚到绥远前线，制止绥远军民的抗战活动。11月底，指示傅作义等抽出手来准备"剿共"。12月4日，蒋介石又来西安。7日，张学良破釜沉舟地向蒋介石进行了一次"哭谏"。蒋介石对他的慷慨陈词、痛哭失声的深情不仅不动心，反而大发雷霆，严厉训斥张学良年轻无知，受了共产党"迷惑"，并拍着桌子大声吼道："现在你就是拿枪把我打死，我的'剿共'计划也不能改变"。9日，西安学生和各界爱国人士一万多人为纪念一二九运动一周年举行游行，去临潼向蒋介石进行抗日请愿，要求停止内战，一致抗日。国民党特务竟开枪打伤学生。学生群情激愤，冲出城去，准备前往临潼华清池蒋介石驻地请愿。蒋介石指令张学良实行武力镇压。张学良赶到灞桥劝阻学生。他为慷慨陈词的学生们爱国热情所感，答应在一星期内用事实回答他们的要求。当日，蒋介石为了加强对张、杨的压力，宣布蒋鼎文为西北"剿匪"军前敌总司令，卫立煌为晋陕绥宁四省边区总指挥，陈诚以军政部次长名义指挥绥军"中央军"各部。这些部署很明显，既为大举"剿共"，也为解决张、杨问题作准备。

张学良在 12 月 10 日、11 日又两次向蒋介石进谏。蒋介石反而斥他们为"犯上作乱"。逼得张学良、杨虎城"兵谏"。12 月 12 日凌晨，张学良派卫队包围华清池，扣留了蒋介石。杨虎城的部队控制了西安全城，扣留了陈诚等几十名国民党军政要员。13 日，张、杨等 18 位高级将领通电全国，提出改组南京政府、容纳各党各派共同负责救国；停止一切内战；立即释放上海被捕爱国将领（即"救国会七君子"）；释放一切政治犯；开放民众爱国运动；保障人民集会结社之政治自由；确实遵行孙总理遗嘱；立即召开救国会议等八项主张。这便是震惊中外的"西安事变"。

"西安事变"震动了国内外。日本煽动南京政府讨伐西安，企图挑动扩大中国内战，让国民党的亲日派上台；美、英主张与张、杨妥协，联系共产党抗日；国民党亲日派的何应钦、戴季陶等主张讨伐张、杨，进攻并派飞机轰炸西安；冯玉祥等抗日民主势力主张和平解决，反对内战。

中共事先只知道张学良、杨虎城积极拥护共产党停止内战，共同抗日的主张，并不知道他们会捉蒋介石。事变发生当夜，张学良致电中共中央。红军全体官兵听到这个消息后，半夜起床，奔走相告，不由自主地跳起来，唱起来，一片欢乐气象。这是一个多么大快人心的好消息！谁都欣喜若狂！要知道，蒋介石叛变 8 年以来，这个大屠夫杀了红军战士、共产党员和革命群众多少人！每个幸存者想起烈士们的鲜血和生命，谁不心痛，谁不对这个大屠夫咬牙切齿、义愤填膺！谁不想齐奔西安，将他千刀万剐！杀蒋介石几乎是极大部分红军官兵和延安人民的强烈愿望。

毛泽东和中央其他高层领导人也不例外。他们都是有血有肉的，与无数先烈有着深厚感情，无论是革命仇恨也好，还是从实现革命目标着想也好，杀蒋介石是他们的第一愿望。特别是张国焘，他主张"杀掉蒋介石，打出潼关去，打到南京去"。毛泽东作为红军和井冈山革命根据地的主要创建者之一，对无数烈士的阶级感情最深厚，加上这时已有三位亲人（妻子杨开慧、二弟毛泽覃、堂妹毛泽建）先后被国民党杀害，阶级仇和家恨交织在一起，怎么不怒火满腔？怎么不想剪蒋而后快？但是，毛泽东和他的战友们高瞻远瞩，高屋建瓴，想的是国民党不是一个人，杀蒋罢蒋都容易，要稳定蒋介石经营的摊子，是不容易的。特别是对付亲蒋派是需要时间的。亲蒋派当时要是进攻西安，内战不但不能停止，反而要扩大。共产党不是怕与国民党打仗，而是要以抗日救国为重。全国人民一致抗日的强烈要求是不能等待的，也是不允许中国再打内战的。所以，无论从全国人民利益来说，还是从祖国的命运来说，抗日是当前的大局，爱国救国是压倒一切的头等大事，是主要矛盾，其他都是次要矛盾。他们当时，一致认为张、杨抓蒋和提出的八条主张，都是有革命意义的，对促进蒋介石停止内战，一致抗日是有利的，必须迅速抓住这个有利时机，与国民党进行再次合作，停止内战，一致抗日，变内战为抗战。因此，毛泽东和周恩来、张闻天召开各种会议，统一思想，和平解决西安事变。他们在各种会上，大讲抗日是大局，是主要矛盾，处理西安事变必须有利于抗日大局。毛泽东在红军大学对全体师生说："蒋介石罪恶滔天，欠下全国人民无数的血债，大家要求杀，可以理解……杀了蒋介石，正中日本帝国主义和亲日派的下怀……如果从我们党的私仇出发，杀蒋介石来解恨，忘记了民族危亡这个大局，我们不配成为马克思列宁主义的党……任何过程如果有多数矛盾存在的话，其中必定有一个是主要的，起着领导的、决定的作用，其他则处于次要和服从地位"

毛泽东、张闻天和周恩来接到张学良的电报后，立即复电，表示立即由周恩来前往西安商量大事。建议为了准备对付国民党的另一手，防止蒋介石嫡系胡宗南、刘峙等进攻潼关、威胁西安，首先在兰州、汉中这些战略要地部署兵力。将东北军主力调集西安、平凉线，西北军调集西安、潼关线，红军负责钳制胡宗南、毛炳文、关麟征、李仙洲各军。12月15日，以红军将领联合的名义，发表《关于西安事变致国民党国民政府电》，表示支持张、杨八项主张，反对亲日派借机"讨伐"张、杨，发动大规模内战。重申中共关于国共合作、化敌为友、共赴国仇的政策；要求南京国民党当局"罢免蒋氏，交付国人裁判"，联合各党、各派、各界、各军，组织统一战线政府。16日，毛泽东致电阎锡山，提出"时局应和平解决，万不宜再起内战。"17日，周恩来等作为中共代表飞抵西安，与张学良商谈关于正确处理西安事变的问题。商定了东北军、第17路军集中于西安、潼关一线，红军南下肤施（延安）、庆阳一带接防；红军加入由东北军和第17路军成立的抗日联军临时西北军事委员会。还商定了与南京谈判的五项条件。周恩来明确表明中国共产党保证蒋介石安全，但如南京挑起内战，则蒋的安全无保证的态度。18日，周恩来致电中共中央，报告与张、杨商谈情况和外界对西安事变的反应以及他个人对解决事变的意见。同日，中共中央根据周恩来与张、杨商定的意见，致电国民党，提出和平解决西安事变五项条件：召开抗日救国代表大会；自陕甘撤退"中央军"，援助晋绥抗日前线，承认红军和西安方面的抗日要求；停止内战，一致抗日；开放人民抗日救国运动，释放一切政治犯；实现孙中山先生的三大政

策。并根据对事变后形势的进一步观察，改变了 12 月 15 日的通电中对蒋
介石的处理意见，明确指出："如贵党能实现全国人民合作抗日的迫切要
求，不但国家民族从此得救，即蒋氏的安全自由当亦不成问题。"原来南
京方面不顾张、杨提出的一致抗日主张，动员所有部队准备讨伐张、杨，
进攻西安。在接到中共中央关于无意加害蒋介石而希望和平解决"西安事
变"的电文后，延缓了进攻西安的计划，于 22 日派出宋子文、宋美龄兄
妹到西安。23 日，周恩来代表中共中央参加了张、杨与宋氏兄妹的谈判。
他遵照中共中央的指示，同双方代表做了大量卓有成效的工作。经过两天
会谈，终于达成改组国民党和国民政府，驱逐亲日派，容纳抗日分子；释
放上海爱国领袖，释放一切政治犯，保证人民的自由权利；停止"剿共"
政策、联合红军抗日；召集各党各派各军的抗日会议，决定抗日救亡方
针；与同情中国的国家建立合作关系；实行其他具体的救国办法六项条件。
24 日晚，周恩来会见蒋介石，当面向蒋介石说明中国共产党抗日救国的政
策。蒋介石表示同意谈判条件，要求不签字，以人格担保履行。25 日，在
没有告知周恩来的情况下，张学良陪同蒋介石安全飞离西安回南京。"西
安事变"终于和平解决。

中国共产党关于和平解决西安事变的意见，是独立自主地提出来的。
1936 年 12 月 16 日，共产国际总书记季米特洛夫致电中共中央，提出和
平解决的意见，但因电码错乱完全未能译出。毛泽东在 12 月 19 日中共
中央政治局扩大会议上的报告说："我们准备根据这样的立场（即和平解
决的立场）发表通电（指《中华苏维埃中央政府及中共中央对西安事变
通电》），国际指示还未到，或者要隔两天再发"[1]。实际上，该通电在 12
月 19 日就已发出，共产国际重拍的电报是 20 日才收到的。可见，和平

---

[1] 《中国共产党历史》第一卷（1921—1949）上册，中共党史出版社 2011 年版，第 444 页。

解决的立场是由我党自己确定的。"西安事变"的和平解决，粉碎了亲日派和日本侵略者的阴谋，迫使蒋介石撤走包围陕甘根据地的国民党军队，停止了对红军的进攻，对国共两党的第二次合作、团结抗战起到了重要的推动作用。它为抗日民族统一战线的建立提供了必要的前提，成为由国内战争走向抗日民族战争的时局转折点。它也反映了毛泽东和他的战友们在国家处于危难的重大关键时刻，善于区分和处理主要矛盾和次要矛盾的关系，把全国人民利益和国家安危放在第一位。毛泽东等党的高层领导人在这里所表现的英明，与刘备昔日发兵彝陵时以为关羽报仇为重的行为恰恰相反。若是毛泽东当日也像刘备一样，以报妻子和弟妹以及千万个被蒋介石杀害的同志仇为重，以一时的消恨为快，与他的战友们一起，坚持杀蒋介石，内战很有可能扩大，抗日大局必然受到影响。今日回看，毛泽东和他的战友们都不愧为高瞻远瞩之人。他们在见解上高人一筹，忍辱负重，善于处理主要矛盾和次要矛盾的关系，和平处理了"西安事变"，促进了第二次国共合作，共同抗日。

毛泽东系统提出的主要矛盾与次要矛盾关系的理论，是具有独创性的新的理论体系。他在《矛盾论》中写道："如果有多数矛盾存在的话，其中必定有一种是主要的，起着领导的、决定的作用，其他则处于次要和服从的地位。因此，研究任何过程，如果是存在两个以上矛盾的复杂过程的话，就要用全力找出它的主要矛盾。捉住了这个主要矛盾，一切问题就迎刃而解"①。他写的《矛盾论》为马克思主义唯物辩证法的理论宝库增添了丰富的内容。毛泽东的《矛盾论》是1937年8月写的，他在处理"西安事变"时就善于处理主次矛盾，说明他早就明白这个哲理。所以，毛泽东在处理西安事变上善于处理主次矛盾，是他的英明。

---

① 《毛泽东选集》第一卷，人民出版社1991年版，第322页。

坚持抗日游击战的战略方针

对彝陵战役中的战略战术，毛泽东批评刘备不该连营七百里，打阵地战。卢弼在《三国志集解·陆逊传》中引用了清代学者钱振锽的评论，说陆逊破刘备的办法，不过是火攻，如果刘备不用山木扎营，以土石垒营，陆逊火攻也不行。毛泽东有独到看法，他在读到卢弼引用钱振锽的评论时写了如下批语："土石为之，亦不能久，粮不足也。宜出澧水流域，直出湘水以西，因粮于敌，打运动战，使敌分散，应接不暇，可以各个击破"[①]。在毛泽东的眼里，不仅树木扎营七百里利于陆逊火攻，即算土石为之，亦不能持久，因为粮食问题难以解决，彝陵位于湖北今宜昌县境内，跨入吴境五六百里，离根据地太远，当时运输条件很差，粮食供应很困难，土石垒营虽不怕火，部队没粮吃，也不能坚持多久。所以，不可这样连营七百里，打阵地战，要从吴军防守较弱的宜昌南边的澧水流域和湘水以西进攻，那里粮多，易于解决，且使吴军分兵，应接不暇，然后各个击破，在运动中消灭敌人。他早在江西反"围剿"中，前四次采取带游击性的运动战，均取得了胜利，第五次由于博古、李德采取阵地战，以土木结构的堡垒对付敌人钢筋混凝土堡垒，结果遭到惨重的失败。那几次都是以弱战强，运动战打胜了，阵地战打败了。彝陵之战，刘备以强战弱，也打败了，打阵地战是个重要原因。

毛泽东指挥八路军、新四军夺取抗日战争的胜利，运用的是以游击战为主，以运动战为辅的战术。1938 年 5 月，毛泽东在《抗日游击战争中的战略问题》一文中谈到游击战争的战略防御问题时，写道："在反围

---

① 《毛泽东读文史古籍批语集》，中央文献出版社 1993 年版，第 161 页。

攻的作战计划中，我们的主力一般是位于内线的。但在兵力优裕的条件下，使用次要力量（例如县和区的游击队，以致从主力中分出一部分）于外线，在那里破坏敌之交通，钳制敌之增援部队，是必要的。如果敌在根据地内久踞下去，我可以倒置地使用上述方法，即以一部留在根据地内围困该敌，而用主力进攻敌所来之一带地方，在那里大肆活动，引致久踞之敌撤退出去打我主力，这就是'围魏救赵'的办法"①。八年抗战中，八路军、新四军深入敌后，建立抗日民主根据地，对日军所进行的以游击战争为主的战争，借鉴了"围魏救赵"和"赛马法"，还借鉴了"林冲退击""诱敌深入""避其锐气，击其惰归"等传统战术。从毛泽东对彝陵阵地战的批评来看，也汲取了刘备彝陵之败在战略战术的教训。

　　人类历史上的游击战争，往往被作为辅助正规战的一种作战形式，只起战役战术的配合作用。面对装备先进、实力强大的日本帝国主义的侵华战争，毛泽东写下了《抗日游击战争的战略问题》和《论持久战》等光辉著作，高屋建瓴、有理有据、深入浅出地论述了抗日战争和开展游击战争的一系列问题，提出了红军在抗日战争中必须既与国民党合作，又要独立自主，既统一对敌，又反对王明"七个统一"和"一切服从统一战线"，采取独立自主的山地游击战。1937年8月22日至25日的洛川会议上，他提出以独立自主、山地为主、打游击战为主的原则，使独立自主的山地游击战的战略方针具体化。毛泽东认为："在对我的不利情况下，不与敌人决战，不与敌人死打硬拼，不同敌人打堂堂的正规战。应当充分发挥自己近战、夜战的特长，主要采取打伏击战、袭击战的做法，打击分散、孤立和运动中的敌人。能打就打，打不了就走。在坚持以打游击战为主的方针下，不放松有利条件下的运动战。"②

---

① 《毛泽东选集》第二卷，人民出版社1991年版，第429页。
② 《毛泽东与中共党史重大事件》，中央文献出版社2001年版，第114页。

毛泽东把抗日游击战争放在战略地位，是军事理论的重大发展。他认为中国是一个大而弱的国家，当时只有几万余人的八路军、新四军，难以面对日军的正规战，只能深入敌后进行游击战，牵制日军，以配合国民党军正面战场的正规战。同时，游击战实质上是人民战争。八路军、新四军深入敌后打游击战，就可以异乎寻常地发动群众，依靠群众，创建抗日根据地，不断壮大自己，向运动战发展。因此，游击战争就不是小规模的，而是大规模的；它主要的不是在内线配合正规军的战役作战，而是在外线单独作战；它不是一种手段或战法，而是从战术范围跑出来向战略敲门的具有战略地位的创举。正如毛泽东自己所说："这是战争史上的奇观，中华民族的壮举，惊天动地的伟业。"①

1937 年 8 月 22 日，国民党政府军事委员会根据国共双方协定，将红军改编为八路军，任命朱德、彭德怀为国民革命军第八路军正副总指挥。8 月 25 日，中共中央军委发布命令，红军改编为八路军，朱德任总指挥，彭德怀任副总指挥（1937 年 9 月 11 日，国民党政府军事委员会将朱德改任总司令，彭德怀改任副总司令），叶剑英任总参谋长，左权任副总参谋长，任弼时任政治部主任，邓小平任政治部副主任。八路军下辖陆军第 115 师、120 师、129 师，分别由林彪、贺龙、刘伯承任师长。同年 10 月 12 日，国民党江西省省主席熊式辉转发蒋介石根据国共双方多次协议的原则于 10 月 6 日电令，鄂豫皖边、湘鄂赣边、赣粤边、浙闽边和闽西边等红军游击队，统交国民革命军新编第四军军长叶挺编遣调用。这样，南方红军游击队（除广东琼崖地区游击队外）整编为新四军，军长叶挺、副军长项英、参谋长张云逸、副参谋长周子昆、政治部主任袁国平、副主任邓子恢，下辖四个支队，由陈毅、张鼎丞、张云逸（兼）、

---

① 《浴血奋战在敌后战场》，人民出版社 1997 年版，第 99 页。

高敬亭分别任司令员。尔后，毛泽东和张闻天、周恩来在延安的窑洞里和远在前线的朱德、叶挺等，指挥八路军、新四军在各自深入的敌后，一面用游击战术不断抗击敌人，一面发动群众，减租减息，组织"抗日联军""抗日义勇军""抗日游击队"，成立工会、农会、青救会、妇救会和新的抗日民主政权，创建和扩大抗日根据地，不断依靠群众，发动人民战争，进一步抗击敌人。

毛泽东的"山地游击战争"，通过八年的实践证明，显示了巨大的生命力。我从下列战例中不难看出：

1937 年 9 月下旬，我八路军 115 师于晋西南侯马登车，向晋东北进军，在到达灵丘以南的上寨地区时，得知日军坂垣师团侵占灵丘后，直取晋东北重镇平型关的消息。这时，国民党晋绥军要求我军替他们正面堵击敌人。师长林彪不同意，根据毛泽东关于打伏击战、袭击战和打击运动中的敌人的游击战略方针，选择在平型关至东河南镇沿 10 公里的山沟伏击日军。9 月 25 日上午 7 时，100 余辆装着日本兵和军用物资的汽车前面开路，200 多辆大车和骡马炮队随后跟进，接着是脚穿皮鞋、身披黄呢大衣、斜背着枪、谈笑自若的骑兵和步兵向山沟走来。一会儿，汽车由于公路泥泞不好走停下来，人马车炮挤成一团。林彪看准这一正好动手的时机，下了攻击令，两侧山冈的伏兵用机枪、步枪、手榴弹和迫击炮一齐向山沟里发射，把公路上的日军打得人仰马翻。我军兵力除以一个营抢夺了老爷庙制高点外，其他全部冲下公路，在制高点的火力掩护下，拼杀敌人。一刹那，巨大的冲杀声震撼山谷，毫无思想准备的日军被切成几段，纷纷死在我军的刀枪下，丢下 1000 多个血肉模糊的尸体和狼藉遍地的车马大炮。平型关大捷破灭了日军"不可战胜"的神话，是日本人从九一八事变甚至甲午战争以来第一次遇到的惨败。

1937 年 10 月上旬，占领石家庄的日寇川岸的第 20 师团沿正太路向平定、太原方向进犯。我八路军 129 师师长刘伯承亲自到位于太行山脉中段，敌军必经的七亘村观察地形，发现该村四面环山，峡谷陡峭，村边有一条宽不足两米的大道，路南边是高约 10 米的土坎，路北是几十米深的山沟，是伏击日军的理想之地。刘伯承命令以陈赓为首的 386 旅在七亘村，伏击这一运动中的敌人。陈赓派 772 团副团长王近山带领第三营进入伏击地区，两个连埋伏在大道南坎，两个连控制高地。26 日，日军的辎重部队 300 多人，在前后各有 100 名步兵掩护下果然大摇大摆、若无其事地进入伏击圈。我伏击部队在指挥所的重机枪打响后，向日军猛烈射击，正在行进中的日军在这突如其来的袭击中死伤 300 余名，被打死、缴获的骡马和骆驼 300 余匹。第二日，日军在收殓尸体的同时，准备继续从此向平定运送前方急需物资，陈赓又准备第二次伏击。28 日，日军辎重部队果然在 100 余人的骑兵开路和 300 余名步兵在后掩护下又进入我军伏击区，在我军伏击下被歼 100 余人，骡马被我军缴收数十匹。这两次仅三天时间在同一个地方的伏击战，共歼日军 400 余人，打死和缴获骡马、马和骆驼 400 多匹及大批枪支、弹药、粮食和衣物，我军伤亡仅 30 余人。曾劝我军不要伏击的国民党第二战区前敌总指挥兼第 13 军军长汤恩伯，得知我军在七亘连夺两次伏击战胜利的奇迹后，在电话里非常敬佩地对刘伯承说："看来，还是你们的游击战行啊！"

1937 年 10 月，我八路军 120 师师长贺龙派 716 团团长贺炳炎、政委廖汉生率全团人马到雁门关，伏击从大同给忻口前线输送武器弹药的日军汽车。18 日晚，716 团在当地群众配合下，埋伏在西面是悬崖绝壁，北面是一段陡坡的黑石头沟这一天然的设伏公路两旁。19 日上午 10 时左右，敌人的车队毫无顾忌地开来了。我军一声令下，步枪和轻重机枪一齐狂吼，敌弹药车中弹起火，爆炸声响成一片，一瞬间，人、车、武器、弹药化为乌有。

　　1937 年 10 月，八路军 129 师 769 团团长陈锡联在滹沱河边，侦察到对岸阳明堡镇的东南方有一群灰白色的敌机，又从一个从敌人魔掌里逃出来的农民口里获悉这里正是一个停放 24 架敌机的飞机场，这些飞机白天轰炸太原、忻口，晚上停在这里，日军的一个联队大部驻在阳明堡街里，机场里只有小股守卫队。陈锡联认为这是袭击日寇机场、支援友军忻口战役的极好时机，随即命第 3 营完成这一袭击任务，派 1、2 营破坏公路桥梁，狙击崞县、阳明堡可能来援之敌，命团迫击炮和机枪连配合。当晚 3 营涉过滹沱河，爬过铁丝网，一面炸飞机，一面与刚从睡梦中醒来的守卫队展开白刃战。瞬间，机场成为一片火海，20 余架敌机全部烧毁，并毙伤日军 100 多名，使敌军在晋北战场上一时失去空中优势，有力支持了国民党军在忻口的防御战。当阳明堡镇里的日军赶来增援时，我军已经撤出战斗，他们把机场里的残部当成我军，自己误杀了一场。

　　我军敌后游击战节节胜利，使日军昼夜不宁。1938 年 4 月初，日军以第 108 师团为主力，纠集第 16 师团、201 师团、109 师团等，共计 10 多个联队，分九路向晋东南地区发起大规模"围剿"。朱德、彭德怀根据毛泽东的指示，要求我东路各军采用游击战和运动战相结合的原则反"围剿"。驻守在晋东南的第 129 师在师长刘伯承领导下，根据毛泽东"捡弱的打"的一贯战略思想，选定了进占武乡后北犯榆社，被我总部特务团和 115 师 344 旅一部狙击又退回武乡，并有东退可能的敌 117 联队作重点歼灭对象。15 日，这支敌军果然东退。第 386 旅旅长陈赓率领部队分两路追击，当他们追至长乐村时，发现敌人大部已过该村，其辎重尚在白草延附近。陈赓即令 771、772 团从两面夹攻，将敌辎重人马拦腰折断，歼灭在长乐村以西的一个狭窄河滩隘路上。当已过长乐村之敌主力 1000 人返回救援时，被第 772 团一部和 689 团截住。长乐村战斗共消灭日军 1500 人，是粉碎日军 9 路围攻中带决定性的一仗，其他各路敌军

闻风丧胆，纷纷回窜。我军各部乘胜追击，猛烈杀敌，共歼灭日军4000
多人，收复县城18座（其中友军收复6座），进一步奠定和巩固了晋冀
豫抗日根据地的基础。

　　八路军、新四军在敌后开创抗日根据地，建立军区。县大队，区、
乡、村都组织民兵拿起土枪、土炮、大刀、长矛开展反"扫荡"、反资
敌、反封锁活动，开展村自为战、人自为战的人民游击战。最使日军闻
风丧胆的是"地雷战""地道战"。电影《地道战》《平原游击战》《铁路
游击战》正是以地道战、游击战为主的人民游击战争真实情况为背景材
料拍摄的。地雷战最活跃的是山东海阳县，是由瑞宇村民兵队长于凤鸣
埋在青（岛）威（海）公路的两颗12.5公斤重的地雷炸中5个日本兵开
始的。以后经过县委、县大队的推广，全县各区、乡、村的民兵都开展
了"地雷战"。文山后村人人都懂制雷、埋雷，争当能手。赵石奎和妻
子刘淑花及弟弟一家三个皆是能手，先后爆炸四颗地雷，被评为模范爆
炸家庭；儿童于希水也爆炸四颗地雷；小滩村16岁女民兵孙玉敏一次用
地雷炸死炸伤四个日伪军，被评为中海军分区英雄；孙家夼、夼里、文
山后、赵疃4村8天爆炸地雷103颗，炸死炸伤日伪军230余名。地道
战以冀中最为精彩。冀中军民把地雷战与高房和地面斗争紧密结合起来，
并配合地雷战、冷枪战歼灭敌人，群众将这种结合称为"天""地""荫"
三结合。1943年2月7日，清苑县周庄群众用这"三结合"战法，消灭
了200名进村"扫荡"的日伪军，被誉为"战斗堡垒村"。1945年1月，
日伪军六七百人把任丘县的皮里村铁桶般地包围了，该村民兵时而从窗
眼向东房顶的孔眼射倒敌兵，时而从"翻眼地道"射死东房敌人，时而
利用地道的秘密孔眼射倒敌兵，时而从地道口向敌群扔毒瓦斯，时而从
高房工事里、磨盘底下、墙根和庙台背后射击日伪军，时而我军42区队
和附近几个县及边关的村民兵从外面冲进村里与敌人拼白刃，瞬间，敌

人尸首散满各地。事先隐蔽在地道里的美籍盟军观察员杜伦中尉在这次地道战结束后，见到敌人扔下几百具尸体的场面，和我方只有分区司令员魏洪亮8个月的男孩，被妻子肖哲因怕孩子哭声暴露地道，而用奶头顶住孩子的嘴"憋死"和一名群众受伤时，连声称赞"地道万能，民兵顶好"！

1943年3月29日，日本山本中队和200多个伪军占领阜宁东北盛产鱼虾，又是海盐集散地的八滩，企图从军事、经济上扼死活动在这一地区的新四军。新四军第24团奉黄克诚之命，利用敌军落脚未稳之际，于第二个晚上敲掉它。第24团便以第三营阻击东坎来援之敌，第一、二营在苍茫的夜色中沿着田间小道夜袭八滩。当晚九点，部队完成对敌的包围计划后，刚刚落脚的敌人像死猪一样平静地睡着，谁也没有料到有人包围他们。团长谢振华下了攻击令后，二营副营长王光汉炸坏了日本中队部的报话机和电台装置，整个敌人在我军突然袭击下乱成一堆，死伤一片。当敌人在机枪掩护下，死守在中队部的一个大院里向我军猛烈射击负隅顽抗时，我军用蘸了煤油的棉花球绑在手榴弹上投进大院里，并把棉花球绑在长竹上抛上大院屋顶，实行火攻，五连的两挺机枪紧紧封锁大院的大门。这样一来，日伪军被火烧，被机枪打，与大院残骸同归于尽，山本中队长和80余名日军全被击毙。

1943年，敌人在胶东地区向我抗日根据地发起了疯狂的"扫荡""蚕食"，全区日伪据点由1940年的93区增加到317区。大泽山抗日根据地完全处于敌伪据点包围之中。在山东分局党委和军区的领导下，胶东军民以主力部队和地方武装相结合，积极开展反"蚕食"、反"封锁"斗争，对日作战95次，攻占日伪据点23处，歼灭日伪军1.03万名，扩大根据地1100多平方公里。如崮山后村的一个敌据点，有九座碉堡和一道壕沟，我南海某分区一个营，在村内隐伏一天一夜后，趁敌人开饭之际，突然发起攻击，歼敌100多人；东岘据点伪军19中队押解400多辆车子给平原日军送十多万斤小麦被我军全部缴获，活抓中队长以下官兵27名，我部无一伤亡；"鲁东第一大碉堡"（13米高）被我军13团3营炸毁，全歼守敌；旺远一座用石头砌成的四层楼高的碉堡被许世友亲率的第16团用25公斤炸药炸毁，守敌全部坐了"土飞机"。民兵们的地雷战、麻雀战在反"蚕食"斗争中发挥了巨大作用，一次，日伪1500余人侵入大泽山，脚下踏上地雷，被炸得人仰马翻，不到1平方公里的范围内，被30余个地雷炸死炸伤70余人。

1944年3月，驻在苏中地区的新四军1师副师长兼任一旅旅长叶飞亲率主力第1、7团夺取位于淮安城东南20余里的车桥。这里驻有日军80余名、伪军600余名，四周筑有大土围子，里面还有小土围子，沿大小土围子仅碉堡就有52座，同时这是日寇的指挥中心，四周有很多的据点。战斗在5日凌晨打响，以一个纵队担任攻击，两个纵队担任打援，攻击的采用架云梯登围墙，手榴弹群和山炮、迫击炮轰碉堡；打援的引诱敌人至南有涧河、北有草荡中间形成狭窄口袋的芦家滩和布满地雷阵的公路以北歼敌。车桥战役包括打援共计歼灭日军800人（其中俘虏中尉以下军官48人）、伪军800余人，缴获九二式平射炮两门，第18集团军总政治部宣传部在《抗战八年来八路军新四军》一书中指出："车桥战役是抗战史上1944年以前在一次战役中生俘日军最多的一次"。

八路军、新四军在八年抗战中，以毛泽东论述抗日游击战的《抗日游击战争的战略问题》和《论持久战》为思想武器，领导敌后军民深入开展这样的游击战共计12.5万余次，歼灭日伪军170余万人，其中日军52.7万人；缴获各种枪69万余支（挺）、各种炮1800余门；收复国土104.8万余平方公里；解放人民1.255亿人。从整个抗日战争来说，我党领导的抗日游击战抗击、牵制侵华日军和几乎全部伪军，有力地配合了正面战场的国民党军队作战。据日本方面统计，在整个战争中日军死伤185.8万人，其中有138万人是在中国战场死伤的。八路军、新四军自参加抗日后的敌后游击战，通过第一阶段痛歼敌人，日军就已经惊慌失措。自1941年至1942年间以70%以上的兵力和全部伪军，加紧对我敌后根据地的疯狂"扫荡""清乡""蚕食""治安强化"和"三光"政策，妄图摧毁我军敌后战场。我党军队抗日的敌后战场由抗日的次要地位转为主要地位，国民党的正面战场由主要地位转为次要地位。自1938年10月至1944年春的5年半时间，日军对正面战场只进行了10余次有限攻势，正面战场的国民党数百万国民党军，除1939年主动发起一次有限的冬季攻势和以一部分兵力组成中国远征军进入缅甸作战外，再未主动进攻敌人。特别是1944年日军发起"一号作战"打通大陆交通线时，正面战场的国民党军再次溃败，丧失了大片国土。所以，党领导的八路军、新四军成为中国抗战中的中流砥柱。同时，八路军和新四军在抗日战争中发展和壮大了自己，我军从抗战开始的5.6万余人发展到127万人，民兵达268万余人。人民战争是八路军、新四军其所以起到抗日中中流砥柱作用的一大经验。胜利必然壮大和发展自己。

许多外国人说，对游击战论说得最好的首推毛泽东，对游击战运用得最好的还是毛泽东。日本久住忠男在《战争·战略·日本》一书中指出："毛泽东论述最精辟的是游击战，在二十世纪出现的各种战略著作中，最有特色的就是毛泽东的游击战论。"日军军事评论家池野清躬指出，毛泽东是现代游击战争之父，典型的实践指导者。埃利奥特·贝特曼说："发展全面的游击战争和游击战配合正规战的理论是毛泽东对军事科学的两个主要贡献。"旧日军大本营参谋陆军中校山畸重三郎在日本军事杂志《丸》的文章中写道："只有毛泽东……在抗日战争的游击战，堪称为历史上规模最大、质量最高的游击战"，"毛泽东的……'游击战'

是在军事、政治、经济、思想、文化等领域广泛进行的","可以说是一种全民总动员、一致对敌的攻势战略","毛泽东这种游击战略'把百万帝国陆军弄得团团转'"。西德《军事与经济》杂志载文说:"毛泽东的游击战略在全球取得胜利,这种战略已有效地改变世界政治面貌。"

毛泽东历来主张,指挥打仗必须从实际情况出发,实事求是,有什么枪打什么仗,对什么敌人打什么仗,在什么时间地点打什么时间地点的仗。第一句话是根据部队的武器装备,第二句话是根据敌情,第三句话是根据时间地形等各种条件。归根到底是随着战争形式的不同而采用不同的战略战术。毛泽东在抗日战争中坚持独立自主山地游击战的战略战术,体现了毛泽东战略战术思想的活的灵魂,就是一切从实际出发。

这不是宣扬游击战放之四海而皆准,而是宣扬一切从实际情况出发是毛泽东军事路线的灵魂。人们常称毛泽东"用兵如神","神"就神在正确认识和掌握战争发展规律。昔日刘备彝陵战略战术之败,败就败在没有从实际情况出发,毛泽东善于打仗就是善在一切从实际情况出发。现代化的战争不同了,但毛泽东一切从实际情况出发这个灵魂不可无。

四、"虚夸古已有之"

孔明借过东风，用过空城计，并用锦囊计使周瑜"赔了夫人又折兵"。毛泽东很敬重诸葛亮，但认为其智慧源自他善"皱眉"和谨慎，不要虚夸和神化他。他自己也善"皱眉"，打仗讲究气象；用"空坡计""空村计""空河计"化险为夷。

[评注原文]

有真必有假，虚夸古已有之，曹营号称八十三万人马，其实只有二三十万，又不熟水性，败在孙权手下，不单是孔明借东风。

——《忆毛主席》，新华出版社 1996 年版，第 109 页。

诸葛亮一生唯谨慎，吕端大事不糊涂。

——《毛泽东纪事（1893—1976）》上卷，中央文献出版社 2014 年版，第 257 页

其始误于隆中对千里之遥即二分兵力。其终则关羽、刘备、诸葛亮三分兵力，安得不败。

——《毛泽东读文史古籍批语集》，中央文献出版社 1993 年版，第 106 页。

初战亮宜自临阵。

自街亭败后，每出，亮必在军。

——《毛泽东读文史古籍批语集》，中央文献出版社 1993 年版，第 292 页。

[故事背景]

毛泽东在此篇所评的历史人物是明代小说《三国演义》中的孔明。

孔明即诸葛亮，公元 181 年生，234 年去世。琅邪阳都（今山东沂

南南）人。幼丧父母，随叔父诸葛玄避乱到荆州，隐居隆中（今湖北襄阳西），躬耕读书。207年，与刘备说《隆中对》，为备定居荆、益二州，联吴抗曹之策，成为刘备主要助手，刘备称帝后，封丞相。刘备死，辅后主刘禅。政事无分巨细地独决，科教严明，赏罚必信。后病死五丈原（今陕西眉县西南）军中，葬定军山（今陕西勉县东南）。

《三国演义》曾把孔明的善谋多计形容为"眉头一皱，计上心来"。

毛泽东这里讲的"虚夸古已有之"，正是对建安十三年赤壁之战而言的。当时，曹操率八十三万兵与蜀吴战于赤壁（今湖北境内）。吴都督周瑜观曹营船多兵广，急得卧病。孔明前去看之，即开"若破曹公，宜用火攻，万事俱备，只欠东风"处方。周瑜见诸葛亮识破病源，大惊，即请教隆冬求风之策。诸葛亮说："我可以给你请来三天三夜的东风，即甲子日起风，丙寅日停风"。周瑜即按孔明意见，筑坛台祭风。甲子日这天，诸葛亮身披道衣，缓步登坛，焚香于炉，仰天暗祝，果然请来东风，由小而大，转成劲风，直向曹营吹去。将曹营用铁环联结起来的战船烧得满江通红，烧得曹营官兵无处躲藏，曹营惨败。借东风后，孔明早知周瑜嫉贤会暗杀他，便不辞而乘船去夏口，周瑜只得望江兴叹。赤壁之战是历史上蜀吴以弱胜强的名战，其原因是多方面的。魏军强，但没有八十三万，又不熟水性。毛泽东这样评点，意思是对孔明的智慧要正确认识，不要以为单是孔明借东风之功。

街亭，地处秦岭西北峡谷，是西川通往长安的咽喉，也是蜀军取长安，曹魏取西川必争的战略要地。孔明深知防守街亭的重要，他听到曹军足智善谋的司马懿亲临新城，准备与蜀军争夺街亭这一要地后，更感负责守卫街亭的将领务必是万无一失的人。因此，孔明召集众将征求谁去把守街亭的意见，参军马谡以全家性命作保来请战。他记起刘备临终前曾给他说过"马谡言过其实，不可大用"的话，不敢用他，但想起马谡曾献过离间曹睿与司马懿之计，使曹魏因失去司马懿而丢掉天水等三城的事，认为他还不是不可用，即让马谡带二万五千精兵守街亭，并命谨慎稳重的王平相助，还嘱咐他们要在要道处下寨，又派魏延率兵在街亭右边接应，通知高翔准备带列柳城守军救援。马谡到了街亭后，违背孔明之意，在侧边一个树木密布的山上下寨。结果，街亭被曹军所占。列柳城因高翔离城救街亭，也被曹军乘虚占领。孔明回到汉中查明街亭失守的原因，随即定下了马谡的死罪，孔明原与马谡情同手足，当参军蒋琬以天下未定为由，劝他勿杀像马谡这样有智有谋之臣时，孔明说："过去孙武之所以能制胜于天下，是由于他执法不阿。当今四方纷争，战事颇多，如果执法不严、怎能号令于天下？"说罢，斩了马谡。当武士将马谡首级献于阶下时，孔明大哭不已。蒋琬问他既是执法不阿，如何大哭时，孔明说："我不是哭马谡，只是先帝病危时，曾讲过马谡言过其实，不可大用之话，我是为自己未听先帝之言，用人不当而哭的。"这是孔明自责用人之过。其实，西城空城战也是孔明失街亭之误造成的。毛泽东上述评文，是说孔明在此还有一弊，这就是像街亭这样一个战略要地的首战，孔明应亲自督战，他以后各战都出阵，说明自认街亭战未出阵是他的失误。

建安十二年，刘备三顾茅庐，向隐居隆中的诸葛亮请教兴汉计。年方27岁的诸葛亮向他献了《隆中对》，提出"主要对手曹操"；蜀应"跨有荆、益"二州，对外"结好孙权"。毛泽东关于"始误"的批注，认为《隆中对》，二分天下，先由刘备、孔明占益州，派关羽守荆州，失了关羽和荆州后，刘备攻东吴，孔明守川，三分兵力，也是孔明开始献《隆中对》之误。

[实践纪事]

毛泽东很敬仰诸葛亮，诸葛亮是他一生谈得较多的一位历史人物，一直肯定诸葛亮的聪明才干，本篇关于对诸葛亮的评点是在肯定这点的前提下写的。关于"谨慎"和"皱眉"的评点，是提醒人们正确认识孔明的智慧，来源于多想，多皱眉，多推理。唯谨慎。不是神，也没有什么呼风唤雨之术。在"街亭败"和《隆中对》上批评诸葛亮之误，是认为诸葛亮虽然多谋善战，也非十全十美、事事无误。

毛泽东在此评点自古已有的虚夸，不只是曹操八十三万兵和说赤壁之胜单是孔明借东风之功，就讲风是借的这句话也有虚。查正史《三国志》，在《诸葛亮传》中仅载："权大悦，即遣周瑜、程普、鲁肃等水军三万，随亮诣先主，并力拒曹公。曹公败于赤壁，引军归邺。"《周瑜传》载："权遂遣瑜及程普等与备并力逆曹公，遇于赤壁……乃取蒙冲斗舰数艘，实以薪草，膏油灌其中，裹以帷幕，上建牙旗，先书报曹公，欺以欲降，……盖放诸船，同时发火，时风甚猛，悉延烧岸上营落。顷之，烟炎张天，人马烧溺死者甚众，军遂败退，还保南郡。"从这两个主要当事人的传记看，也未讲借风。从"时风甚猛"这句话可以看出，当时风很大，可能是碰上大风的天气，也可能是诸葛亮事先用土法测出这天有大风。有一点可肯定，风是借不来的，更不是祭来的，《三国演义》中写的筑坛台祭风，不仅是正史无据，谁都认定是虚夸、神话。熟知《三国演义》《三国志》且不信神的毛泽东更知这一点，没有点出其虚夸，是不是他认为小说《三国演义》可以有虚构？

其实，《三国演义》与《三国志》像如此有异的事还有：如东吴招亲，刘备占领荆州，周瑜得知刘备的甘夫人病故，用以孙权妹向刘备假招亲之计，将刘骗至东吴做人质，以索取荆州。孔明将计就计地装好三个锦囊计交赵子龙，要他保护刘备去吴应婚。结果，不仅刘备得了孙权之妹作夫人，带着她平安回来，又折了周瑜的兵，保卫了荆州。这就是人们常谈周瑜"赔了夫人又折兵"的原委，也是京剧《甘露寺》的原型。《三国志·先主传》中载："先主为荆州牧，治公安，权稍畏之，进妹固好。"其意是孙权见刘备为荆州牧，有担心，便将妹嫁给他以结良好。这与将此婚写成弄假成真的情节显然不同。又如空城计，诸葛亮自引五千兵在西城转移粮草，忽听占领街亭的司马懿引十五万兵攻来，他这时一半兵搬粮，一半兵守城，危急中设空城计以待，只见他将所有兵力隐蔽在各个店铺里，每个城门安排二十个军士扮作百姓洒扫街道，他自己披鹤氅，戴纶巾，带两个小童携琴一把，在城楼上凭栏而坐，焚香操琴。司马懿见此况，想起诸葛亮善谋多计，吓得不敢进城，慌忙退兵。这就是人们常谈的并久演不衰的"空城计"原委。其实，《三国志》中此事并无记载。

毛泽东《在延安文艺座谈会上讲话》中说："人类的社会生活虽是文学艺术的唯一源泉……但是，文艺作品中反映出来的生活却可以而且应该比普通的实际生活更高，更强烈，更有集中性，更典型，更理想，因此就更带普遍性。革命的文艺，应当根据实际生活创造出各种各样的人物来，帮助群众推动历史的前进。"①古典小说作为古代文艺作品，也应与其他文艺作品一样，源于生活，高于生活，允许源于生活的加工、提高和虚构。《三国演义》的作者罗贯中约在 1385 年生，写早在公元 220 年的三国事，不单是根据陈寿写的《三国志》，还有千多年历代人们对此的传说、夸大和自己的加工，虚构成分是不可免的。所以，小说《三国演

---

① 《毛泽东选集》第二卷，人民出版社 1991 年版，第 861 页。

义》与正史《三国志》有异是不足为奇的。

虚构不全是虚夸，有符合实际生活和民主进步的一面，也有不符合实际生活和封建落后的一面。符不符合实际生活的问题即是虚不虚夸的问题。对待古典小说和其他古籍文史一样，都应像毛泽东说的那样，取其民主性精华，剔其封建性糟粕。

毛泽东说虚夸古已有之，绝非为虚夸护身，他一贯反对虚夸。1958年，从不泼群众冷水的角度出发，曾对少数人的浮夸汇报表示过沉默，内心是反对的。1959年6月26日，毛泽东回到韶山，听到一个农民说当年每亩粮食800斤，他摇头说："我看平均亩产500斤就谢天谢地了，要实事求是"①。1958年8月7日，毛泽东在河南商丘县道口乡中华农业社一丘试验田旁，问商丘县县委第一书记刘学勤这丘田的产量，听到亩产13900斤的回声没表态，在返回火车站的路上，对刘学勤说："脑子太热，没有科学根据，不符合实际"1960年10月19日，他亲自起稿，为中央发出了包括反浮夸在内的"反五风"指示。他说虚夸古已有之，就是提醒人们，《三国演义》中也有虚夸，是糟粕，要剔除。

本篇五条评注原文，以"虚夸古已有之"为题，意在增强实事求是意识。对孔明这个智慧象征，不可神化，其智慧源自谨慎和"皱眉"，不是能呼风唤雨之神。把他说成神，就是虚夸。他也非十全十美，也有失误，《隆中对》和"失街亭"就有误。他的智慧，不是高不可攀，只要善"皱眉"，就可学到。

毛泽东喜读《三国演义》，把它作为他的第一部军事教科书来读，本着取精华除糟粕的态度，从中汲取对他的实践有益的启示、智慧和营养。他和他的战友在长期革命战争中，践行过很多像该书中所写孔明令人惊

---

① 《向毛泽东学习》，中共党史出版社2013年版，第35页。

叹轶事的绝作。如果孔明轶事是虚构,这就显示孔明没有做到的事,毛泽东做到了,那也是对古典小说珍品的应用,是善"皱眉"皱出来的。上述借东风、赔了夫人又折兵、空城计,是民间对孔明传得较多的三件事。毛泽东和他战友在实践中也有过很多与此相类似的轶事,这里写出来,显示其古为今用的意义,不论孔明这些轶事是自己皱眉所为,还是小说有扩大和虚构成分,都是应用古代文化珍品推动今天的进步。同时,也以此进一步说明,孔明也是一个普通的人,不是神,毛泽东也是一样,他们之明,只要善"皱眉",都可学到。

毛泽东打仗讲究气象

稍有一点科学头脑的人坚信风是祭不来的,孔明并无呼风之术。火攻赤壁之风如果不是机遇,那就是在当时科学不发达情况下,孔明用土法测出来的。毛泽东无疑更知这一点,所以,他打仗讲究科学,讲究天时地利,讲究气象。

毛泽东 1949 年指挥人民解放军渡长江,就有借汛前有利气象的事。长江这一自古以来的天险,国民党自 1948 年 11 月开始,命汤恩伯为总司令,统一指挥苏、浙、皖及赣东的驻军,会同驻在武汉的华东军政长官白崇禧,集中了 115 个师 70 余万人,120 余艘舰艇,280 多架飞机,共同组成 1800 多公里长的坚强防线,以挽救其垂死的命运。面对敌军在长江布下强大的"立体防线"和天险防线局势,我人民解放军组成东、中、西突击集团,在以刘伯承、邓小平、陈毅为首的总前委领导下,于长江北岸分兵把守准备渡江。原定 4 月 15 日渡江。毛泽东和中央军委于 4 月 1 日来电,以争取国共和谈成功为由,请他们调查长江水情,征求能否将渡江时间推迟半个月或一个月，即5月1日到5月15日渡江的意见。总前委经过与气象部门调查，根据历史和当时的气象情况，测定5月份有汛，已经准备的9400只各型木帆船有三分之二是小船，在水涨情况下难以渡江。所以总前委复电军委，建议渡江以原定时间为好。毛泽东和中央军委根据5月汛期不利渡江和考虑国共双方达成的"国内和平协定"于4月20日签字的情况，通知总前委把渡江时间推到4月20日以后。4月20日，国民党果然拒绝签字，毛泽东和中央军委号召全体指战员，从4月20日晚开始渡江。要各战区此后根据自己的情况能先过江就先过去，尽量早过。这时，总前委得到了把守繁昌、铜陵一带的敌20军正在与原防守的81军交接的信息，根据毛泽东和中央军委的命令，决定对付敌20军的中集团，比东、西集团提前一天渡江。20日20时，中集团第一梯队的四个军在"打过长江去，解放全中国"口号的呼声下于棕阳镇至裕溪口段胜利渡江。21日拂晓，他们在强大炮火掩护下强渡了长江，控制了铜山、岳山等制高点，直扣繁昌城守敌的大门。正在与81军交接的20军没有丝毫准备，有个军官见到我军叩门的一个战士后，以为是他们的逃兵，急忙叫喊："乱跑什么！共军没有翅膀，他们还远着呢！"我军的这个战士跑向前去，扭住这个敌军官说："你有翅膀也跑不掉了。"21日中午中集团第二梯队全部渡江。21日黄昏，东集团在三江营至张黄港，西集团在棕阳镇至望江段分别渡江。至此，渡江战斗任务胜利完成。

解放海南岛一战，毛泽东也是选择有利于渡海的潮水和风向打。1949年，蒋介石退至台湾后，妄图以海南岛等岛屿作为"反攻大陆"的跳板，任命薛岳为海南防御总司令，依仗10万兵力，50多艘军舰，30多架飞机，搞海陆空立体防御和反攻。当时，两广战役胜利结束，中南地区全部解放。但毛泽东指挥渡海作战还是第一次。他首先下的一着棋就是乘敌立足未稳，宜早打，以打破敌人反攻大陆的海上部署。其次，通知部队掌握潮水和风向规律，按照潮水和风向的规律打仗。1949年12月18日，毛泽东写给担负解放海南岛任务的第四野战军司令员林彪的信，提出渡海作战必须注意六个问题。其中第三个问题就是按潮水和风向的规律打仗。他写道："必须注意潮水与风向，必须集中能一次运载至少一个军（四五万人）的全部兵力，携带三天以上粮食，于敌前登陆，建立稳固滩头阵地，随即独力攻进而不要依靠后援。因为潮水需十二小时后第一次载运船只方能返回运第二次，而敌可用海空军切断我军之运输，故非选择时机一次载运一个军渡海登陆，并能独力攻进，建立基地，取得粮食，便有后援不继，遭受重大损失之危险。"①我军指战员遵照毛泽东的命令和指示，通过两个月的海上艰苦练兵，掌握了潮水、风向的规律和海上作战的基本功后，于1950年2月先派出一个团，一举从涠洲岛缴获敌军400只大帆船，解决了渡海船只不足的困难。于3月25日潮水和风向适宜南下的黄昏，由14只战船载着800名勇士组成的潜渡营，在海南岛的马井登陆。打死打伤和俘敌800余名，胜利进入五指山根据地。为大部队渡海扫除了阻力，摸索了经验。4月16日，正是原来经过预测选定的一个潮水和风向适宜渡海的日子，按照毛泽东亲自批准的渡海作战计划，一个军的兵力，一次乘着400只大帆船，浩浩荡荡地渡海，直捣"天涯"，敌人的"立体防线"被突破，大部队与潜渡部队和琼崖部队胜利会师，与敌人展开了犬牙交错的激烈枪弹战、肉搏战。23日拂晓敌人主力全歼，薛岳乘飞机逃跑，敌62军被歼，副军长罗懋勋被我军活捉，5月1日，海南全岛解放。

① 《毛泽东文集》第六卷，人民出版社1999年版，第32页。

毛泽东善于预见

毛泽东认为《三国演义》中"赔了夫人又折兵"的"锦囊计"在于料事准，不是未卜先测。当时，孔明料定刘备有作新郎的优越条件，吴国太爱面子，孙权孝母和假招亲势必瞒过吴国太等情况，设下了让随军大造招亲舆论，促使吴国太怪罪孙权，乔国老从中协调，促成弄假成真的第一计；料定了招亲后，刘备夫妻迷于蜜期，感情缠绵，难舍难分的情况，设下了在除夕用曹操南侵的谎情激骗刘备夫妻返荆州的第二计；料定刘备夫妻离吴后，孙权、周瑜必有追兵，设下了在危难时让孙尚香用夫妻感情和在东吴的权威退吴兵的第三计。

其实，毛泽东自己也善于料事。人说他是预见大师，也非"未卜先知"、臆测瞎猜，而是建立在丰富的阅历、渊博的学识基础上的，再加上超凡的洞察力，深入的调查研究，缜密的分析判断，从而得出合乎客观规律的结论。他说："有了学问，好比站在山上，可以看到很远很多的东西；没有学问，如在暗沟里走路，摸索不着，那会苦煞人，"①他又说："坐在指挥台上，如果什么也看不见，就不能叫领导。坐在指挥台上，只看见地平线上已经出现的大量的普遍的东西，那是平平常常的，也不能算领导。只有当着还没有出现大量的明显的东西的时候，当桅杆顶刚刚露出的时候，就能看出这是要发展成为大量的普遍的东西，并能掌握住它，这才叫领导。"②

这里让我们举几个毛泽东料事如神的事例：

---

① 《毛泽东年谱（1893—1949）》（修订本）中卷，中央文献出版社 2013 年版，第 109 页。
② 《毛泽东文集》第三卷，人民出版社 1996 年版，第 394、395 页。

1916 年 7 月 25 日，在湖南一师读书的年已 24 岁的毛泽东致信萧子华，信中谈到日俄签订侵犯中国主权的密约，提出要认真对付日本的侵略，注意"东事"。他写道："二十年内，非一战不足以图存。而国人犹沉醉未觉，注意'东事'少"。1937 年 7 月 7 日，恰好距讲此话的时间 21 年，卢沟桥的枪声印证了他的预言。

1932 年 1 月 9 日，临时中央作出《关于争取革命在一省或数省首先胜利的决议》，中革委决定红军打赣州。毛泽东不同意，认为赣州是敌军必守的坚城，三面环水，红军技术装备尚差，很可能攻不破，于我不利，还是以不打为好。即算要打，也只能采取围城打增援部队的战术。中革委不采纳毛泽东的意见，1 月 10 日仍然决定命彭德怀为前敌指挥，直攻赣州，经过 33 天猛攻，不出毛泽东所料，不但攻不破，反而遭受很大损失。

1934 年 12 月 12 日，遭遇湘江惨败的红军来到湖南通道县，博古、李德召开有毛泽东、周恩来、张闻天等领导参加的会议，提出红军去湘西与贺龙、萧克会师的意见。毛泽东不同意，从敌军重兵阻拦红军主力北上这一情况出发，力主西进，向敌人兵力薄弱的贵州进军。直到 18 日的黎平会议，李德、博古仍然坚持北上湘西，毛泽东还是不同意。经过激烈争论，才由周恩来主持的会议，接受毛泽东的意见，作出向贵州西北前进的决定。这时，果然不出毛泽东所料，蒋介石令追剿总司令何键在洪江、芷江、松桃、石阡一带集结 20 万重兵，部署一网打尽红军的歼灭战；而在贵州，敌人未作任何防御，待红军接连夺取剑河等 10 余座县城，抢渡乌江天险，拔掉"九响团"钉子，于 1935 年 1 月 7 日凌晨伪装敌人来到遵义城下叫门时，守城的"双枪兵"当自己的人开门后才知进城人是红军。

1946 年 6 月，面对拥有装备较好的 200 万正规军的国民党发动的内战，党内军内有些人对解放战争缺乏胜利信心时，毛泽东 8 月 6 日在延安杨家岭向来访的美国记者安娜·路易期·斯特朗作出了"一切反动派都是纸老虎"的著名论断。毛泽东还对解放战争结束和建国的时间作了预言。1947 年 9 月 2 日，他在陕北靖边县小河村召开的中央扩大会议上说："对蒋介石的斗争，用五年时间来解决"（从 1946 年 7 月蒋介石向中原解放区发起进攻时算起）；1948 年 3 月 20 日，他在《关于情况的通报》中指出："成立中央人民政府，其时间大约在 1949 年"。这些预言，后来均兑现。

1947 年 3 月 18 日，毛泽东与周恩来率中共中央机关撤离延安前，接见了参加保卫延安的人民解放军部分领导干部。毛泽东说："少则一年，多则二年，我们就要回来，我们要以一个延安换取全中国"。这一预言，在撤离后的 1 年 1 个月零 3 天，以西北野战军收复延安的捷报兑现了回延安的话；两年多后的开国大典，兑现了"换取全中国"的话。

1949 年 7 月 16 日，毛泽东为中共中央起草致林彪、邓子恢、萧克，并告刘伯承、张际春、李达电："判断白崇禧准备和我们作战之地点，不外乎湘南、广西、云南三地，而以广西的可能性为最大"。此预言，在当年 12 月 14 日以在广西歼灭白崇禧集团和捷报印证。

1955 年 1 月 15 日，毛泽东在有著名科学家参加的中央书记处扩大会上与科学家探讨"基本粒子"再分的问题时，提出"质子、中子、电子也应该是可分的"。讲此话后的 23 年，在夏威夷的第七届世界粒子物理学讨论会上，将当时已经分了的基本粒子命名为"毛粒子"。

不可否定，毛泽东也像诸葛亮没有料准马谡失街亭那样，不是百料百准，如"大跃进"中提的全国钢铁产量 15 年超英的预言就没实现（注：推迟了 5 年）。但他作为一个事业成功率较高的伟人的背后，确实伴随着很多准确率较高的预言，是难以一一列举的。这也像对诸葛亮一样，不能表明他是神，而只是知识博，见识广，实践多，情况明，洞察力强的综合体现。

毛泽东的"空城计"

诸葛亮在西城亲自部署的"空城计"，毛泽东虽知《三国志》中无记载，却对这个形容孔明临危不惧，巧于应变，凭借威力，攻敌之心，化险为夷的智谋，唱了几百年的戏却很欣赏，也喜欢自己哼几句。在革命战争中，也亲自"导演"过几次这样的化险为夷"戏"。

1948 年秋冬，毛泽东在西柏坡凭一支笔导演了一场"空坡计"。这时，蒋介石为了妄图消灭已迁至距石家庄不远的西柏坡的中央机关，密令华北"剿总"司令傅作义率领十万大军进击石家庄和西柏坡。当时我军四大主力分布于各个大战区与敌军激战，石家庄实际上是一个空城，调兵增援有如远水救近火，不可能。毛泽东和刘少奇、周恩来、朱德等军委领导，立即令华北军区和第二兵团调部队去保定以南抗阻南进之敌，令东北野战军威胁北平，以牵制南进之敌。为防范突然袭击，周恩来派汪东兴和中央警卫团干部带两个步兵连和一个骑兵排赴西柏坡东北方向行唐一带警戒，如遇敌人进攻，准备坚决抵抗，掩护毛泽东和党中央安全转移；同时，安排中央各机关准备疏散。在做出这些部署后，毛泽东泰然处之，对傅作义的袭击似乎没有放在心中。忽然，毛泽东从看着作战地图的座位上站了起来，只见他提起笔，说了"给他点颜色看"的一句话后，于 10 月 25 日、10 月 27 日、10 月 31 日，分别为新华社写了《蒋傅匪军妄图突袭石家庄》《华北各首长号召保石沿线人民准备迎击蒋傅军进扰》《评蒋傅匪军梦想偷袭石家庄》三篇电讯，令电台马上全文广播。

最后一篇电讯，实际上是一篇述评，对敌人震动很大，其内容是："当着国民党军队的将军们都像一些死狗，咬不动人民解放军一根毫毛，而被人民解放军赶打得走投无路的时候，白崇禧、傅作义就被美国帝国主义者所选中，成了国民党的宝贝了。蒋介石已经是一具僵尸，没有灵魂了，什么人也不再相信他，包括他的所谓'学生'和'干部'在内。在美国指令之下，蒋介石提拔了白崇禧、傅作义。白崇禧现在已是徐州、汉口两个'剿总'的统帅，傅作义则是北线的统帅。美国人和蒋介石现在就是依靠他们挡一挡人民解放军。但是，究竟白崇禧、傅作义还有几个月的寿命，连他们的主人和他们自己也不知道。蒋介石最近时期是住在北平，在两个星期内，由他经手送掉了范汉杰、郑洞国、廖耀湘三支大军。他的任务已经完毕，他在北平已经无事可做，昨日业已溜回南京。蒋介石不是项羽，并无'无面目见江东父老'那种羞耻心理。他还想活下去，还想弄一点花样去刺激一下已经离散的军心和人心。亏他挖空心思，想出了偷袭石家庄这样一条妙计。蒋介石原先是要傅作义组一支轻兵去偷袭济南的，傅作义不干。偷袭石家庄，傅作义答应了，但要两家出本钱。傅作义出骑兵，蒋介石出步兵，附上些坦克和爆炸队，从北平南下了，真是异常勇敢，一个星期到达了望都地区；指挥官是郑挺锋。从这几天的情报看来，这位郑将军似乎感觉有些什么不妥之处，叫北平派援军。又是两家合股，傅作义派的是第 35 军，蒋介石派的是第 16 军，正经涿州南下。这里发生一个问题：究竟他们要不要北平？现在北平是这样的空虚，只有一个青年军 208 师在那里。通州也空了，平绥东段也只稀稀拉拉的几个兵了。总之，整个蒋介石的北方战线，整个傅作义系统，大概只有几个月就要完蛋，他们却还在那里做石家庄的梦！"① 这就是毛泽

---

① 《与蒋家王朝的总决战》，人民出版社 1997 年版，第 149、150 页。

东给蒋傅匪军的"一点颜色"。傅作义从电台里收听到这三篇电讯后,大吃一惊,他悟到他的行动已经败露,想到毛泽东打仗神通广大,保石沿线军民又做好了准备,新华社的评论又这么义正词严,感到这次偷袭不仅无好的结局,反而真的会像新华社讲的那样,北平也危险。因此,他立即放弃了原计划,将部队一枪不放地撤回北平,连驻扎在保定的部队也撤回保北平。毛泽东的一支笔吓退了傅作义十万大军。当傅军撤退到北平时,毛泽东情不自禁地唱了一嗓子京剧《空城计》:"我正在城楼观山景,忽听得城外乱纷纷,旌旗招展空翻影,原来是司马发来的兵……"

1928年6月的一天,毛泽东带着贺子珍和18名红军战士来到永新县塘边村,分散到该村四个自然村搞调查。跟毛泽东一起在一个自然村搞调查的只有贺子珍和几位警卫员。突然,村外枪声骤起,外县的保安队要来抓毛泽东领50000大洋的重赏。贺子珍推毛泽东赶快离开这里,毛泽东见一时集中不了红军战士对付敌人,便急中生计,令村干部动员全村群众上山,使该自然村变成一个空村。敌人进村后,见空无一人,不知毛泽东使的什么计,心里有些胆怯。谁知毛泽东在山上,发动群众一边敲锣打鼓,在桶里放鞭炮,一边高喊"冲杀",吓得敌人惊恐万状,边走边喊"快跑呀!中了毛泽东的'空城计'!"毛泽东和乡亲们目睹敌人弃甲逃命的狼狈相,哈哈大笑。

1947年8月18日天黑时,毛泽东率领中央机关转战陕北葭芦河边,演了一场"空河计"。当时,国民党胡宗南部刘戡的七个旅已经追到可以看得见他们的山头上,浊浪排空的葭芦河吞没了试图过河的十几名水性好的战士和皮筏子。在这前有险河后有追兵的紧急情况下,中央机关的同志,个个看着毛泽东。正在沉思的毛泽东向大家要烟抽,周恩来从马夫侯登科手里接过一支烟,给了毛泽东。毛泽东沉着地抽着烟,忽然,他从地上站起来,扔掉了烟头,要大家跟着他走。毛泽东带着中央机关人马大摇大摆地顺着河堤向西北方向走去。周恩来快步走在毛泽东的左侧，以挡住敌人对着毛泽东的枪口。敌人被这意外的情景吓得失了魂魄，一下子摸不着毛泽东的葫芦里卖的是什么药，也搞不清他的周围什么地方有埋伏，像木偶一样呆看着毛泽东一行人在河堤走了三百米。待毛泽东爬上山冈，敌人的枪声才激烈地乱响了一会，却无人追来。

本篇既说诸葛亮非神，也说毛泽东也非神。这就是说，毛泽东是一个普普通通的人，他的成功是人为的，通过自己主观努力做出来的，是靠贯彻实事求是的思想路线取得的，还靠一切为了和依靠群众的群众路线及不靠神仙不做奴隶的独立自主的精神干出来的，所以是可以学到的。同样，毛泽东与所有的人一样，也会有失误，他晚年的失误就在于违背他自己的正确思想——群众路线和实事求是。既然是人，没有不失误的，完人是没有的，毛泽东晚年的失误也不是他一个人的失误，更不是全误，是误中有功，而且功不可比。习近平在纪念毛泽东诞辰120周年座谈会上说："革命领袖是人不是神。不能因为伟大就把他们像神那样顶礼膜拜……也不能因为他们有失误和错误就全盘否定。"不论其功其过，都要实事求是，不可缩小和扩大。实事求是说来简单，却是很深的学问、永恒的真理。很多大学问家将实事求是当成大学问；也有的学问家往往欠缺这个大学问，所以，我们不能小看这个大学问。

五、"打倒贾桂"

毛泽东反对贾桂的"奴才思想"。他在国民党多次破坏国共合作时，在抗日战争、国际交往和经济建设中，领导中国人民不做困难和敌人的奴隶，独立自主地走自己的路。特别是在美国将侵朝战火烧向我国边境时，领导一个刚从战争废墟中走出来、军队装备落后的中国，将世界头号强国美帝国主义打败，打出了国威，表现了中国人的非奴性格。

[评注原文]

一定要破除迷信，打倒贾桂！贾桂（即奴才）是谁也看不起的。

——《毛泽东年谱（1949—1976）》（修订本）上卷，中央文献出版社 2013 年版，第 351 页。

我国过去是殖民地、半殖民地，不是帝国主义，历来受人欺负。农业不发达，科学技术水平低，除了地大物博，人口众多，历史悠久，以及在文化上有部《红楼梦》等等以外，很多地方不如人家，骄傲不起来。但是，有些人做奴隶做久了，感觉事事不如人，在外国人面前伸不直腰，像《法门寺》里的贾桂一样，人家让他坐，他说站惯了，不想坐。在这方面要鼓点劲，要把民族自信心提高起来，把抗美援朝中提倡的"藐视美帝国主义"的精神发展起来。

——《毛泽东文集》第七卷，人民出版社 1999 年版，第 43 页。

[故事背景]

明正德皇帝时期大太监九千岁刘瑾所管的太监贾桂，是京剧《法门寺》中的一个剧中人，以在剧中向刘瑾、赵廉辞坐而出名。

京剧《法门寺》的剧情简况是：

明朝郿坞县书生、世袭指挥傅朋，路过孙寡妇的门口，看上了她的女儿孙玉姣，离开时，将一只玉镯丢在玉姣的跟前，表示定情，玉姣以秋波传情。傅朋走后，玉姣将玉镯从地上暗暗捡起，戴在手上。不想，这一对男女的传情细节，被隔壁的刘媒婆全看到了。她为了成全他们，主动地跑到孙寡妇家说媒。这时，孙寡妇去普救寺听佛经还没有回，孙玉姣见机会难得，为了向傅朋表明自己的心意，将自己的一只绣鞋让刘媒婆带给傅朋。刘媒婆回到家后，把这一情况告诉了自己的儿子——贯以杀猪为业的刘彪。刘彪为了占有孙玉姣和诈取傅朋钱财，便心怀鬼胎地向母亲骗来绣鞋，首先跑到傅朋家里，向傅朋索钱，傅朋命家丁打了他，在场的刘彪叔叔刘公道也骂了刘彪。刘彪被轰出来以后，在一个酒店喝醉了酒，天晚才回来，路过孙寡妇家，见大门没有关，想占有孙玉姣，便悄悄地溜进了孙玉姣的绣房里，发现床上睡着一男一女，以为是傅朋和孙玉姣在通奸，一时妒火上心，拔出携带的尖刀将他们杀了。刘彪想起白天骂他的叔叔刘公道，想将杀人罪栽在他身上，以示报复，便将女尸的头割下，抛进刘公道的院子里。第二天清晨，刘公道发现院子里有人头，怕人家发现后会牵连自己，与雇工宋兴儿一起将人头丢在后院的朱砂井里。刘公道怕宋兴儿将此事传出去，在抛人头时，顺手将兴儿撞入井里，而后，用泥土将朱砂井填平了。其实，在孙玉姣床上睡觉的这对男女并非傅朋和孙玉姣，是孙玉姣的舅父屠申和舅母贾氏。孙家母女来县衙报案。郿坞县令赵廉先怀疑凶手是傅朋和孙玉姣，将两人打入大牢。这时，刘公道也来诬告宋兴儿盗物潜逃，赵廉又怀疑起兴儿来了，又将兴儿姐姐宋巧姣抓起来。

孙玉姣与宋巧姣同关一间牢房，两人互相谈起各自的遭遇。聪敏的宋巧姣，认为杀人凶手是刘彪。她释放后，来到法门寺，向在那里进香的皇太后和九千岁为傅朋、孙玉姣申冤。这个九千岁就是大太监刘瑾，此人两岁净身，九岁进宫，十岁侍候孝宗皇帝。孝宗驾崩后，他又扶保幼主正德皇帝登基，深得皇太后的宠爱，认他为干儿，封为九千岁。正德帝年轻，不理政事，朝中大小事情都交刘瑾处理，所以刘瑾权倾天下。

这一天，皇太后正由老和尚安排在观音堂休息。忽然，听见外面一个姑娘喊冤枉，太后要刘瑾先将叫冤者的状子拿来。刘瑾命太监贾桂把宋巧姣的状子拿来。刘瑾接过状子后叫贾桂坐下，贾桂不坐，说他站惯了。刘瑾把状子念完后，太后听此案牵涉到世袭指挥傅朋，便命刘瑾亲自审理。刘瑾通过审讯郿坞县令赵廉，在宋巧姣的帮助下，认定刘彪作案的可能性很大。命赵廉去郿坞县破案。赵廉回县后，查出杀人凶手是刘彪和刘公道，将凶手带回法门寺。他拿了一点钱打点贾桂，贾桂对赵廉好起来。赵廉随贾桂进去后，带着人犯向刘瑾共同跪下。贾桂对刘瑾说："县令与从犯一起下跪，不妥吧！"刘瑾即赐赵廉之座，贾桂忙搬来座椅让赵廉坐下。赵廉向贾桂让座，说请"公公坐"，贾桂不坐，又说："你甭让，我站惯了。"赵廉向刘瑾报告了破案情况，刘瑾听后，判决刘彪、刘公道死刑。

[实践纪事]

毛泽东批评贾桂奴才性格，并未说中国人全有奴性。《法门寺》剧中一个来自民间的普通女人宋巧姣，就表现了与贾桂相反的性格。她在初审时问审者要杀人证据就难住了县令赵廉；在牢中听孙玉姣、傅朋初谈案情就抓住了此案的突破口，自告奋勇地为此案申冤；她敢于向皇太后鸣冤告状；当着九千岁的面头头是地道斥责糊涂县令，指点案情突破口，使赵廉茅塞顿开，顺理成章地审清了这一冤案，充分表露了她敢想敢说敢斗的非奴性格。毛泽东的此评是对贾桂一人而言，中国人绝非全有奴性。

毛泽东提倡打倒贾桂的奴隶性格，从意识形态和思想领域的角度来说，意在号召人们解放思想，发扬敢想敢作敢为的创新精神，大破对本本主义、经验主义、封建统治、奴隶主、洋教条、强国、大国的迷信。

坚持独立自主地分析和解决中国的问题,不靠神仙和皇帝,全靠自己寻找适合中国情况的前进道路,走自己的路。他自己就是这样做的。在第一次国共合作遭受蒋介石破坏时,把马克思主义具体运用到中国革命的实践,开辟了一条有别于俄国十月革命模式的正确途径,带领秋收起义部队上井冈山,走农村包围城市,武装夺取政权的道路。毛泽东说:"真正独立自主是从遵义会议开始的"①;抗日战争中,他反对王明"七个统一"和"一切服从统一战线"的主张,领导八路军、新四军采取独立自主的山地游击战略战术,起到了抗日的中流砥柱作用;新中国成立后,他提出不吃别人吃过的馍馍,反对洋奴哲学,走"自力更生为主,争取外援为辅"的道路,农业大搞农田基建,工业兴建工业基地,组织石油大会战,发射"两弹一星",为以后的大规模经济建设打下雄厚的基础。在国际交往中尤为突出,面对蒋介石遗留下的与外国签订的不平等条约,提出"另起炉灶""打扫干净屋子再请客"和独立自主的外交方针,对国民党政府同各国建立的旧的外交关系、外国在华外交机关和人员的地位和一切卖国条约一律不予承认;和苏联及各新民主主义国家以及一切爱好和平自由的国家一起,有步骤地清除帝国主义在中国的特权、势力和影响,包括收回外国在华驻军权、兵营地产权、自由经营权、内河航行权、治外法权等,加强海关管理,由国家管制对外贸易,实行进出口许可制度;对与新中国没有外交关系的前外国驻华使馆人员作为普通外国侨民看待;坚持不论大国小国,强国弱国,都应在坚持互相尊重领土主权,互不侵犯,互不干涉内政,平等互惠和和平共处的五项原则前提下建立友好关系;对敢于欺侮、侵犯、干扰我国领土主权和利益的任何国家,敢于用各种不同形式与之坚持不妥协、不示弱的顽强斗争,直到他

---

① 《毛泽东文集》第八卷,人民出版社 1999 年版,第 339 页。

们接受和平共处五项原则，达到团结的目的为止。

特别令人难忘的是抗美援朝战争，当时，面临全世界头号帝国主义美国把侵朝战火烧到中国边境时的毛泽东自己，就充分表现了中国人民的非奴性格和独立自主的精神，他在 1956 年 4 月 25 日中央政治局扩大会议上的讲话中，讲《法门寺》里贾桂奴才相时，也提出要"把抗美援朝中提倡的'藐视美帝国主义'的精神发展起来。"①可见，毛泽东和他的战友领导的抗美援朝，是与打倒贾桂奴风和坚持独立自主精神紧密联系在一起的。

抗美援朝的过程决策大体是这样的：

第二次世界大战结束时，美军和苏军在朝鲜南北（以"三八线"为界）两边分别接受日军投降，将朝鲜人为地分为两部分。1948 年 8 月 15 日，朝鲜南方李承晚在美国扶持下上台，成立大韩民国政府。朝鲜北方也于 9 月 8 日成立了朝鲜民主主义人民共和国政府。1948 年 9 月、1949 年 6 月，苏、美两军先后分别从朝鲜北、南部撤出。1950 年 6 月 25 日，朝鲜内战爆发。26 日，在全世界处处称霸的美国，调动其驻日本的空军和海军部队侵入朝鲜，支援南朝鲜军队作战，同时派其驻菲律宾海军第七舰队侵入台湾海峡。27 日，趁苏联代表缺席，中国席位还被台湾国民党当局占据之际，美国操纵联合国安全理事会通过向韩国政府提供援助的决议。7 月 1 日，又操纵联合国安理会，通过决议成立由美国指挥的"联合国军司令部"，由美国麦克阿瑟为总司令，出兵南朝鲜参战。从 8 月 27 日起，美国派出 B-29 重型轰炸机和其他作战飞机，对中国东北边疆城市安东、集安等地进行频繁轰炸和扫射，炸毁建筑物、工厂及车辆，炸死炸伤中国平民，袭击正常行驶的商轮，并派飞机骚扰山东半岛的青

---

① 《毛泽东文集》第七卷，人民出版社 1999 年版，第 43 页。

岛、烟台等地。10月7日，美军无视中国警告越过"三八线"，向朝鲜北方大举进犯，并迅速向朝中边境推进。

这一严峻形势对刚刚成立的新中国造成了巨大的压力。全国解放战争刚刚基本结束不到5个月，经过长期战争破坏，蒋介石遗留下来的处于严重衰退和全面萎缩的国民经济急待恢复。同时，中美国力军力悬殊，1950年，美国钢产量8772万吨，工农业总产值2800亿美元，中国钢产量只有60万吨，工农业总产值只有100亿美元。美国一个军，包括坦克炮及高射炮在内，共有7公分至24公分口径的各种炮1500门，而我国的一个军，这样的炮只有36门。美国有强大的制空权，而我军当时开始训练的一批空军，要到1951年2月才有300多架飞机用于作战。美军还有原子弹和世界上最先进的武器装备，武器极端落后的人民解放军要与美国较量，有如以卵击石之难。毛泽东派周恩来秘密飞往苏联，要求斯大林提供军事物资支持，特别是提供空军援助。斯大林只同意提供坦克、大炮等的支持，飞机只能派到中国境内驻防，两个月或两个半月后，才准进入朝鲜作战。当时，国内党政军领导层要使一个刚从战火中获得新生的人民共和国，同世界上头号帝国主义的美国在朝鲜战场上决一雌雄，决心很难下，多数同志都不主张出兵，无不担心中国一出兵就会导致同美国直接对峙，美国即将大举轰炸中国的重工业基地东北和内地大城市。毛泽东自己也认为大家讲的困难是实际的。10月1日和3日，朝鲜政府和金日成首相写信和发电报两次请求中国政府出兵支持，斯大林也于10月1日致电中国建议援朝。对于出不出兵的问题，从10月2日起，在毛泽东主持下，先后召开中央书记处会议、中央政治局扩大会议，一直难以决策。毛泽东也曾向斯大林亲自草拟了同意出兵的电报，只因决策艰难，未能发出。直到5日下午，在中南海召开的中央政治局扩大会议上，通过充分发扬民主，经过反复权衡利弊得失，才慎重作出了"抗美援朝"的决策。会议认为：一、朝鲜处于危急时刻，金日成向我们伸出求援之手，我们站在旁边看，不论怎么说心里也难过。二、美国在朝鲜参战，不仅针对朝鲜，也针对中国，美国把中国和朝鲜看作他在远东遏制"共产主义扩张"的桥头堡。事实上，美国的战火已经直接烧到中国台湾、东北和山东等地，如果中国不出兵，等美国军队推进到中国边疆鸭绿江，那就被动了。中国被列强欺凌、瓜分的时期早从新中国建立后就结束了，共产党领导下的中国人民不能再做帝国主义的奴隶了，已经醒悟起来的东方睡狮不能再被人宰割了。三、美国在军事上虽有钢铁多的长处，但有战线太长、运输路线太远、战斗力太弱的三个短处。而我们有路线短、运输近、士气高、全国人民支持、战斗力强等长处。即使美帝国主义因此打第三次世界大战，而且打原子弹，比第一、二次世界大战打得久，也没有什么可怕。所以，10 月 5 日毛泽东终于根据大多数人的意见，以毫不畏惧任何敌人和任何困难的革命勇气，在迫不得已的情况下，作出了同美国这个不可一世的世界头号强国较量的决定，是很不容易的。聂荣臻说："毛泽东对这件事确实是思之再之，煞费了心血的。不是毛泽东的好战，问题是美国已经打到我们的国境线上了，不打怎么办"①。后来毛泽东对金日成说："我们虽然摆了五个军在鸭绿江边，可是我们政治局总是定不了，这么一翻，那么一翻，这么一翻，那么一翻，嗯！最后还是决定了"这是毛泽东对当年中央政治局关于出兵援朝决策过程的一个形象的概述，那是一个何等艰难又何等民主的决策啊！ 1950 年 10 月 19 日晚上，中国人民志愿军雄赳赳、气昂昂地跨过鸭绿江，赴朝参加抗

---

① 《聂荣臻回忆录》下册，解放军出版社 1984 年版，第 735 页。

美援朝战争。正如彭德怀所说的，毛泽东出兵援朝的决策，"不仅要有非凡的胆略和魄力，最主要的是具有对复杂事物的卓越洞察力和判断力"。

抗美援朝得不偿失论是站不住脚的，是对历史的无知。鸦片战争、抗日战争等列强入侵给中国带来的极度苦难和做亡国奴的滋味是多么难受呀！当时美军飞机已经在东北边疆等地轰炸，炸毁建筑物，炸死炸伤中国平民，难道等他们占领我国领土才出兵吗？"起来，不愿做奴隶的人民！"中国人谁都不愿做奴隶，今天，不愿做奴隶的中国人站起来了，更不愿做。可是，美帝国主义用炮轰我们的国土，还要我们做奴隶，行吗？不！打倒贾桂，就是不做奴隶，抗美援朝就是不愿做奴隶的庄严宣誓！没有抗美援朝的伟大胜利，长期欺压中国人民的列强能这么对我们刮目相视？这60多年来我们能这么平安建设吗？

1953年7月27日，朝鲜停战协定在板门店签字，结束了历时三年的朝鲜战争。"联合国军"总司令克拉克说："在执行我政府的训令中，我获得了一项不值得羡慕的荣誉，那就是我成了历史上签订没有胜利的停战条约的第一位美国陆军司令官。我感到一种失望的痛苦，我想，我的前任麦克阿瑟与李奇微两位将军一定具有同感。"

抗美援朝战争的胜利是伟大的，正如毛泽东1953年9月12日在中央人民政府委员会第24次会议中讲的那样，他说："在朝鲜战争中，敌人伤亡109万人。""抗美援朝战争的胜利是伟大的，是有很重要意义的。第一，和朝鲜人民一起将'联合国军'打回到三八线，守住了三八线……第二，取得了军事经验。……我们摸了一下美国军事的底，对美国军队如果不接触它，就会怕它……美帝国主义并不可怕，就是那么一回事……这是一条了不起的经验。第三，提高了全国人民的政治觉悟。""由于以上三条，就产生了第四条：推迟了帝国主义新的侵华战争，推迟了第三次世界大战。""帝国主义侵略者应该懂得，现在中国人民已经组织起来了，是惹不得的。如果惹翻了，是不好办的。"①

诚然，抗美援朝战争的胜利，打破了美国军队不可战胜的神话，使全世界人民包括中国的敌人和朋友，对新中国都刮目相看。一个刚从战争废墟中走出来的新中国，经济还那么困难，军队装备又很落后，居然能把世界第一流强国的，具有现代化装备的美国军队打败，这真是一个奇迹。他确实打出了国威，向全世界宣布，中国共产党武装的中国人民是惹不得的。

中美建交是打仗和打球相结合打出来的

毛泽东提倡打倒贾桂奴隶性格，坚持独立自主，不是盲目排外。在自己从奴隶的位置上站起来的时候，又善于广交朋友，争取外援。他对美国也是一样。在抗美援朝战争胜利的基础上，继续采取各种不同的斗争手段，通过多次斗斗和和，以斗促和，终于迫使美国的首脑改变了一直敌视中国的态度，在他有生之年，打开了中美关系大门。1955年7月13日通过英国政府的牵线，中、美两国举行了以缓和台湾海峡紧张局势为主要内容的中美大使级会谈。1957年12月底，美国单方中断了中美大使级会谈。派出以美军西方台湾司令为首的2600人的美军军事顾问团、美空军第十三特种航空队进驻台湾，在台湾部署了可携带核弹头的斗牛士导弹和电导导弹。在美国支持下，国民党军的飞机深入大陆内地的云南、贵州、四川、青海等地空投特务，散发传单，并轰炸福建沿

① 《毛泽东传（1949—1976）》上卷，中央文献出版社2003年版，第187、188、190页。

海，在金门、马祖一线增加兵力，到1958年夏季，金门、马祖的国民党军多达4万人。占当时国民党地面部队总数的三分之一，并宣布国民党军处于特别战备状态，加紧军事演习和空中侦察，摆出反攻大陆的姿态。面对这一情况，毛泽东作出炮击金门的决定，于1958年8月23日下午，炮击金门两个多小时，发射炮弹3万发，击毙击伤国民党军中将以下官兵600多人，两名美军顾问在炮击中丧生。大批军用设备被摧毁，通信系统被严重破坏。第二天，重创国民党军"中海"号大型运输舰，击沉由大型坦克登陆舰改装的"台生"号货轮，护航的美舰不但不敢反击，反而掉头就跑，大出洋相。10月25日，毛泽东发出了《再告台湾同胞书》，对金门的飞机场、料罗湾的码头、海滩和船只四种军事目标实行隔日炮击，沉重地打击了蒋介石反攻大陆的嚣张气焰，粉碎了美国搞两个中国的野心，迫使美国不能不继续保持中美大使级会谈，保障了国家主权和安全。1970年3月，长期与中国保持睦邻友好关系的柬埔寨王国，发生美国支持下的朗诺军人集团政变，推翻了西哈努克领导的王国政府，美国军队也积极入侵柬埔寨，连续两次推迟恢复中断近三年的中美华沙大使级会谈，5月20日，毛泽东发表《全世界人民团结起来，打败美国侵略者及其一切走狗》的声明，严厉抨击美国自第二次世界大战后的对内对外政策，强烈谴责美军近年来对印度支那的侵略，提出："美帝国主义看起来是个庞然大物，其实是纸老虎，正在垂死挣扎。""现在世界上究竟谁怕谁？""而是美帝国主义怕世界各国人民，一有风吹草动，他就惊慌失措。""小国人民只要敢于起来斗争，敢于拿起武器，掌握自己国家的命运，就一定能够战胜大国的侵略。"[1]21日，首都在天安门广场召开有毛泽东出席的50万人盛大集会，坚决拥护毛泽东的"五二〇声

---

① 《毛泽东传（1949—1976）》下卷，中央文献出版社2003年版，第1627页。

明"，支持印度支那人民的抗美救国战争，迫使美国总统尼克松不得不改变对新中国的敌视态度。当年，他在国际辞令中第一次使用"中华人民共和国"的名称，请巴基斯坦总统叶海亚·汗作中美关系正常化的"中介人"。请罗马尼亚总统齐奥塞斯库给中国转达进行中美高级接触的"口信"。这里要问：一个声明为何如此有灵？这是刚刚醒来的东方睡狮又在怒吼！因为他在抗美援朝中对侵略者发出的怒吼和喷出的怒火已经充分显示：站起来的中国人民是惹不得的，再也不是奴隶了。这是毛泽东通过 20 年这样不妥协不让步的顽强斗争取得的转机。当时，他在如此胜利转机的形势下，批准周恩来向美方转达以不干涉台湾为条件，对罗马尼亚总统转达的进行中美高级接触的"口信"表示欢迎。并于 1971 年 4 月，邀请美国乒乓球队访华，以表示对尼克松愿意友好的回应。尼克松立即接受了邀请，同时，取消了中美两国贸易的禁令，放宽了对我国的货币和航运管制，在接到通过"巴基斯坦渠道"传来的周恩来的"口信"，得知中方愿意公开接待美国总统的特使或尼克松本人来北京，便于当年 5 月中旬，美方正式作出了尼克松访华的决定。1971 年 7 月 9 日，在巴基斯坦的配合下，美国总统国家安全事务总助理基辛格从伊斯兰堡秘密访华，与中方就台湾问题以及尼克松访华安排等进行磋商。16 日，中美双方同时发表了尼克松准备访华的公报。10 月 26 日，基辛格第二次访华，双方就《联合公报》达成初步协议。1972 年 2 月 21 日，尼克松总统正式访华。当日，毛泽东亲自会见，随即在毛泽东亲自关注下，由周恩来同尼克松进行了会谈。28 日，以美方认可只有一个中国，不支持台湾独立，逐步从台湾撤出美军，中方重申台湾是中国的一部分，解放台湾是中国的内政，外国无权干涉为主要内容的《中美联合公报》在上海发表。从此，中美关系开始走向正常化。

不作奴隶和独立自主是前提，友好团结和争取外援是目的。毛泽东不怕刚从战火中走出来的新生政权面临的种种困难，对全世界最强大的对手，扛起反侵略的大旗，领导中国人民组织志愿军抗美援朝，不仅制服了强敌，而且化敌为友，实现中美关系正常化，这一伟大而惊世的胜利是通过斗争得来的。历史证明，美国像景阳冈上的老虎一样，武松不打它，是个真虎，还要吃人，武松一打，却是个纸老虎，一打就死。从此出发，中美关系正常化，是打出来的。

回顾抗美援朝的历程正是这样，打和谈是对立的，也是统一的，以打促谈，打是第一位的。当日若没有志愿军入朝后接连五次战役歼敌23万人的胜利，不可一世的美帝国主义哪能走上谈判桌？若没有志愿军在美国因反对以"三八线"为分界线而中断谈判后再英勇粉碎"联合国军"的夏、秋季攻势，歼敌15.7万余人的胜利，美国哪能于1951年10月25日又回到谈判桌上来？美国于战俘谈判问题上无理挑衅和刁难而再次中断谈判后，若是没有志愿军1952年9到11月连续两次歼敌5万余人的胜利（特别是上甘岭战役的胜利）和中朝共同构成的大纵深的严密的反登陆防御体系，美国哪能再次恢复谈判？在南朝鲜因反对中国人民志愿军继续留在鸭绿江以南又中断谈判后，若没有志愿军于1953年5月歼灭以南朝鲜为主的敌人4.1万余人和7月歼灭南朝鲜军7.8万人所夺取的胜利，美国哪能再回到谈判桌上，达成板门店签字的朝鲜停战协定？没有炮击金门的胜利，哪能迫使美国继续保持以缓和台湾海峡紧张局势为主要内容的中美大使级会谈？若没有"五二〇"声明，哪能迫使美国总统尼克松请巴基斯坦人"中介"中美关系正常化，请罗马尼亚人给中国转达中美高级接触的"口信"？若没有持久的坚决斗争，头号帝国主义美国是不可能把长久受列强欺凌的中国看在眼里的。若是像昔日清政府、袁世凯和蒋介石对待英国、日本入侵一样，一贯反共和把中国视作遏制"共产主义扩大"桥头堡的美国能停止侵朝战争吗？一贯敌视中国的美国总统能同毛泽东握手吗？毛泽东在反击外侵上用自己的行动实践了自己关于"割掉奴隶尾巴""打倒贾桂作风""反对奴才思想"的金科玉言，让真正站起来的中国人向世界庄严宣布：醒悟了的东方睡狮敢拔头号老虎头上的毛，还怕谁呢？也给后人警示：在外欺者面前，还是莫当贾桂好，勿做奴隶好。我们是爱好和平的，对于外欺，要讲清硬话，讲清我们要搞经济建设，反对战争，热爱和平，不要战争，采取一切和平和外交措施，尽力争取外欺者改变态度，促进和平，但在硬话和其他外交途径还不能使外欺者醒悟反而使他误为可欺时，我们不怕战争，还是用拳头、枪杆子好。

回顾抗美援朝战争的伟大胜利和中国长期挨打的苦难，令人更加明白毛泽东提倡打倒奴隶性格和坚持独立自主方针的思想的正确性和重要性。这一仗不仅打出了国威，使全世界人民包括敌人和朋友，再也不敢轻视、欺凌新中国这一东方醒悟了的睡狮，为此后国内的长期建设创下了极好的和平环境；而且全国人民也从血的教训中悟出了一条深刻的哲理：在外侵者面前尽力采取一切和平外交的措施，使其自弃欺心，如果一再不醒，还是不做奴隶好、独立自主好、挥拳反击好。

打倒贾桂奴隶性格，不靠救世主，全靠以自力更生为主，外援为辅的方针，运用独立自主这一毛泽东思想的活的灵魂。有人只知独立自主是以自力更生为主外援为辅的方针，却不知这是一种不靠神仙靠自己，不做奴隶做主人的精神，是克服一切困难，战胜一切内外敌人，夺取一个个胜利的法宝。谁能像毛泽东那样在许多次革命和建设处于危急和困难的时刻，独立自主地走自己走的道路，挽救党、军队、国家呢？无论国家、地区，还是单位、企业，或是家庭、个人，都有自己不同的困难，这个困难克服了，新的困难又来了，在困难面前怎么办？是低头、退缩，还是战之、克之？当然是后者。毛泽东说："彻底的唯物主义者是无所畏惧的"①；"共产党人是以不怕困难著名的"②。所以，我们绝不可做困难之奴，要做战胜困难的英雄。怎么战胜困难呢？是靠外援、外因为主，还是靠自力更生、内因为主，当然是后者。

---

① 《毛泽东文集》第七卷，人民出版社 1999 年版，第 275 页。
② 《毛泽东文集》第六卷，人民出版社 1999 年版，第 392 页。

六、王莽"注意到农民问题"

毛泽东以王莽提倡"均田"为由说他"注意到农民问题"，"还不是怎么了不得的一个坏人"。其实，他自己就史无前例地重视农民，瞿秋白说他是"农民运动王"。不仅视农民为中国革命和建设上的基本力量，而且为农民解决了许多问题，史无前例地完成了土地改革和社会主义改造，发展了农业生产，农村各项建设全面开展，面貌焕然一新。

[评注原文]

王莽：汉时一般做史的人——范晔、班固、班昭等，因为他们吃的汉朝的饭，要给汉朝说几句好话，把王莽说的怎么坏。其实，王莽也不是怎么了不得的一个坏人。我们现在研究王莽，要拿很公平诚恳的态度来研究的。均田制是王莽时提倡的，可见他注意到农民问题了。因为农民问题最重要者其唯土地。而他先节制田地，而地主阶级见王莽所行的政策，诸多不利于己，欲寻一代表本身利益之人，起而代之。而刘秀于是时起来了。倡人心思汉，以迷惑一般人之目耳。遂盖因王莽所代表农民利益不得地主阶级拥护。刘秀则代表地主阶级之利益，故能得最后之胜利。

中国政治，可说是地主阶级的政治，皇帝不过是地主的表征，所以每朝皇帝的倒闭，就是地主阶级的分裂。及至兼并盛行，土地集中，逼得人不甚（堪）其苦，遂有黄巾之乱。……以后王莽出而提倡均田，代表多数农民利益的。此时高祖的外戚、宦官、王候（侯）等人，辙（辄）居乡间收买土地，遂成地主。此时，见王莽是代表农民利益的，他们恐慌了，遂起而勾结各方势力，以刘家宗族刘秀为号招（召），南阳一役，王莽遂大败，即农民阶级被地主阶级所败。

——《毛泽东评点二十四史人物精选》，时事出版社 1997 年版，第 513 页。

[故事背景]

西汉第九位皇帝——汉成帝荒淫无度，朝廷大权掌握在皇太后和皇后的亲属手里。成帝的母亲、皇太后王政君的七个兄弟被封为侯。其中以王政君的大哥王凤权力最大，被封为大司马、大将军。王政君的二哥王曼早逝，其子王莽像对待自己的父亲一样孝敬王凤。王凤病时，为他亲尝汤药，端屎端尿，服侍得无微不至。王凤临死前，向成帝推荐王莽为官，王莽当了黄门郎、射声校尉，封为新都侯、光禄大夫。不久，接替了王根大司马的职位。公元前7年，成帝死，9岁的平帝登基，朝政大权名义上是太皇太后王政君代理行使，实际上全部落在大司马王莽手里。王莽开始比较勤政廉洁，曾两次退掉太皇太后给他的封地，拿出一百万钱和三十顷地救灾，还经常赠钱粮给宾客，而自己却过着俭朴的生活。有一次，王莽的母亲病了，文武百官派夫人前去探望，见到王莽夫人穿着一身破烂的衣服接待，大受感动，回去后广为传扬，有多达40万人为他上书歌功颂德。以后，王莽却骄横起来，滋长了篡权称帝的野心。迫使成帝的赵皇后自杀，将小叔王立排出朝廷，将平帝的母亲卫姬仅立中山王后，将其兄弟放在中山王后的封地上，将14岁的平帝用毒酒毒死，找了一个才两岁的刘姓小孩做皇太子，史称孺子婴。先后安插自己的亲戚和心腹做官，为他在太皇太后面前说好话，使太皇太后将王莽封为安汉公，代行皇帝的职权；后封为摄政，第二年将年号改为居摄元年；继而封摄政为摄皇帝。公元9年，王莽废孺子婴为定安公，改西汉王朝为新朝，自称新皇帝。

王莽篡位后，注意到处于全国绝大多数的农民问题，恢复奴隶社会时期的"井田制"，定天下的田为"王田"，为朝廷所有，不许自由买卖，由政府按人口重新分配；平抑物价，废止旧钱，颁布了固定的新币；不准买卖奴婢。实际上，这些改制没有具体的相应措施，无法实行。"井田制"遭到豪绅反对，反而促进了土地兼并；奴婢仍然买卖；平抑物价，让贵族官僚投机倒把；货币改制让豪强官僚大刮民脂。王莽修筑豪华的"白蟒台",征用了很多民夫,建台后又杀工匠以灭口,耗尽了国库。加上改制上的倒行逆施,遭到了百姓的强烈反对。王莽为缓解矛盾,发起对外战争,兵员、民夫和赋税的增加,促进和纵容了官吏对百姓的压迫和剥削,逼使各地农民起来反抗,先后爆发了绿林和赤眉起义。

王莽派兵"围剿"起义军,均被打败。南阳郡春陵乡(今湖南宁远北)的豪强地主刘缤、刘秀兄弟两人,早就对王莽篡汉,不许刘姓人做官和触犯豪绅利益的所为强烈不满。听到起义军获胜后,发动族人和宾客七八千人起义。他们和绿林、赤眉联合起来,又几次打败王莽。三路起义军公推破落的贵族刘玄做"更始皇帝",恢复了汉朝。从此,农民起义军被豪绅、地主、贵族所利用,更始帝封绿林首领王匡、王凤为上公,刘缤为大司徒,刘秀为太常偏将军,起义军为汉军。汉军很快打下了昆阳(今河南叶县)、郾城(今河南郾城县)、定陵(郾城县西北)。王莽败逃后,又调集各路人马反攻昆阳。刘秀在昆阳城上见王莽反攻的人马众多,带 12 个勇士,趁黑夜冲杀到定陵、郾城,带领那里的军队去昆阳救援。先杀了莽军头领王寻,后和守在昆阳的汉军内外夹攻,把 43 万莽军杀得东逃西散,莽军回洛阳时,只有几千人。刘秀紧接着攻洛阳,洛阳失守,驻守洛阳的部将苏献身亡。汉军攻长安城,放火烧掉了未央宫。经过一个工匠出首,在"白蟒台"擒绑了王莽,斩于一座名叫云台观的渐台。昆阳大捷,使刘秀威望大振,更始帝派他去河北招抚河北郡县。刘秀乘机在河北废除了王莽时期的改制和苛捐杂税,释放一些囚犯,威震河北全省。公元 25 年,他乘机在鄗(今河北板乡县北)自立为帝,叫汉光武帝。后定都洛阳,史称东汉。公元 27 年遣冯异率众堵截东归的赤眉军,迫使樊崇、刘盆子率众投降。以后又削平了张步、隗嚣、公孙述等割据势力,公元 36 年冬统一了全国。

[实践纪事]

王莽的新政只有 15 年，其之所以如此短命，终被以绿林、赤眉为主的农民起义军推翻，主要是由于他阴险毒辣的篡权手段，倒行逆施的托古改制，对少数民族的远道征讨，对人民赋役的过重增摊，为个人享乐兴建"白蟒台"等暴政，激发了人民强烈的不满。所以，毛泽东把"汉朝的新市、绿林、赤眉起义"称为"农民的反抗运动和革命战争"，属官逼民反的农民起义。赤眉军的首领吕老大娘，就是因为她的独生儿子不肯按照县令的命令毒打没交税的穷人而被县令所杀，才逼得散尽家财，带着穷苦农民攻破了县城，杀了县令以后，逃到黄海，聚集人马，扛起反旗的。绿林军的领袖王凤就是因为被统治阶级剥削得无米下锅到野地掘草根充饥，才不得不率领饥民起义的。所以，历史上一切人民反抗运动都是剥削阶级和统治阶级迫使的。它充分说明一个真理：人民和一切执政者的关系如同水和舟的关系，"水可载舟，亦可覆舟"！

王莽，史家认为是中国历史上第一个外戚篡位的窃国大盗，以"奸佞、伪莽"而闻名于世。毛泽东将反抗王莽的起义称为农民革命战争，正是对王莽的否定。但是，毛泽东对历史人物的评说从来是一分为二的。他主张"研究王莽"，也要"拿出很公正诚恳的态度"。他说王莽"不是怎么了不起的坏人"，正是在肯定他坏的同时，指出他还坏得不怎么了不起，还有可取之处。当时，王莽认为土地兼并于"废井田"，造成弱者无立锥之地，只有恢复"井田制"，解决土地问题，才能使贫者有田，有室居，平贫富。原来，"井田制"是殷周时代的土地制度，将一里（三百步）见方的土地划分为九区，每区一百亩，中间一区为公田，四周八区为私田，分给八家。八家无偿地共同耕种公田。因九区划分的形状像"井"

字，所以叫"井田"。公元9年，王莽令天下田曰"王田"，凡男口不满八人而土地超过一井（九百亩）的，分余田予九族邻里乡党，无田者按一夫百亩的制度受田。这就是王莽"倡均田"的原意。尽管王莽这一土地改制不完善，以后由于地主的反对没有实行，但毛泽东认为王莽注意到农民问题这一点是可取的。王莽算得上一个臭名昭著的人，毛泽东虽说他"不是怎么了不得的一个坏人"，也终究是一个坏人。毛泽东对这样一个坏人能肯定其一是之处，说明伟人的实事求是。他给王莽肯定的仅是"注意到农民问题"这一点，而非其他。可见，在毛泽东的心里，农民问题的分量是非常重要的。他早就把农民问题当作天底下头等大事来看。凡是注意农民问题这样大事的人，不管什么人，不管他有多大的不是，都应肯定。这样肯定，可以更好地说明农民问题的重要性，有利于更多的人重视农民、关心农村、关注农业。

其实，毛泽东最注意农民问题。毛泽东从1925年开始就以主要精力领导农民运动，研究农民问题。1925年12月1日写出了《中国社会各阶级的分析》，指出："长工、月工、零工等雇农是农村无产阶级，不仅无土地、无农具、又无丝毫资金，其劳动时间之长、工资之少、待遇之薄、职业之不安定，超过其他工人，是乡村中最困难者，与半自耕农、贫农、小手工业者、店员、小贩一起是农村中一个数量极大的群众。所谓农民问题就是他们的问题"①。当年，毛泽东在家乡韶山农民中发展了共产党员，建立了农民协会，搞起农民运动。1926年1月，在《中国农民》第一期发表《中国农民各阶级的分析及其对于革命的态度》一文，将农村居民分为八个阶级，就各个阶级对革命的态度进行了科学的分析，为党正确认识农民在革命中的地位和作用，正确制定对农民的政策，奠定了

---

① 《毛泽东选集》第一卷，人民出版社1991年版，第6、8页。

重要基础。3月，国民党中央任命他担任广州第六届农民运动讲习所所长，他利用这个讲台，大力宣传农民问题的重要性，同年9月，毛泽东发表的《国民革命与农民运动》一文，强调了农民在国民革命中的地位和作用，指出：农民问题是国民革命的中心问题，宗法和封建地主阶级特权，要靠"农民从乡村中奋起打倒"；"乡村的农民，则一起来便碰着那土豪劣绅大地主几千年来持以压榨农民的政权，非推翻这个压榨的政权，便不能有农民的地位，这是现时中国农民运动的一个最大的特色"。① 毛泽东把做农民工作摆在了相当重要的位置，成为国民党内外、中共党内外最关心农民问题的人。11月，毛泽东担任中共中央农民运动委员会书记后，以湖南、湖北、江西、河南为重点，发展农民运动。11月底，湖南有54个县建立农民协会组织，会员达107万人。12月20日，他在湖南全省第一次农工代表大会上说："国民革命是各阶级联合革命，但有一个中心问题，国民革命的中心问题就是农民问题，一切都要靠农民问题的解决"②。这时，湖南的农民协会又有大发展，1927年1月，会员增加到200万人。随着北伐战争的胜利发展，湖南农民迅速行动起来，为国民革命军带路、抬担架、送信、侦察、运输，扰乱敌军后方，还组织农民自卫军直接参战。

　　不久，湖南农民兴起了农村大革命，打土豪，减租减息，轰轰烈烈，使西山会议的老右派和蒋介石的新右派攻击和排挤共产党增加了口实，他们和一些代表地主阶级利益的人议论纷纷，说"农民运动过火了"，是"痞子"运动，"惰农"运动，"糟得很"等，要求限制农民运动，向共产

---

① 《中国共产党历史》第一卷（1921—1949）上册，中共党史出版社2011年版，第180页。

② 《中国共产党历史》第一卷（1921—1949）上册，中共党史出版社2011年版，第180页。

党施加压力。连陈独秀也对农民运动十分不安，怕影响国共合作。同年1月4日至2月5日，毛泽东以中共中央候补执行委员的身份，身穿蓝布衣衫，脚套草鞋，手拿雨伞，走过湖南湘潭、湘乡、衡山、醴陵、长沙5县的农村，行程700多公里，进行了历时32天的实地考察，写出了《湖南农民运动考察报告》。热烈赞颂农民群众打翻乡村封建势力的伟大功绩，尖锐地批驳党内外责难农民运动的各种谬论，阐明农民斗争同革命成败的密切关系。指出："国民革命需要一个大的农村变动，辛亥革命没有这个变动，所以失败了。现在有了这个变动，乃是革命成败的重要因素"。[①] 他强调：一切革命的党派和同志，都应当站在农民的前头，领导他们前进。必须依靠广大贫农作"革命先锋"，团结中农和其他可以争取的力量，把农民组织起来，从政治上打击地主，彻底地摧毁地主阶级的政权和武装，建立农民协会和农民武装，由农民协会掌握农村一切权力，然后进行减租减息、分配土地等斗争。中共中央主管宣传工作的瞿秋白很重视这个报告，于3月间在《报导》发表该文的内容。4月当汉口长江书店以《湖南农民革命（一）》作书名将此报告公开出版时，瞿秋白为此写了序。说毛泽东为中国"农民运动王"，是第一个在中国革命实践和在理论上把农民问题摆在重要位置上的人。

我国农民缺地，这一在历史长河中长久没有解决的问题，由毛泽东和他的战友们解决了。

毛泽东在《湖南农民运动考察报告》中就提出分配土地，在党的"八七"会议上，提出了土地革命是中国革命新阶段的主要的社会经济内容，还对它怎么进行发表了很好的意见，但共产国际代表没有采纳。彭湃在海陆丰根据地最早开展土地革命，但严重存在"左"的错误，不仅

---

① 《中国共产党历史》第一卷（1921—1949）上册，中共党史出版社2011年版，第180页。

没收地主土地，把自耕农的土地也没收了。毛泽东开辟的井冈山根据地，是继海陆丰以后，最早开展土地革命的地方。1928年春，开始在小范围内进行试点，6月以后，全面开展。以后，随着红四军向赣南、闽西进军，这个地区的土地革命得以迅速发展，其中，虽然出现一些"左"的错误。由于及时纠正、完善，这个地区的土地革命开展的比较好。带动各根据地一直把土地革命和武装斗争同时抓，把部队称为对敌战斗队、马克思主义的播种队和土地改革的工作队。每开辟一个农村根据地，就在那里开展农民运动，组织农民协会，搞土地改革，打土豪，分田地，变以地主所有为主的封建土地所有制为劳动农民土地所有制，实行耕者有其田，从而赢得了农民的拥护和支持，广大农民纷纷不断地参军支军，不仅有力地促进了农业生产，而且促进了武装斗争，夺取了一个个革命战争的胜利。新中国成立后，对新解放区，从1950年冬到1953年春，只花两年多的时间，发动了全国农民开展土地改革运动，彻底地摧毁了封建制度即地主阶级的土地所有制，实行了劳动农民的土地所有制，挖掘了封建制度的基础和我国贫困落后的老根，解放了农村的生产力，极大地调动了农民生产积极性，促进了农业生产的发展，从而进一步巩固了工农联盟和人民民主专政，为此后的农业社会主义改造和社会主义工业化创造了条件。毛泽东和他的战友们领导的土地改革运动，无疑是一场事实上不是可有可无的，而是任何主观意志不可避免的激烈的阶级斗争，也像王莽遇到的问题一样，不是没有阻力的，曾经遇到过地主阶级和其他别有用心者的反抗。但由于毛泽东依靠符合绝大多数人利益和实际情况的正确方针政策，依靠强大的震慑一切阶级敌人的人民民主专政力量，依靠共产党领导下的反封建统一战线，土地改革最终胜利完成了。"耕者有其田"曾是我国长期以来多少仁人志士梦寐以求的愿望，它的最终实现，为我国尔后的农业集体化、规模化、区域化和机械化奠定了良好基础，这不能不说是毛泽东和他的战友们一大不可磨灭的史无前例的历史功绩。

毛泽东和他的战友们不仅注意到和解决了农民的土地问题，而且注意到农民其他过去历代长期没有解决的问题。

土改后，毛泽东考虑了刚刚获得土地的农民力量单薄，难以极大地发展生产和改善生活，史无前例地引导农民通过由季节性、常年性的互助组到初级、高级合作社，逐步组织起来，完成了农业社会主义改造，充分发挥了集体经济在战胜天灾人祸，避免两极分化，兴修水利，改变生产条件，科技兴农，机械耕作，机械排灌，农业电气化和实现农业区域化、规模化等方面的作用。这是全国家喻户晓的事。农村土地通过改革开放，现在还是集体的，没有人改变，是以公有制为主体，多种所有制经济共同发展的社会主义经济体系的重要组成部分，今后，百千万年谁也不会开这个历史倒车，这只有毛泽东和他的战友有此胆识才能做出的大好事。

毛泽东和他的战友们注意农民问题不仅是土地而且是各个方面，不仅是思想上的关注，更是从行动上尽力予以解决。可以说，长期以来，如此注意到农民问题是稀有的。当然，这不是说是从王莽那里学来的，王莽这方面也没什么可学的，毛泽东对王莽提倡均田制这一点的肯定，仅仅是王莽的一个念头，而没有实施的行动。王莽本是中国历史上奸佞的化身，像这样一个受贬的人能提出均田问题，更能说明农民问题的重要，任何人包括受贬者在内也不轻视，这就更能引起毛泽东对农民问题的重视。从这一角度来说，毛泽东重视农民问题，不能不说有古为今用的意义。

七、刘邦"用人得当"

毛泽东说刘邦得天下，一因"决策正确"，二因"用人得当"。毛泽东是人才建设的能手。他用人有唯贤、重育、必信、务管等绝招。陈云说："毛泽东同志一个无可比拟的功绩是培养了一代人，包括我们在内。"邓小平说："我们在座的同志，可以说都是毛泽东思想教导出来的。"

[评注原文]

汉高祖刘邦比西楚霸王项羽强，他得天下一因决策对头，二因用人得当。

——《缅怀毛泽东》（上册），中央文献出版社 1993 年版，第 206 页。

[故事背景]

刘邦，公元前 256 年出生于当时属于楚国的沛县丰邑（今江苏丰县），父亲刘瑞是个农民。刘邦做了泗水亭长后，押解一批刑徒去骊山修皇陵，刑徒不断开小差，估计到咸阳所剩无几，他想刑徒走了，是要判死罪的，便在一晚叫大家都逃，有十余名刑徒跟着他跑。他们见陈胜、吴广因不满秦二世朝纲昏乱和赋繁徭重而造反，便在芒山、砀山（今安徽砀山东南）拥戴刘邦聚众起义。沛县城内父老由于早就恨秦，杀了原想起义后又出尔反尔的县令，迎起义军进城。拥刘邦做了县令，称沛公。刘邦随即在沛县招兵，组建了一支两三千人的队伍反秦。

刘邦初战失去根据地后，只得去薛地（今山东藤县东南）投奔另一支反秦大军首领项梁。项梁拨给他 10 员大将和 5000 名精兵，协助他收回丰邑。项梁阵亡后，项梁之侄项羽接替其职，与刘邦成为被项梁所立的楚怀王手下两个主将。怀王为了灭秦，派他们分两路进咸阳，说定谁先入关者为王。刘邦先进咸阳，秦二世早被赵高所杀，新立的秦王子婴被迫归降，秦朝灭亡。项羽进咸阳后，违背怀王约，主持分封天下诸侯，将刘邦分封到汉中为王。又将关中划归秦将章邯、司马欣、董翳等三人驻守，以抑制刘邦东进，项羽则自称西楚霸王，建都彭城（今江苏徐州）。从此刘邦率部去南郑（今陕西南郑），项羽率部回故乡彭城，两人展开了历史上有名的"楚汉之争"。

通过长达 4 年的较量，公元前 203 年，以项羽乌江（今安徽和县东北）自刎告终，楚亡汉兴。刘邦在庆功会上总结他得天下的主要原因是善于用人。他说："夫运筹帷幄之中，决胜千里之外，吾不如子房。镇国家，抚百姓，给馈饷，不绝粮道，吾不如萧何。连百万之军，战必胜，攻必取，吾不如韩信。此三者，人杰也，吾能用之，此吾之所以取天下也。项羽有一范增而不能用，此其所以为我擒也"。意思是由于善于任用"三杰"，发挥了他们的才干，才得了天下。

张良，字子房，原韩国人，是韩国五王宰辅之后。韩国是秦国最早吞并的国家之一，张良从小就有报仇复韩之心，曾出重金聘请东夷大力士用 120 斤的铁锥谋杀秦始皇，但谋杀未遂。张良为躲避秦始皇追捕，隐居下邳，遇老人赐兵书，经过几年苦钻，成为可以对战争运筹帷幄的军事人才。他在下邳组建了百余人的队伍，投奔陈胜的起义军。听到陈胜兵败被杀，残部由景驹收容后，投景驹。途中遇到了去薛地投奔项梁求助收回丰邑的刘邦。刘邦觉得张良有谋，留他做客卿，视他为军师。张良感到刘邦知人善用，为他运筹帷幄，刘邦也对他从谏如流。刘邦采纳张良之谏，进咸阳后不恋美女和金银，"封秦重宝财物府库"，率军离咸阳，驻灞上；离咸阳前，与众约法三章："杀人者死，伤人及盗抵罪"，赢得咸阳民心；后忍辱负重去南郑；烧毁栈道，使项羽放松对刘邦的戒备；与项羽在鸿沟议和；议和后又率军追楚；追楚至固陵受挫后，邀韩信围项羽于垓下。项羽被围困垓下时，张良又将楚军厌战思乡之情编成楚歌，让汉军唱，使项羽以为四面都是已经投降的楚军，大势已去，突围到乌江自尽。

萧何，泗水郡沛县丰邑（今江苏丰县）人，沛县功曹，佐县令掌人事、庶务，后升为泗水郡卒史。萧何办事有魄力，有能力，依靠他在沛县招兵扩军。刘邦攻进咸阳后，要萧何收集秦朝各种律令、地图、文件、数字、历史、书籍，从中掌握了全国地理险要、官兵分布、各地户口、经济发展和优劣条件等详细情况，为协助刘邦打天下和治理国家创造了有利条件。刘邦任萧何为丞相，为他治理巴蜀，大兴基本建设，发展生产，征收赋税，筹供军需，出招贤榜，招罗贤士，招兵扩军，还建了沔阳城（今陕西勉县）。据《华阳国志》称："汉军'足食足衣'，刘邦出三秦伐楚时，萧何'发蜀、汉米万船而给助军饷'。"萧何发现韩信德才出众，多次要刘邦重用；刘邦东进平定关中后，命萧何侍奉太子刘盈留守关中，坐镇栎阳（今陕西临潼东北），制定法令规章，修建宗庙、社稷、宫殿及县邑衙门，测定田亩土地，统计户数人口，在长安未央宫立武库以藏兵器，造太仓以藏军粮，并拟定前线的物资补给计划。刘邦在前线损兵时，萧何征调关中卒，迅速递补。

韩信，淮阴（今江苏淮阴）人，从幼丧父，家境贫寒，很有抱负。卖光家产安葬母亲后，先在下乡南昌亭长家里吃闲饭，以后亭长老婆把他赶走，他只得乞讨为生。韩信胸怀大志，一个无赖少年见他带着刀剑走来，说："你要是好样的，就拿剑来刺我，如果你不敢刺，就从我的裤裆里钻过去"。韩信认为跟恶小棍纠缠不值，就趴在地上，从那无赖裤裆里钻了过去。在场人哄笑，给他送了一个"胯夫"的外号。公元前208年2月，陈胜、吴广领导农民起义。同年9月，韩信成了项梁部下的无名小卒。不久，项梁在定陶（今山东定陶）阵亡，他的部队归他侄儿项羽领导，韩信便做了项羽的郎中（即侍卫）。他给项羽出过很多主意。而项羽则认为韩信只是一个侍卫，又听说是叫花子出身，对他的意见根本听不进去，更谈不上提携他。韩信见项羽不能礼贤纳谏，想另找明主。公元前206年，刘邦建都南郑（今陕西南郑），韩信投奔刘邦。韩信来到汉中招贤馆，揭榜进见招贤人。萧何故意叹气说："将军虽然有才，但汉王已将栈道烧绝，不能东归，也是枉然。"韩信大笑说："栈道烧绝，只是为了麻痹项羽，免除他西顾之忧，但瞒不了我韩信呀！"萧何心想，此乃张良计，也被他识破，真是天下奇才啊！随即急忙上殿，几次向刘邦推荐，刘邦先让韩信做了个廉敖官，后升他为管理粮食的治粟都尉。韩信见刘邦不重用他，便离开了汉营。萧何得知后，将韩信追回。刘邦见萧何这样看重韩信，又见到张良推荐韩信当元帅的信，便拜他为大将。刘邦为韩信举行了隆重的有全体将官参加的拜将仪式后，采纳了他的意见，命他率军东征。韩信明修栈道，暗度陈仓杀章邯；声东击西，木婴渡河平魏王；背水一战，几路伏击破赵王；沙袋截流，水淹龙且平齐地。在齐地时，项羽派武涉前来劝韩信投楚，韩信拒之说："我昔日在项羽那儿，不过是个执戟郎，我的建议他不听，因此弃楚奔汉。汉王重用我，拜我统领汉军，汉王把自己的衣衫脱给我穿，省下自己的饭给我吃，我绝不背叛汉王。"当刘邦违约追项，在固陵失利，又承诺封陈丘以东至大海的富庶土地给韩信，调韩信灭楚时，韩信即联合南方的彭越，统帅各路大军，于公元前202年12月，围项羽于垓下，项羽在乌江自杀，楚灭汉兴。

[实践纪事]

1952年10月29日，毛泽东来到徐州九里山，突然想起项羽，随即给陪同人员讲起了楚亡兴汉的故事。他说："刘邦胜利原因有三：一是刘邦实行的政策比较符合历史潮流……二是刘邦有一条正确的作战方针……三是刘邦用人政策正确，正如他自亡说的'夫运筹帷幄之中，决胜千里之外，吾不如子房。镇国家，抚百姓，给馈饷，不绝粮道，吾不如萧何。连百万之军,战必胜,攻必取,吾不如韩信。此三者,皆人杰也,吾能用之,此吾所以取天下也。项羽有一范增不能用,此其所以为我擒也'"①。他在这里先讲刘邦胜因有三,后又以刘邦自己能用三杰"此吾所以取天下也"的话论证其用人政策的正确,刘邦此话是把胜因完全归于用人,毛泽东用此话,表明在他的眼里,用人这条是主要的。1957年6月13日,毛泽东与吴冷西等人谈话时说:"汉高祖刘邦比西楚霸王项羽强,他得天下一因决策对头,二因用人得当"毛泽东在这里把在徐州讲的刘备三条胜因改成两条,唯有用人这条未更改,也显示他对用人的重视。毛泽东多次以亡楚兴汉的历史故事论证用人的重要性,说明他把人才建设提升到关系国家兴亡、民族盛衰、事业成败、个人沉浮的高度。

早在中共六届六中全会上,毛泽东就指出:"政治路线确定之后,干部就是决定一切的因素"。其实,这句话的意思,斯大林早就说过。1934年1月斯大林在《在党的第十七次代表大会上关于联共(布)中央工作的总结报告》中说:"在正确的政治路线提出以后,组织工作就决定一切,其中也决定政治路线本身的命运,即决定它的实现和失败"。1935年5月斯大林在《在克里姆林宫的红军学院毕业典礼上的讲话》中,提出和说明了"干部决定一切"的口号。斯大林的话把"政治路线"放在"一切"之内,说组织工作(即干部工作)就决定包括政治路线能否实施在内的一切。毛泽东说的一切,虽未点明包括政治路线,但"一切"就什么也包括在内,理应包括政治路线。所以,两个伟人说的都一样。既说明政治路线的重要,政治路线是第一位的,也说明人才建设的重要。干部决定一切,也包括决定政治路线能否实现在内,人才建设的重要并

---

① 《毛泽东指点江山》,中央文献出版社2000年版,第1182页。

不次于政治路线。毛泽东还说："中国共产党是在一个几万万人口的大民族中领导伟大革命斗争的党，没有多数才德兼备的领导干部，是不能完成其历史任务的"①。"指导伟大的革命，要有伟大的党，要有许多最好的干部"②；"只有依靠成千成万的好干部，革命的方针与办法才能执行，全面的全民族的革命战争才能出现于中国，才能战败敌人"③。这些话也充分说明，政治路线是要靠干部去实现的。没有"德才兼备的""最好的""成千成万的好干部""是不能完成历史任务的"。有了干部才能"指导伟大的革命""战败敌人"。习近平总书记在纪念毛泽东诞辰120周年座谈会上说："毛泽东思想教育了几代中国共产党人，它培养的大批骨干，不仅在新民主主义革命、社会主义革命、社会主义建设时期发挥了重要作用，也为新的历史时期开创和建设中国特色社会主义发挥了重要作用。"陈云说："毛泽东同志一个无可比拟的功绩是培养了一代人，包括我们在内的以及'三八式'的一大批干部，现在这些人在全国各个岗位上都担负着重大的责任，这是一件极大的事"④。谁都知道，毛泽东的功绩无量，这位在遵义会议上就是政治局常委的老一辈无产阶级革命家，不仅承认他自己和他一辈的老战友也是毛泽东培养的，还认定毛泽东培养人的功绩，是诸多功绩中不可比拟的，充分说明了人才建设的极端重要，也充分说明毛泽东是非常重视人才建设的。

　　毛泽东的人才建设是一个综合工程，既承继了历史传统的优秀精华，又发扬了时代赋予的创新精神。

---

① 《毛泽东选集》第二卷，人民出版社1991年版，第526页。
② 《毛泽东选集》第一卷，人民出版社1991年版，第277页。
③ 《毛泽东文集》第二卷，人民出版社1993年版，第63、64页。
④ 《陈云文选（1956—1985）》，人民出版社1982年版，第256页。

用人唯贤

"贤"的标准，固然是以"德"为主，德才兼备。毛泽东对此赋予时代的新涵义。他认为"德"的根本标准是全心全意为人民服务。从他说的"我们这个队伍完全是为着解放人民的，是彻底地为人民的利益工作的"；"我们是为人民服务的"这几句话可以说明。中国共产党的章程把"全心全意为人民服务"确定为党的宗旨，也非常明显地说明它是共产党员和党的干部的"德"的根本标准。毛泽东说："共产党的干部政策，应以是否坚决地执行党的路线，服从党的纪律，和群众有密切的联系，有独立工作的能力，积极肯干，不谋私利为标准，这就是'任人唯贤'的路线"①；"这些干部和领袖懂得马克思列宁主义，有政治远见，有工作能力，富于牺牲精神，能独立解决问题，在困难中不动摇，忠心耿耿地为民族、为阶级、为党工作……这些人不要自私自利，不要个人英雄主义和风头主义，不要懒惰和消极性，不要自高自大的宗派主义，他们是大公无私的民族的阶级的英雄，这就是共产党员、党的干部、党的领袖应该有的性格和作风"②。无论是讲的懂马克思列宁主义，政治远见，富于牺牲精神，忠心耿耿为民族、为阶级、为党而工作，不谋私利，不自私自利，以及不自高自大的宗派主义也好，还是党的路线、纪律、密切联系群众也好，都离不开"全心全意为人民服务"的党的宗旨，都是讲"德"，只有一两句讲"才"。但也不是轻视"才"，毛泽东从来主张"德才兼备"，他说："专搞政治，不懂技术，不懂业务，也不行"，"红与专、

---

① 《毛泽东选集》第二卷，人民出版社 1991 年版，第 527 页。
② 《毛泽东选集》第一卷，人民出版社 1991 年版，第 277 页。

政治与技术，是两个对立的统一"①。

毛泽东说："武则天确实是个治国之才，她既有容人之量，又有识人之智，还有用人之术"②，可见毛泽东对识别贤人很重视。他"不但看干部的一时一事，而且要看干部的全部历史和全部工作"③；认为干部应该是"在群众斗争中产生的，是在革命大风大浪的锻炼中成长的。应当在长期的斗争中，考察和识别干部，挑选和培养接班人。"④

朱毛不分的关系，绝非缘分所定，正是毛泽东善于识贤用贤的好典例。1927 年 11 月和 12 月上旬，毛泽东先后从朱德派到井冈山联系的毛泽覃（毛泽东弟）口里和何长工从广东韶关犁头铺找到朱德回来的汇报中，得到了南昌起义部队的情况。原来，南昌起义部队南下到广东大埔县三河坝错误分兵后，遭遇了强敌的袭击。主力部队 9 月下旬攻占潮汕后，大部经揭阳向汤坑西进，少数部队留守潮汕。这些部队于 10 月初均遭严重损失，只剩下第 11 军第 24 师师长董郎率领的一小部分部队去海丰、陆丰地区，与当地农民军会合；第 24 师某团团长徐成章率 300 人去海南岛；贺龙去湘西，开辟湘鄂西革命根据地；刘伯承按党的分配去苏联学习；周恩来、叶挺、聂荣臻按中央指示去香港。后周恩来转上海参加中央会议，叶、聂去广州参加领导广州起义。留守三河坝的部队，在敌强我弱的情况下，由原任国民革命军第三军教导团团长、南昌市公安局局长、南昌起义第九军军长（原为副军长）朱德率领，从三河坝撤离去饶平县。朱德在饶平县茂芝乡全德学校召开所辖 20 多个干部开会，针对部分人有解散回家、等待时机的悲观消极情绪，大义凛然地说："我是共

---

① 《毛泽东文集》第七卷，人民出版社 1999 年版，第 309、351 页。

② 《向毛泽东学习》，中共中央党校出版社 2013 年版，第 152 页。

③ 《毛泽东选集》第二卷，人民出版社 1991 年版，第 527 页。

④ 《建国以来重要文献选编》第 19 册，中央文献出版社 1998 年版，第 72 页。

产党员，我有责任把八一南昌起义的革命种子保留下来，有决心担起革命重担，有信心把这支革命队伍带出敌人的包围圈，和同志们在一起，一直把革命干到底"。陈毅也慷慨激昂地说："我也是共产党员，我愿意鞠躬尽瘁，辅佐朱军长，把这些革命种子保留下来，把革命干到底"。会后，部队向福建平和进军，经武平于 10 月下旬到达江西安远县天心圩。这时，由于沿途遇敌袭击而伤亡和自动离队，部队只剩下八九百人，士气低落。朱德并未因此灰心，在这里进行再动员，他斩钉截铁地说："1927 年的中国革命，好比 1905 年的俄国革命。俄国当时的失败是黑暗的，但黑暗是暂时的，到 1917 年，终于成功了。中国革命也会有个 1917 年，只要保存实力，革命就有办法"；陈毅也铮铮有响地说："南昌起义失败不等于中国革命的失败，中国革命是要成功的。我们要经得起失败的考验。在胜利发展的局面下，做革命英雄是容易的，在失败退却的局面下做英雄就困难了。只有经过困难考验的英雄，才是真正的英雄，我们要做失败时的英雄"。指战员听到两位领导人的讲话后，个个信心百倍，斗志昂扬。会后，部队通过整编到达信丰，再通过上堡整军，进入湖南资兴。朱德通过向驻汝城的老旧交、国民革命军第 16 军军长范石生做统战工作，得到了急需的生活物质和五六十万发子弹的补充后，转入广东韶关犁铺头整训。毛泽东从这些情况中，深感朱德是从失败和战火中考验出来的，既善于从实际情况出发指挥打仗，又在困难中对革命抱有坚定信念，还善于做统战工作的好将才，内心上敬佩不已，很有求之不得之感。在朱毛会师后组编的红四军中，毛泽东决定由朱德任军长，实为井冈山时期红军最高统帅，以后一直成为红一方面军、八路军、人民解放军的总司令。并与朱德共商，决定陈毅这位与朱德一样从南昌起义失败中站起来的坚强将领，为红四军政治部主任，以后成为红六军军长江西军区司令员、新四军代理军长、华东野战军司令员、上海市市长、国务院副总理兼外交部部长。

随毛泽东一同参加秋收起义的学生小伙罗荣桓，1902 年生于湖南衡山（今衡东县），1927 年在武昌中山理学院读书时参加农民运动，8 月底率农民军攻取通城县城后，率领通城、崇阳农民自卫军去江西修水县寻找革命军，编入由共产党控制的国民革命军第四集团军第二方面军警卫团，他的农军为该团特务连。8 月底，该部随毛泽东秋收起义部队攻打长沙失利后，参加三湾改编，罗被任为工农革命军第一团特务连党代表，1928 年 1 月，又改任第一团第三营第九连党代表。接着，他随毛泽东来到遂川，和连长曾士峨率 9 连分到该县四大圩场之一的草林。开始，圩里的群众由于大土豪的造谣，家家闭门而逃，罗荣桓和连长带领战士打着小旗分头向群众宣传，群众见革命军秋毫无犯，说话和气，都纷纷回家，给部队反映了大恶霸黄礼瑞仗着家里 9000 担谷田和在南昌、遂川、草林开设商号之势，欺压、剥夺农民的情况。这时，毛泽东也来到草林，听到部队汇报这些情况后，马上部署该连发动群众查封了黄礼瑞和另几个大土豪在草林圩开设的商店、赌行、烟馆和妓院，缴获了几十万斤食盐、几千斤茶油等商品，除一部分给部队作给养外，其他由战士分头送到贫苦农民家里，让他们过了一个快乐年。腊月二十四日，又赶集又过小年，罗荣桓和连长带领战士清早就把全圩打扫得干干净净，附近群众看见后，都说革命军是为穷人打天下的，纷纷来赶集，这一天赶集的有两万人，比哪一圩人都要多。毛泽东见到 9 连的表现，又没像其他连烧房子等违纪现象，对罗荣桓的政治工作很满意。4 月，朱毛会师后，毛泽东提议将罗荣桓提为 3 营的党代表。8 月，毛泽东亲率 31 团第 3 营去湘南迎完 28 团，一个晚上，在桂东遇敌袭击，3 营被打散，第二天清晨，罗荣桓清点人数，发现只少了一个担架兵，9 月回井冈山后，发现这个担架兵因部队打散后迷失方向，早已回井冈山。毛泽东听到这个情况后，对 3 营的政治工作更感满意，引起他常常注意和打听罗荣桓做政治工作的情况。经过一段时间的了解，发现他有个很大的特点是以身作则，凡是要人家做到的，他首先做到，每次打仗都是冲锋在前，退却掩护在后，行军时为病号扛枪，宿营时下班查铺，与营长配合得很好。他还听到罗荣桓在永新教育战士严守纪律的故事。有一个晚上，9 连 4 班有个战士换岗回来，因天冷拿了群众的柴和稻草烤火，班长黄永胜要他送回去，他不听，黄永胜动手打了他一个耳光，这个战士哭了。罗荣桓得知后，对黄永胜进行了个别教育，黄以战士犯纪为由与罗顶撞，罗荣桓耐心教育后，黄永胜很服气地认了错。此后，该营再也没有战士乱拿群众东西和官长打士兵的情况发生。1929 年 2 月，红四军在寻乌罗福嶂将团改纵队，毛泽东将罗荣桓提为红四军第二纵队党代表。红四军九大以前，毛泽东为古田会议决议案起草时，通知罗荣桓参加几次座谈会，听取和采纳了他的正确意见。红四军九大会上，将罗荣桓选为前敌委员会委员。1930 年 8 月，由于红军力量壮大，红一方面军成立，朱德为总司令，毛泽东为总政委和总前委书记。总前委决定林彪任红四军军长。在总前委研究红四军党代表人选时，毛泽东认为林彪这个人少言寡语，别人很难与他交流共事，自任 28 团团长以来，同几届党代表关系都不好，他想起罗荣桓许多优良品德，就推荐了他，他说：罗荣桓"有坚强的原则性，能顾全大局，一向对己严，待人宽，做政治工作就要有这样的干部"。总前委一致同意毛泽东的意见，任命罗荣桓为红四军党代表。罗荣桓自任军党代表以来，不仅把全军政治工作搞得有声有色，而且林彪也对他无所挑剔。罗荣桓在后来的军队政治工作方面成就显著，是唯一一位政工出身的元帅。他去世后，毛泽东专门为他写了一首《七律诗》，其中有："君今不幸离人世，国有疑难可问谁？"反映了他对罗荣桓的深情和倚重。

毛泽东用人唯贤不仅重德，而且重才。1945 年 6 月，曾在苏联炮兵学校学习过的军委副总参谋长朱瑞找到毛泽东，要求从事炮兵工作，毛泽东赞赏他不计个人权位的品德，任命他为延安炮兵学校代理校长。日本投降后他率领炮兵学校前往东北，不久，他在东北组建了 10 个炮兵团、6 个炮兵营和 20 多个炮兵连。1946 年 10 月，朱瑞任东北军区炮兵司令员，使炮兵发展到 16 个团，拥有 4700 门火炮，为辽沈战役的胜利立了大功。他的炮校为其他军区输送了几百名干部，为全军的炮兵建设作出了很大贡献。

用人唯贤不是毛泽东的独创，他坚持得比较好。在他的眼里，"唯"即独一无二之意。用人的标准，"贤"是唯一的，除此之外，再没有第二了。什么唯亲、唯恩、唯山头等，都与"贤"相对抗，均属毛泽东反对之列。毛泽东的大弟毛泽民，1896 年生，弃家革命后，先在长沙一师附小管校务，通过开荒、养猪、种菜，改善了师生的生活；1922 年参加中国共产党，第二年在安源煤矿办起了第一个工人消费合作社，任经理，使合作社出售的物品价格比市场便宜三分之一到二分之一；1925 年冬，任上海出版发行部经理，并为"上海书店"传播革命知识作出了很大贡献。1927 年四一二反革命政变后，他从上海来武汉，任《国民日报》经理。毛泽东发动秋收起义时，要他回湖南为秋收起义作准备，由于没有赶上队伍，丢落在长沙。毛泽东上井冈山后，部队严缺供养，他虽然深知毛泽民善理财管家，但只派人寻找南昌起义部队的领导人，也不思派人去长沙寻找这位被丢落的亲弟为他管供给。毛泽东对他的二弟毛泽覃期望值较高。毛泽覃 18 岁参加中国共产党，是国民革命军第四军政治部的上尉。奉命参加南昌起义时，没及时赶上，追到江西临川时由周恩来安排在第十一军政治部工作。11 月，朱德派他寻找毛泽东后，留在井冈山，1928 年春，在宁冈乔林建立了井冈山革命根据地的第一个村支部。以后担任团政治部主任、遂川县委委员及遂川游击大队党代表。率游击队架梯翻越宁冈新城，活捉县长张开阳。1934年10月开始长征，毛泽覃被留在中央苏区打游击，毛泽东虽然这时被剥夺党和军队的领导权，但还是政府主要领导人，若是要把亲弟弟带走，也是不太难的。要是带在身边，起码可以相互照应，而毛泽东并未这样做，直到他牺牲。

毛泽东用人不唯亲还可以从其他的亲朋看出。他的亲戚包括毛家、文家、王家、杨家人口众多。除了胞侄、烈士儿子毛远新和亲姨表兄的孙女王海容，凭他们自己的努力和具备的条件，由党组织安排较高职位外，其他均没有安排要职。"文化大革命"中，有人要推荐毛远新、王海容进中央委员，毛没同意；出于由大乱到大治的需要，毛泽东开始对江青也重用了一段，后来见她表现不好，对她也打消了希望。当江青向他要求进政治局常委时，他拒绝了；他为革命遗弃在上海，流浪时因和岸英写革命标语被人打伤成终身残疾的次子毛岸青，从未安排一个名誉性的职务；他对毛岸英期望值较高，毛岸英在苏联红军就是中尉，回国后做过农民、进过厂子，有些老同志也说他很多优点像毛泽东，28岁牺牲时还没有安排一个实质性的要职。很多亲戚包括杨开慧的哥哥杨开智，有救命之恩的郭士逵、表兄文运昌等求他安排工作，都是以"不宜由我推荐""不要使政府为难"等话拒之。

用人重育

毛泽东认为干部不是天生的，是通过教育培养出来的。他一贯重视干部教育，并有三大绝招：

一是先进思想育人。毛泽东针对各个时期干部和群众中存在的不利于革命和建设的思想，通过写文章、作报告、个别谈，为党、政、军代写文件等形式，向干部不断进行马克思列宁主义教育，使干部坚定党的信念，增强宗旨意识，提高思想觉悟、哲学伦理、战略战术和领导能力水平，以不断适应和促进各个时期的工作。针对红军中存在的"单纯军事观点、极端民主化、非组织观点、绝对平均主义、主观主义、个人主义、流寇思想、盲动主义残余"等思想，为红四军第九次党的代表大会写的决议《关于纠正党内的错误思想》；针对一些干部私心过重和怕困难等情绪所写的《为人民服务》《纪念白求恩》《愚公移山》；针对干部中存在的主观主义、唯心主义、形而上学和不实事求是的现象而写的《实践论》《矛盾论》等。1930年毛泽东写给林彪的复信是最好的例子。林彪给毛泽东写了新年贺信，透露了对革命前途的悲观情绪，以"红旗到底能打多久"为题，提出将红军划成若干个小队分散打游击，各找出路的主张。毛泽东阅信后，感到这不只是林彪一个人的思想，对当时红军的指战员有很大代表性，便写了长达7000字的复信，不仅教育了林彪，而且印发到红军基层，回答了当时红军党内广大指战员心中的疑虑，极大地鼓舞和增强了革命信心，为此后不久夺取反"围剿"的胜利奠定了坚强的思想基础；而且为广大红军干部学会用唯物辩证法的实事求是观点，和坚信群众是创造世界历史动力的群众路线观点，科学分析、观察形势增添了方法，这无疑是用毛泽东思想育人的好典例。

毛泽东为了使干部不断增长知识，改造世界观，增强为人民服务的意识，提高思想水平和领导能力，一贯倡导干部自读，号召高级干部带头，带动广大干部刻苦自读。1937年5月，李达将刚刚出版的《社会学大纲》送毛泽东提意见，郭沫若说他在延安的一次小型会议上说他把这本书读了十遍，毛泽东阅读这本书后，要李达再寄十本，给到会同志读。延安整风后，他提议组织人力大量翻译马恩列斯著作，提倡每人读一二十本、三四十本。1945年，他在七大上特别指出要读《共产党宣言》《社会主义从空想到科学的发展》《在民主革命中社会民主党的两个策略》《共产主义运动中的"左派"幼稚病》和《联共（布）党史简明教程》。1949年，毛泽东建议党的七届二中全会作了干部要读《社会发展史》《政治经济学》《思想方法论》等12本书的决定，并特意加上"干部必读"四字。

二是兴办干部学校。毛泽东超乎寻常地重视兴办培养干部的各种学校。大革命时期，就办各种工人、农民夜校，农民运动讲习所；土地革命时期办红军学校，1933年在瑞金查田时还亲自当校长办苏维埃大学；八年抗战中，办中国人民抗日军政大学（抗大）、陕北公学、鲁迅艺术学院等学校，光抗大就培养出20多万个干部；新中国成立后，从中央到各县兴办党校，并且兴办马列主义学院、军校、政校、团校和少数民族干部学校等各种类型的干部学校，使我们的革命和建设事业，涌现了一批批，一代代的干部，新老接替，层出不穷。毛泽东还亲自到这些学校作一系列的讲课。如《实践论》《矛盾论》，在1951年才被收入《毛泽东选集》第一卷，原来是他在红军大学（1937年1月改为抗大）讲授哲学问题的两篇讲稿。

胡耀邦的成长，很能说明干部学校对培育干部的作用。1927年9月19日，胡耀邦12岁，在文家市里仁小学读书，听了毛泽东在该校给秋收起义部队讲的话，其中"共产党现在还是一块小石头，将来必定要砸碎蒋介石这口大水缸"的话，深深埋在他的脑际里，三年后抱着"砸水缸"的志气去18区（文家市区）做了区委宣传干事，10月随中共湘东特委派来的人参了军。1935年动员彝区少数民族为红军解决了当时部队缺粮的燃眉之急。第二年，在山西省石楼又发动群众出色地完成了扩红筹款征粮的任务。毛泽东得知后，便在1937年5月，将他选入抗日军政大学第二期师级干部组学习，任该组党总支书记。胡耀邦认真听取了毛泽东等中央领导和学校老师讲的课，学习马克思列宁主义，极大地提高了政治觉悟，增长了革命知识。有一次，毛泽东对他讲当学校的党书记不能光自己学习，要帮助同学学习，要办校报，胡耀邦随即办起了校报，将第一期校报送给他看，毛泽东看了他办的校报后，要他带领抗大的同学自己写东西，并且还将他自己写的那篇《反对自由主义》给他看，说怎么想就怎么写。胡耀邦将这篇文章登在校报《思想战线》上，自己读了又读，常读常新。每读一次，都感到新意无穷。特别是对其中所列举的十一种自由主义的表现，好像算命先生，一针见血地点中当时不少干部的错误思想，他便联系实际写了一篇题为《论自由主义和反对自由主义》的文章，登在名为《抗大》的第三期校报上。毛泽东看了以后，认为几个月的抗大使这位年轻人在政治思想和写作上都有很大进步，便于当年10月推荐他任抗大政治部副主任，第四期抗大瓦窑堡第一分校政委，1939年1月，任中央军委政治部组织部副部长、部长。尔后，先后任各大军区政治部主任和政委，1952年任共青团中央第一书记。

革命战争年代，相当多的干部来自劳动人民，文化不高，有的没有文化，他们的成长更多地依赖于干部学校，更显得办干部学校的重要。他们当中有一部分以后成为有文化有领导水平的高级干部，在很大程度上是与干部学校的培育分不开的。如井冈山根据地六县之一的素有"将军之乡"之称的湖南茶陵县，从1926年到1938年参军以后成为中将的刘培善、刘道生、周仁杰、谭家述和其他20位少将，除李改是茶（陵）攸（县）安（仁）酃（县）联立乡村师范的毕业生外，其余24人都是参军前没有读书和读书不多的农民。如原江西省军区副政委、少将陈浩，原来没有文化，1930年16岁时参加游击队，上过苏维埃政府办的农民夜校，1932年进湘赣红军大学第四分校学了文化和革命知识，就当上了团政委；1937年8月进抗大，结业后留在学校任队长、支队长、总队长，边学边工作，文化水平和工作能力显著提高。毛泽东还亲自为原来只字不识、以后成为总后勤部副政委的少将龙开富辅导过文化。他是茶陵县火田乡白腊村人。1927年参加农民运动，杀了一个罪大恶极的土豪弃家而逃，听说井冈山来了工农革命军，打败了国民党军队，在县城建起了湘赣边区第一个县工农兵政府，便直奔县城找革命军，刚刚来到茶陵的毛泽东将他带到身边挑书箱。以后，毛泽东视书如宝的刻苦读书精神引起了他学文化的兴趣，毛泽东也非常关心他的学习，一有空就教他学识字，有时把着他的手一字一字地教。纸张紧张，便把抽烟留下的盒子拆下来用，没笔，便将用旧的笔给他，第三次反"围剿"时，将从敌人那里缴来的笔送给他。他每次教它文化必教一句话，从头至尾一字字地教，既教认又教写，等这句话能写能认后，就将这句话的完整意思讲给他听。当他有了初步文化后，毛泽东把他送到干部学校深造，终于培育成为总后勤部部级领导。

三是榜样带动。毛泽东一贯认为榜样的力量是无声的命令，对干部的教育必须借助于榜样的带动。这主要是典型和身教。他亲自树立的白求恩和张思德两个典型对干部影响极大。他为这两位典型亲自写文章，号召全党全国干部广为学习。白求恩，一个50多岁的加拿大共产党员，远离亲人和自己的国家，在抢救中国伤员中，明知动手术不消毒有中毒危险，在消毒剂短缺情况下，竟然冒险上手术台，造成中毒牺牲。毛泽东说他是"毫无利己的动机，""毫无自私自利之心"，"毫不利己专门利人"，是一个"纯粹""高尚""有道德""脱离了低级趣味""有益于人民"的人，"是国际主义"和"共产主义精神"；张思德，1933年参加革命，经过长征，负过伤，到1944年仍然是警卫团战士，在烧炭中因炭窑倒塌而牺牲，毛泽东把这一位为革命奋斗11年不思名利的"老黄牛"赞为"为人民利益而死的"，"比泰山还要重"，"彻底地为人民的利益工作的""一个同志"。这些赞词很有说服力，一点也不夸张。几十年来，全党全国广大干部无不敬佩，把他们作为自己的偶像和楷模，不断增强全心全意为人民服务的宗旨意识，工作不怕苦，打仗不怕死，贡献不怕多，待遇不怕少，带领全国人民不断夺取新胜利。新中国成立后又树立雷锋、焦裕禄作典型。他一贯注重胜过言教的身教。凡是要人家做到的，自己先做；凡是要人家不做的，自己先不做；凡是应做又做得到而人家不愿做的，自己将做出的成果给人看。在艰难的井冈山、长征和战争年代，他就是这样带头不拿工资，不搞特殊化，以与战士同甘共苦的精神，影响与带领全体指战员不计报酬和享受，不怕吃苦和牺牲地战胜一个个难关，走向胜利的。就讲不拿工资这一条，古今中外的军队当官的不拿工资有几个？只有红军才做得到。就拿原国民革命军第三军教导团团长、南昌市公安局局长朱德与黄埔军校政治部主任周恩来来说，原来不可能没有工资，他们当了红军主要领导后，也不拿工资。除了他们自己的以身作则外，不能不说与毛泽东自己带头不拿工资有关。

用人必信

毛泽东一贯是用人不疑，用人必信。任人，是信任；交权，是信任；纳谏，更是信任；对其工作乃至生活上的困难予以支持和帮助，还是信任。信任对任何人都是一种幸福，也是一种力量。毛泽东一贯坚信人民群众是创造世界历史的动力这一条马克思主义的基本原理，在人才建设上表现为用人必信。

毛泽东指挥作战中，善于一切从实际情况出发，坚持正确的战略战术，但也从来信任和尊重前线指挥员。对前方的电报往往在结尾都加

"请按实际情况决定""请自己定""请将你作出的意见报告中央""望视情况断决"，等等。从不用"务必""限于""特令""命令""稍有延误，决按军律从严惩处，不稍宽待、或不得宽待"等的语气。对前线指挥员提出的意见，按照古人"将在外，君命有所不受"的谚语，尽力予以考虑，凡正确的尽力采纳，对不正确的反复耐心解释，坚持正确意见。三大战役就是一个很好的例子。辽沈战役，毛泽东早就主张先打锦州，林彪不同意，主张打长春，毛泽东尊重他的意见，只要他作好随时南下的准备；待他打长春捞不到多少便宜，改为对长春"长围久困"时，毛泽东又同意，也只提出作好南下准备；待到久围长春未能使敌人受到多大损失时，林彪才接受毛泽东打锦州的意见。当他率部亲临锦州城下时，又想回头打长春，毛泽东见事已紧急，不可再待，便在2个钟头内连下两次措辞严厉的电报，要求他力争十天内攻取锦州，林彪这才亲临锦州指挥作战。但在夺取锦州后，蒋介石亲临沈阳，令两个援锦兵团归复锦州时，林彪建议放弃锦西、葫芦岛，集中兵力粉碎廖耀湘兵团，毛泽东认为此见可行，便同意了这一建议，夺取了辽沈战役的全胜。平津战役，原打算要华北野战军杨成武部攻归绥和太原，林彪认为傅作义原属阎锡山系，攻太原对抑制傅作义不利，建议不打太原；毛泽东认为这一意见很好，便采取了他的建议，改打归绥、太原为集中力量包围保定和张家口。淮海战役，对黄维兵团的歼灭，军委原打算由中原野战军负责，邓小平考虑该团是国民党"五大主力"之一，应增加华东野战军一部的兵力共歼，毛泽东同意，并在电报内加了"情况紧急时，一切由刘陈邓灵活处理，不要请示"几句话。该战役原来是指对以江苏省境内淮阴、淮安、海洲（今连云港）为中心的战役。中央军委见我军兵力少于敌军，打算从中原战场上抽出少部兵力渡江南下，以调离中原战场上的国民党主力部队，削弱淮海战役上的敌人实力。华东野战军代司令粟裕认为此举并不一定能达到调动敌人的目的，反而减少中原战场上的我方兵力；而由于辽沈战役的胜利，中原野战军攻击郑徐线，与华东野战军配合作战，完全可能将淮海战役打大一点。所以，他三次致电党中央，建议中原战场的兵力不南下，集中打以徐州为中心的大淮海战役。毛泽东认为这一建议很好，完全采纳。

毛泽东对因受错误路线影响批评过他的战友，从不计较个人恩怨，一样地信任如故，予以重用。1931年4月，六届四中全会后的中央派出由任弼时、王稼祥、顾作霖组成的中央代表团到达中央根据地，参与苏区中央局的领导工作，在支持毛泽东、朱德的同时，也执行了"左"的政策。11月1日至5日，中央代表团根据临时中央的指示，在江西瑞金叶坪主持召开苏区党的第一次代表大会（即赣南会议），批评苏区前三次反"围剿"中的战略战术"没有完全脱离游击主义的传统"，忽视"阵地战""街市战"；犯了"狭隘的经验论"的错误。主持会议的中央代表团中的任弼时是六届四中全会补选的中央政治局委员，是代表团主要负责人，也是这次会议的主要主持人。1930年5月，毛泽东写了《调查工作》（即《反对本本主义》）一文，提出"没有调查，没有发言权"的论断，任弼时认为反对"本本主义"，就是不重视理论，忽视马克思列宁主义的理论教育，会议批评虽然没有点名，指责的"狭隘经验论"实际上是对毛泽东而言的；其他批评的内容都是讲战争，也非常明显是针对毛泽东及和他意见相同的领导人。这是毛泽东领导红军取得三次反"围剿"胜利后第一次受批评。由于他的红一方面军前委书记职务随着第二次反"围剿"前夕前委机构的消失而消失，仅仅是中革军委副主席的毛泽东，自这次受到批评后说话不灵了。加上以后"宁都会议"对他进行从未有过的点名批评，失去了对第四、五次反"围剿"的领导权，处于长达近3年"靠边站"的状态。毛泽东深知这次批评主要是任弼时主持的，但对任弼时并不耿耿于怀，在 1944 年断断续续开了长达 11 个月之久（1944 年 5 月 21 日至 1945 年 4 月 20 日）的中共中央扩大的六届七中全会上，毛泽东安排任弼时主持，起草了对中共二十四年错综复杂的党内斗争作结论的，经党的七大通过的长达 3 万字的《关于若干历史问题的决议》。在 1945 年 6 月 19 日的中共中央七届一中全会上，将他选为中央书记处五个成员之一，政治局委员、中共中央秘书长。1949 年 4 月，毛泽东给正在玉泉山治病的任弼时送去一缸金鱼，11 月，他致电斯大林，安排他去苏联治疗，并在任赴苏前和毛访苏期间两次看望他。1950 年 10 月 27 日，任弼时去世，毛泽东亲自题词"任弼时同志的革命精神永垂不朽"题碑，还亲自看着他入殓，给他覆盖党旗，亲自扶柩送战友。

毛泽东说："犯错的人，除了极少数坚持错误，屡教不改的以外，大多数是可以改正的。正如得过伤寒病的可以免疫一样，犯过错误的人，只要善于从错误中取得教训，也可以少犯错误"[1]。毛泽东一贯主张"打破金要足赤、人要完人的形而上学错误思想"[2]，一直认为人无完人，金无足赤，对有过错误的人也应信任。井冈山的袁文才、王佐两个头目，虽然在领导自己的绿林"吊羊"时打富不打贫，吊来的财物也确实接济过贫苦人，但也有供自己吃喝玩乐的旧习，其同伙人也有嫖赌和抽大烟的劣迹。毛泽东却能坚信他们革命的一面，第一次见袁、王就给枪。对王佐这位党外人士也一样，派党代表何长工帮助他克服困难，改造部队，何在得知王对七县民团总指挥尹道一（杀了他的侄女）有深仇大恨后，为他处决了这位仇人，王佐从此更加从内心上拥护和热爱红军；毛泽东还将王佐发展为共产党员，任他为副团长、团长、边防委员会主任。王佐不仅为红军筹款筹粮，还为红军办起了造币厂、红军医院、修械厂、被

---

① 《毛泽东文集》第七卷，人民出版社 1999 年版，第 40 页。
② 《建国以来毛泽东文稿》第 13 册，中央文献出版社 1998 年版，第 477 页。

服厂、公卖处，为红军解决了燃眉之急的供养。这两支武装除极少数恶习严重的予以清除外，极大部分老绿林都改造成为合格的红军战士，还组织其中原来抽大烟的人，利用抽大烟的"特长"，编成侦察队，化装成烟客，深入白区的烟馆搜集情报，为红军提供了很多难以得到的情报。

毛泽东对干部在工作上遇到阻力甚至遭受莫须有的指责、打击时，或者是对党外人士的工作遇到困难时，予以及时的支持，在个人生活上遇到的困难给以及时的关心和解决，这也是一种极大的信任。毛泽东在刘少奇的白区工作受到不应有的指责时，为他肯定、赞赏、支持；对他的老战友、老搭档周恩来不仅在他蒙受"脱党"之冤时予以辟谣，并在工作上无限信任、支持外，而且在生活上也是无微不至地关怀，直至晚年也一样如此。1974年，毛泽东原先坐的沙发又硬又笨，还不透气，长时间坐着不动，使他身上长起了褥疮。工作人员又另外给他设计了一种钻了很多蜂窝形小孔的海绵坐垫沙发。毛泽东非常满意，还特意叫工作人员给周恩来安排做了一个同样的沙发送过去。毛泽东的院子里种了一点草莓，毛泽东很喜欢吃。每当草莓成熟时，总是让工作人员给周恩来送点。当年6月，周恩来因患癌症支持不住，不得不住进305医院时，毛泽东亲自审阅有关周恩来的病情报告，当他动了白内障手术后，还是叫工作人员给他读周恩来的病情报告。1975年3月，毛泽东在杭州阅读了周恩来亲自写的病情报告后，要张玉凤给周恩来打电话，转告他的关于"很惦记总理，有几天睡不好觉"的亲切关怀。1941年陕西省米脂县参议会议长李鼎铭先生在陕甘宁边区第二届参议会上提出了一个关于"精兵简政"的提案，有人认为是党外人士提的，不予重视，毛泽东不但采纳了他的意见，解决了当时各抗日根据地"兵多水少"的困难，并将李鼎铭选为陕甘宁边区副主席，还将此事写在《为人民服务》文章中，支持和调动了党外民主人士参政议政的积极性。《救国军歌》《二月里来》等流传很广的著名歌曲作者塞克，1938 年来到延安，毛泽东邀请他谈话，由于毛泽东住处有岗哨，他谢绝参加，毛泽东竟为此拆除岗哨让他到会。1941 年，他被委任为延安青年艺术剧院院长。有一次塞克要开演出总结大会，由于党支部也开会，影响总结大会一个人也没有参加。塞克马上赶到支部大会与主持人冯文彬差点打起来。他以后写信给毛泽东，汇报了这一情况，并责问："党的负责人对这个问题怎么看，我要不要工作呢？这样我怎么工作？"毛泽东看了信以后，马上通知塞克谈心，对他说："哪有队伍被别人拉走了，司令员还不知道的事呢？我本来就跟凯丰说过，青年艺术剧院的党要公开"。其实，这个剧院一百多人，除院长等三人外，其他都是共产党员。以后，由于毛泽东亲自打招呼，该院党组织负责人，对党内一些重大活动，凡能让院长知道的都告诉塞克院长，塞克也好工作了。他自己也对此感到是个信任，政治上更加进步。毛泽东提议，经中央批准，他作为唯一一位非党干部，进入中央党校学习。

用人务管

毛泽东说："对路线问题、原则问题，我是抓住不放的，重大原则问题，我是不让步的"[1]，"什么伟大谦虚，在原则性问题上，从来没有客气过。"[2]毛泽东一贯坚持党要管党，党管干部。对广大干部和共产党员，坚持奖惩分明，对犯错误的干部必须从与人为善和团结的愿望出发，通过批评和自我批评，达到坚持真理，纠正错误，增强团结的目的。对于

---

[1] 《建国以来毛泽东文稿》第 13 册，中央文献出版社 1998 年版，第 246 页。
[2] 《毛泽东传（1949—1976）》上卷，中央文献出版社 2003 年版，第 158 页。

触及纪律和法律的，从不护短，从不姑息迁就，刚正不阿，从严依纪依法处理。

毛泽东 1927 年处决投敌的陈皓，是毛泽东参加革命以来第一次没有通过法律手段决定枪决的人，也是最后一次。当时上井冈山还不到两个月，法律机构还没建。这不是毛泽东好杀人，他从不随便杀人。在三湾改编时，就说了不愿革命的可以走，还发钱，留下的都是自愿，凡是自愿离队的也可以，但不能持枪带人叛变呀。这是秋收起义部队剩下的两个卢德铭警卫团的正规营，这两个营被带走了，毛泽东手里的实力只剩下袁、王的地方武装了。当时部队虽经三湾改编，思想还很不稳固，旧军队习气很浓，不这样处理，要是再来一次，毛泽东不是"光杆司令"了吗？这次横心杀陈，挽救红军，也是逼得他不得不为之。

对林彪，毛泽东一直怀有很高的期望值，破例地用党章形式确定了他的接班人地位。1969 年，他不通过毛泽东，单独向全军下了"紧急"战备令，这是"枪指挥党"和篡党夺权的一次演习。毛泽东的慧眼识破了他的这一阴谋，确保了党指挥枪的原则顺利执行。这件事可以看出林彪并非理想接班人，若是真让他篡党夺权，全党全军必然乱阵遭殃。

20 世纪 50 年代，全国"三反"运动中，因处死刑的贪污分子 42 人（内有杀人犯 4 人），死缓 9 人，从毛泽东对处死天津时任和前任地委书记张子善、刘青山大贪污犯的讲话中，可以看出毛泽东对违背法纪的干部无论功劳多大，地位多高，严惩不贷，无疑是对的，正如他自己所说，"只有处决他们，才可能挽救二十个、二百个、二千个、二万个犯有各种不同程度的错误的干部"①。

1937 年 10 月 11 日，陕甘宁边区高等法院审判处枪杀女友刘茜，且

---

① 《毛泽东传（1949—1976）》上卷，中央文献出版社 2003 年版，第 218 页。

有战功的黄克功死刑，毛泽东于 10 月 10 日给该院院长雷经夫的信予以高度肯定，说对"如此卑鄙的、残忍的，失掉党的立场的，失掉革命立场的，失掉人的立场的行为，如为赦免，便无以教育党，无以教育红军，无以教育革命者"。①

以上写的四方面，是笔者学习毛泽东在人才建设上所作的肤浅心得。其实，毛泽东在这方面的绝招还不只这些。

毛泽东还有一手就是重视年轻干部、党外干部、少数民族干部的培养。特别是对年轻干部的培养，在长期革命战争期间，培养出来的党的八大选出的四位副主席，一位总书记和原来的野战军四位司令员 9 个干部中，比他自己年纪小的就有 7 个，他们是：刘少奇比他小 4 岁，周恩来、彭德怀比他小 5 岁，陈毅小 8 岁，邓小平小 11 岁，陈云小 12 岁，林彪小 14 岁。

陈云说："毛泽东一个无可比拟的功绩，是培养了一代人"的话，在培养群众领袖和年轻干部上的功绩最为突出，集中体现在对邓小平的培养上。

邓小平，既是第一代中央领导集体的成员，又是中央第二代领导集体的核心。他于 1904 年出生于四川省广安县，1919 年考入重庆留法勤工俭学预备学校，1920 年赴法勤工俭学，1921 年加入旅欧中国少年共产党，1924 年转为中共党员，1926 年年底从苏联回国，"八七"会议后任中央秘书长，1929 年 12 月 11 日，他领导在共产党影响下的广西警备第四大队、教导总队和右江农军举行百色起义，建立了红七军；1930 年 2 月，他又领导在共产党影响下的广西警备第 5 大队举行龙州起义，成立红军第八军。创建了左、右江革命根据地，拥有红军达 8000 人。不久，红 8 军被

① 《毛泽东年谱（1893—1949）》（修订本）中卷，中央文献出版社 2003 年版，第 31 页。

国民党军打败，左江根据地丧失，红8军余部编入红7军。1931年2月，红七军占领江西崇义县，邓小平赴上海向中共中央汇报了红七军工作。这时，红七军进入江西兴国县，与朱、毛红军会师。

当年夏天，邓小平奉派进入苏区工作，担任瑞金县委书记。9月28日，在瑞金叶坪村外，向毛泽东汇报了瑞金县的工作。毛泽东对他的汇报非常满意，第一次感到他精明能干。1932年2月，他被任为会（昌）、寻（乌）、安（远）中心县委书记，1933年3月，任中共江西省委宣传部长。由于支持毛泽东的正确主张，抵制了王明"左"倾错误，与毛泽覃、谢维俊、古柏一起，遭受了错误的批判和打击，被扣上了"罗明路线"在江西的"创造者""反党的派别和小组织的领袖"等罪名，撤销了中共江西省委宣传部长的职务，给予党内"严重警告"处分，贬到安乐县的南村区委当巡视员。他的妻子金维映与他离了婚。毛泽东对他们4人因支持正确路线而挨整表示了深切的同情。1933年5月，时任红军总政治部主任的王稼祥提议，将邓小平调任政治部秘书长，两三个月后，调任政治部宣传部作干事，主编红军军事委员会机关报《红星报》，为当时红军指战员的政治思想工作作出了较好的贡献，使《红星报》被称为"党的工作指导员"。1934年年底的黎平会议上，毛泽东有了发言权，邓小平被任为中共中央秘书长，遵义会议上担任记录；1935年6、7月间，任红一军团政治部宣传部长；1937年1月，接替朱瑞任红一军团政治部主任；1937年7月，任中国工农红军前敌委员会总政治部副主任；合作抗日后，任国民军八路军政治部副主任。1938年1月任129师政治委员（当时八路军辖三个师，还有120、115师），与刘伯承一起逐步建立和发展了以太行山为中心的抗日根据地。1945年8月25日，正是毛泽东赴重庆谈判前，把直接影响谈判成败的上党战役交给邓小平和刘伯承，对他们说："你们回到前方去，放手打就是了，不要担心我在重庆的安全问题。你们打得越好，我越安全，谈得越好，别的法子没有。"①邓小平和刘伯承果然不负重托，夺取了上党战役的重大胜利，有力地配合了毛泽东在重庆的谈判斗争。1949 年夏，为了牵制敌人对陕北和山东战场兵员的增加，毛泽东命令刘邓大军千里跃进大别山。1948 年 11 月 4 日，毛泽东决定成立以邓小平为首的淮海战役总前委，把由中原野战军和华东野战军联合担负的战役指挥权交给邓小平。建国后，邓小平担任把守西南边陲的中央西南局书记。1951 年 9 月 3 日，从四川考察后的梁漱溟先生向毛泽东讲了邓小平年轻、能干、治政有方，印象深刻。毛泽东说："梁先生看得蛮准，无论政治还是军事，论文论武，邓小平都是一把好手"②，1952 年 7 月，邓小平被推荐为政务院副总理兼财经委员会副主任。1954 年，邓小平任中共中央秘书长。1955 年 4 月，毛泽东提名中共七届五中全会将邓小平选为中央政治局委员。1956 年 9 月 13 日，毛泽东以邓小平"比较公道，比较有才干，比较能办事"，"比较周到"，"是个厚道人，使人不那么怕"，"比较顾全大局"，"犯了错误对自己很严格"为由，在中共七届七中全会第三次会议上，推荐他为中共中央总书记候选人，成为由毛泽东、刘少奇、周恩来、朱德、陈云、邓小平组成的党和国家第一代领导集体中年轻的一员。1957 年，毛泽东在莫斯科，把与赫鲁晓夫会谈的任务交给邓小平。1959 年 4 月 5 日在上海的八届七中全会上，强调权力集中中央政治局常委会和书记处时，风趣地说："我为正帅，邓小平为副帅。""邓小平，你挂帅了，一朝权在手，便把令来行，你敢不

---

① 《毛泽东年谱（1893—1949）》（修订本）上卷，中央文献出版社 2013 年版，第 13 页。

② 《毛泽东年谱（1949—1976）》（修订本）下卷，中央文献出版社 2013 年版，第 392 页。

敢呀"①。1963 年 7 月,毛泽东两次点将要邓小平为团长,赴莫斯科会谈,有理有节地回击了苏共领导集团对中共的诽谤。1966 年,邓小平第二次被打倒,毛泽东称赞邓小平"政治思想强,人才难得";1973 年 12 月 14 日同部分政治局成员谈话时说:"现在请了一个军师,叫邓小平。发个通知,当政治局委员,军委委员",使他再崛起。1974 年 4 月,毛泽东派邓小平代表中国政府出席联合国大会第六届特别会议,首次向全世界阐述毛泽东关于三个世界划分的战略思想。以后,邓小平先后任中共中央副主席、国务院副总理、中共中央军委副主席兼中央人民解放军总参谋长。邓小平最后一次落马时,毛泽东病已沉重,对他仍留有希望,保留其党籍,托付汪东兴加以保护。毛泽东对邓小平不仅在政治、军事和政府工作是一贯支持、保护和信任,委以重任,而且生活上也是无微不至地关怀。1939 年 9 月,邓小平与卓琳同志的婚礼,也是在延安杨家岭毛泽东住的窑洞前举行的。他当时是从太行山回延安参加中央政治局扩大会议的,毛泽东和他的战友共同为他操办了这件婚事。

从以上可以看出,邓小平这位年轻的"群众领袖"的成长,是与毛泽东对他的重视、培育和重用有关。邓小平自己也是这样体会的。他说:"毛泽东思想培育了我们整整一代人,我们在座的同志,可以说都是毛泽东思想教导出来的"②。这句话很明显,邓小平自己也承认是毛泽东思想教导出来的,他是较早接受和信仰毛泽东思想之一的人,在中央苏区其所以被打成"罗明路线"在江西的"创造者",正是由于他当时积极支持和拥护毛泽东一切从实际情况出发的毛泽东军事路线而引起的。1943 年 11 月,时任代理北方局书记的邓小平在北方局党校作的一次整风动员报

---

① 《毛泽东年谱(1949—1976)》(修订本)下卷,中央文献出版社 2013 年版,第 8 页。

② 《邓小平文选》第一卷,人民出版社 1983 年版,第 138、139 页。

告中就把毛泽东思想说成中国化的马克思主义，他深有体会地说："遵义会议之后，在以毛泽东为首的党中央领导之下，彻底克服了党内'左'、右倾机会主义，一扫主观主义、宗派主义和党八股的气氛，把党的事业完全放在中国化的马克思主义、毛泽东思想的指引之下，直到现在已经九年的时间，不但没有犯过错误，而且一直是胜利地发展着……我们回忆起过去机会主义领导下的惨痛教训，每个同志都感觉到这几年是幸福的"；"现在我们有了这样好的党中央，有了这样英明的领导毛泽东同志，对于我们太重要了"。他以后为中国人民作的伟大成就可以说基本上与深受毛泽东思想影响有关。

八、孔明之"明"与康熙之"神"

毛泽东说孔明处理民族关系"高明"，康熙的统一战线有"神奇效果"。他自己更会处理民族问题。"三大法宝"的提法来自《封神演义》，他是做统一战线工作的能手。他选择的"民族区域自治"比"民族自决"好得多。他亲自作过张学良、杨虎城的统战工作，促成了国共合作抗日；由于他善于处理民族问题和与党外合作，使我们这个全世界人口最多的多民族国家呈现出了空前大团结、大统一的盛况。

[评注原文]

诸葛亮会处理民族关系，他的民族政策比较好。获得了少数民族的拥护。

这是诸葛亮的高明处。

——《毛泽东与影响他的历史人物》，中共中央党校出版社2009年版，第51页。

清朝开始几位皇帝都很有本事，尤其是康熙皇帝。康熙皇帝的头一个伟大贡献是打下了今天我们国家所拥有的这块领土……康熙皇帝的第二个伟大贡献是他的统一战线政策。满族进关时，兵力只有5万多，加上家属也不过20万，以这样少的人口去统治那么一个大国，占领那么大的领土，管理那么多人口，矛盾非常突出。康熙皇帝便发明了这个统一战线，先团结蒙古族和其他少数民族，后来又团结了汉族的上层人士。他还全面学习和继承当时比满文化先进得多的汉文化。他尊孔崇儒，在官吏的设置上，凡高级官员都是一满一汉，大学士、尚书、侍郎、军机都是如此。这样，康熙皇帝便非常成功地克服了满族官员少的困难，真正达到了以一顶百的神奇效果。康熙皇帝的第三个了不起的地方是他有奖罚分明的用人制度。

——《巨人的情怀——毛泽东与中国作家》，中共中央党校出版社1995年版，第38页。

[故事背景]

刘备死后，诸葛亮扶后主刘禅执政。建兴三年（公元 211 年），云南的蛮王孟获率兵犯境。孔明向后主禀报了此一情况后，自愿率领大军前去征讨。后主同意后，孔明率军向南进发，大战南蛮孟获。孟获先后七次被孔明所抓。前六次孟获不服，孔明每次都将他放了，每次都热情以待，有时还赐以酒食和鞍马，有时还领他参观军营。第七次擒孟获后，孔明亲自解其绑，并用美酒好菜招待，再问他服不服时，孟获终于受感垂泪，诚服地说："我七次冒犯，都被丞相所擒，每一次都蒙丞相释放恩待，可见丞相果有奇才和宽宏大量的风度，现在可谓五体诚服，不敢再犯了，任丞相怎么处置，我都接受，不敢有违。"孔明见孟获已经内心诚服，仍封他为南王，将所占之地一一退回给他，蜀军不留一官一兵，全部回师北上，让孟获继续管辖南蛮之地。长史费祎进谏要留人与孟一同守南中，孔明说："留外人则必留兵，兵无所食，一不易也；蛮人伤破，父兄死亡，留外人而不留兵，必成祸患，二不易也；蛮人累有废杀之罪，自有嫌疑，留外人终不相信，三不易也。今吾不留人，不运粮，与相安于无事而已"。众人尽服。孟获从此再也不造反了，南蛮之乱因而平息。

康熙帝（1654—1722），爱新觉罗氏，名玄烨，世祖第三子，清朝皇帝，年号康熙。登基时 8 岁，由索尼、苏克萨哈、遏必隆、鳌拜共辅政。康熙六年（时 14 岁）亲政后，于八年暗结侍卫索额图等制服专擅朝政的鳌拜，夺回大权。继下令削藩，康熙二十年平定三藩之乱。两年后又攻灭台湾郑氏政权，并驻兵屯守，备御西方殖民者的侵略。他两次发起雅克萨反击战，沉重打击了沙俄侵略势力，于二十八年派索额图、佟国纲与沙俄订立《尼布楚条约》，确定中俄之间东段边界；平定准噶尔部噶尔丹叛乱，巩固了国家统一；在位期间重视农业，奖励垦荒，停止圈地，准许壮丁"出旗为民"；任用靳辅、陈潢治理黄河，减轻水患，保证大运河的畅通；进行全国性土地测量，完成《皇舆全览图》的绘测；开博学鸿词科、明史馆，编纂《古今图书集成》《全唐诗》《佩文韵府》《康熙字典》等书。他一生苦研儒学，提倡程朱，同时兴文字狱，镇压反清思想。康熙五十一年颁布法令，规定人丁税据户籍册上现有人口数为准，借滋生人丁永不加赋，以保证赋税收入。他对统一战线的贡献在毛泽东的评注原文中已表明。他在位六十一年，死后庙号圣祖。

[实践纪事]

毛泽东在读《诸葛亮传》时，于裴松之引《汉晋春秋》一段记载七擒七纵少数民族首领孟获和平定云南后应用当地官吏管理南中事迹旁加了很多圈，批曰："这是孔明的高明处"。

1960 年 4 月全国人大二届二次会议休息时，与著名作家舒舍予（即老舍，满族人）的谈话中，谈了康熙皇帝有三大贡献，把统一战线作为他第二个伟大贡献，使老舍大为惊讶。毛泽东谈的康熙统一战线工作的具体内容，全是处理民族关系，并说他处理这方面关系起到了以一项百的神奇效果。

毛泽东认为孔明在这方面之"明"，康熙在这方面之"神"，充分表明他非常重视处理民族关系和统一战线工作。他之所以把统一战线说成我党的三大法宝之一，在建国体制上坚持党领导下的多党合作政治协商和民族区域自治制度，促进多民族和人口最多的新中国呈现空前大统一（除港澳台外）大团结和政令大畅通的盛况，无疑与对孔明之"明"和康熙之"神"的评注有关。

毛泽东善于处理民族关系

中国是一个拥有 56 个民族的多民族国家。民族问题是中国历史长河中为很多领导人头痛过的难题，民族之间的矛盾一直是多少朝代难以解决的问题。民族问题实际上是处于占人口多数的汉族和其他少数民族的关系问题。55 个少数民族主要是聚居和杂居在内蒙古、新疆、西藏、广西、宁夏、云南、贵州、四川、青海、吉林、甘肃、湖南等省区。解放初期，全国少数民族人口约 2800 万人，约占全国总人口 6% 左右，但分布的地区很广，占到全国总面积的 50%—60%。旧中国，各少数民族和汉族共同遭受帝国主义、封建主义和官僚资本主义的压迫和剥削，少数民族还不同程度地受到大民族主义的歧视和欺压，使少数民族和汉族之间存在着很深的隔阂，有的少数民族对政府抱有疑虑，甚至还有对立情绪，这就决定了民族工作的复杂性和艰巨性。

毛泽东根据马克思主义关于民族问题的原理，结合中国的国情，制定了一整套正确的富有远见的民族政策，即民族平等和民族团结的政策。尤其着重反对汉民族中的"大汉族主义"倾向，同时在少数民族中，反对民族分裂主义和狭隘的地方民族主义倾向。废除了中国反动统治者实行的民族歧视和民族压迫的政策。在革命战争年代，军队对少数民族的基本群众动口不动武，进驻少数民族地区时，不侵扰老百姓，不增加人民负担，不摧毁少数民族信奉的宗教，不改变少数民族的风俗习惯。新中国成立后，对少数民族聚居的地区实行"民族自决"，还是"民族自治"，是当时一个十分重要的问题。列宁和孙中山也提过"民族自决"的口号，中国共产党在国民党反动统治时期，也赞同过这个口号。随着全国解放的新形势，毛泽东早在新政协筹备期间，就这个问题征求了在民族事务上有一定经验的李维汉的意见，根据我国少数民族人口只占全国总人口 6%，和当年 7 月 9 日已有英、美帝国主义对西藏进行挑拨、分化的实际情况，高瞻远瞩地决定实行"民族区域自治"，而不实行"民族自决"的联邦制。1949 年 9 月 7 日，周恩来根据毛泽东的意见，为实行"民族自治"制度的问题，征询政协代表意见时说："任何民族都是有自决权的，这是毫无疑问的事。但是，今天帝国主义者又想分裂我们的西藏、台湾甚至新疆，在这种情况下，我们希望各民族不要听帝国主义者的挑拨，为了这一点，我们国家的名称，叫中华人民共和国，而不叫联邦。""我们虽然不是联邦，但却主张民族区域自治，行使民族自治的权力。"[①] 通过讨论，政协委员一致同意周恩来转达毛泽东的这一意见，在 9 月 29 日，通过的《共同纲领》明确规定："各少数民族聚居的地方，应实行民族的区域自治，按照各民族聚居的人口多少和区域大小，分别建立各种民族自治机关。"今天，经过几十年历史检验，更加证明毛泽东这个预见和决策的极端重要性和正确性。民族区域自治这一不可动摇的制度，对于维护国家统一，民族团结，社会稳定，经济发展，具有不可估量的意义。

为了保证各民族之间的团结，毛泽东非常重视培养和吸收大批能够与共产党合作的少数民族干部参加各级人民政府。他在 1949 年 11 月 14 日，给彭德怀和西北局的电报中指出："在一切工作中，坚持民族平等和民族团结政策外，各级政权机关均应按各民族人口多少，分配名额，大量吸收回族及其他少数民族能够和我们合作的人士参加政府工作。在目前应一律组织联合政府，即统一战线政府。在这种合作中大批培养少数民族干部。"他进一步指出："要彻底解决民族问题，完全孤立民族反动

---

① 《周恩来统一战线文选》，人民出版社 1984 年版，第 139、140 页。

派，没有大批少数民族出身的共产主义干部，是不可能的。"①1951年2月，中共中央政治局扩大会议作出决议，把推行民族区域自治和训练少数民族自己的干部，作为党在少数民族中进行的两项中心工作。据此，中央人民政府在北京建立中央民族学院，作为培养少数民族干部的基地，还在西北、西南、中南设中央民族学院分院八所，加上普通开办的民族干部训练班和民族干部学校，到1954年年底，共有毕业学生1.1万多名，这批学生先后成为少数民族干部队伍中的重要骨干。通过实际工作锻炼和短期训练等办法，到1954年，全国少数民族干部的队伍已有14万人。

新疆和西藏这两区面积占全国陆地总面积近三分之一，又是中国重要边陲的少数民族地区。毛泽东一直把这两个地区作为处理民族问题的重点。他要求进驻这些地区的部队和工作人员，恪守民族政策和宗教政策。并一再强调，军队进驻这些地区，不得侵扰老百姓，一切军需物质，包括粮食在内均由中央供给，不增加少数民族人民的负担。这些政策的实施，一开始就在少数民族的群众中留下很好的印象。人民解放军第一野战军由于实施这些政策，于1949年9月26日顺利地和平解放了新疆。1950年6月，西南局根据中共中央和毛泽东批准的意见，除同样实施这些政策外，向西藏地区提出包括驱逐英美帝国主义势力出西藏，西藏人民回到中华人民共和国祖国大家庭；实行西藏民族区域自治；西藏现行各种政治制度和达赖地位、职权不予变更；实行宗教自由；中国人民解放军进入西藏，巩固国防等十项政策，作为谈判的基本条件。但西藏地方当局中的反动势力，在帝国主义怂恿支持下，不但拒绝谈判，反而害死斡旋和平的格达活佛，在昌都及其周围地区部署兵力，企图凭借金沙江天险和高原特殊艰苦的自然条件，阻止人民解放军渡江西进。毛泽东和军

①《毛泽东传（1949—1976）》上卷，中央文献出版社2003年版，第24页。

委针对此一情况，为了打击西藏上层集团的分裂势力，促进谈判早日进行，争取西藏和平解放，部署进藏部队发起了昌都战役。在人民解放军强大攻势下，西藏地方政府噶伦，昌都总管阿沛·阿旺晋美毅然命令所部放下武器，向解放军投诚。昌都的解放，给西藏上层反动分裂势力以沉重打击，并打开了人民解放军进军西藏的门户，为和平解放西藏问题铺平了道路。1951 年 4 月，以阿沛·阿旺晋美为首的西藏地方政府代表团到达北京，同中央人民政府代表团进行谈判。5 月 23 日，双方签订了《中央人民政府和西藏地方政府关于和平解放西藏办法的协议》。从此，西藏和平解放。西藏由于历史的原因，不仅存在着汉藏之间的隔阂，还存在着西藏内部的不和。第二天，毛泽东说："把达赖喇嘛所领导的力量与班禅额尔德尼所领导的力量与中央人民政府之间，都团结起来了。这是中国人民打倒了帝国主义及国内反动统治以后才达到的"①。1951 年 10 月 26 日，人民解放军进驻拉萨时，西藏政府官员、三大寺活佛以及各族各界僧俗群众两万多人夹道热烈欢迎。西藏地方政府噶伦致欢迎词说："过去，无论是清朝的军队，美国的军队，国民党的军队来到西藏时，我们都没有欢迎过，唯有这次人民解放军到拉萨，我们热烈欢迎，因为解放军是人民的军队。"

对这两块少数民族聚居的辽阔地区，毛泽东和他的战友们还采取了若干特殊扶持政策。比如，对新疆这块人少地多资源丰富的广阔土地，依靠人民解放军，在那里建立了相当省级编制的新疆建设兵团，在协助维吾尔族人民共同保卫边疆的同时，还开发了有史以来没有开发的大荒地，使千古荒地变成粮畜兴旺、工业发达、交通成网、高楼林立的富饶天堂。又如对西藏，几十年来，由内地轮流派出干部、教师和科技人员，

---

① 《毛泽东传（1949—1976）》上卷，中央文献出版社 2003 年版，第 25 页。

带着资金、技术，在那里帮助从奴隶制下刚刚解放出来的藏族农奴改变落后面貌，摆脱贫困处境，逐步走上幸福生活。近年来，对新疆也安排了 14 个省的干部带资金、技术去进行对口帮助，促进那里的各项建设。

在处理民族问题上，毛泽东还非常注意争取和团结少数民族的上层人士。

团结藏族上层人士及其主要代表人物，对于团结整个藏族人民至关重要。毛泽东就亲自做过达赖和班禅的工作，或者通信，或者面谈。和平解放西藏协议签订后，以达扎摄政为首的亲帝国主义分子，将达赖喇嘛挟持到亚东，阴谋把他带到国外，反对和平解放西藏。毛泽东派张经武代表中央人民政府说服达赖喇嘛回拉萨，拥护和平解放西藏的协议。1955 年 3 月上旬的一天晚上 11 点多钟，已经穿着睡衣准备睡觉的毛泽东，得知时任全国人大常委会副委员长的达赖喇嘛丹增嘉措回西藏前想再见一次他时，毛泽东立即起身，连衣服也没换，便去看望达赖。毛泽东和达赖亲切握手后，说副委员长明天走，理应为他送行。并问他这么晚来打扰，没有影响诵经和休息吧？达赖说："毛主席，真对不起，太打扰你了，毛主席这样关心我爱护我！"达赖说着，眼睛湿润了。他回拉萨后，以"毛泽东颂"为题，写了歌颂毛泽东的组诗。后来，达赖集团虽然叛国，但达赖在国外几十年从未说过毛泽东的坏话，毛泽东努力团结西藏上层人士的政策，始终未变。阿沛·阿旺晋美一直是国家领导人，西藏自治区主席一直是藏族人担任。

1949 年 9 月 15 日，毛泽东邀请维吾尔族特邀代表团团长、伪新疆省政府教育厅厅长赛福鼎，率领新疆代表团来北平，参加全国政协第一次会议。9 月 16 日晚，毛泽东利用在怀仁堂看戏的机会，专门来到第一排中间看望他。第二天，又在中南海接见厅专门接见了新疆代表团。10 月 22 日下午，赛福鼎利用毛泽东在中南海专门接见的机会，向毛泽东递上了入党申请书，提出了入党的要求。10月23日，周恩来在机场送赛福鼎时，向他转达了毛泽东批准他入党的消息，赛福鼎激动得流下热泪。

毛泽东对贵州布依族女匪首程莲珍的处理，具有诸葛亮七擒七纵孟获的色彩。她狡诈多变，行动敏捷，枪法精准，作恶多端，民愤很大，直到1956年才落网。当年8月，西南军区李达参谋长，向毛泽东汇报了程匪案，并反映了要求杀她的民意。毛泽东不同意杀，他说："好不容易出了个女匪首，又是少数民族，杀了岂不可惜？""人家诸葛亮对孟获七擒七纵，我们擒了一个程莲珍，为什么就不敢来个八擒八纵？连两擒两纵也不行？总之，不能一擒就杀。"李达回去向贵州军区主要负责同志传达毛泽东这一指示后，谈了自己的体会："毛主席高瞻远瞩，使人深受启发，我们是共产党人，比起诸葛亮，应该有更广阔的胸怀，贵州的剿匪斗争虽然已是尾声，但是工作更加复杂，这就更要注意政策。这才有利于尽快消除隐患，争取一切可以争取的人。"贵州军区遵照毛泽东的指示，释放了程莲珍，人称放了个女"孟获"，她以后果然在清匪中发挥了特有的作用，自己也走上了自食其力的新生之路。

毛泽东还特别注意做好满族上层人士、末代皇帝溥仪的团结工作。1961年下半年的一天，毛泽东在中南海丰泽园寓所，以家乡菜宴请溥仪和四位家乡故旧章士钊、程潜、仇鳌、王季范。饭后，还与五位客人合影留念。1964年2月13日，毛泽东听说溥仪生活不太好，每月只有180多元薪水，于是就拿了点稿费让章士钊给他改善生活。1950年8月10日，毛泽东任溥仪的七叔、清朝宣统军咨府大臣、禁卫军训练大臣载涛为中国人民解放军炮兵司令部马政局顾问。毛泽东听说载涛的房子坏了，没有钱修，从他稿费中拿了两千元给他修房。1954年得知溥仪的三妹金蕊秀在北京做街道工作，任卫生组长、居民组长和治保委员，认为她进步，便由周恩来出面，将她安排为北京市东城区政协委员。

毛泽东是统一战线能手

从毛泽东把康熙皇帝善于处理民族关系的事说成是他的统一战线政策，充分表明处理民族关系是我党很重要的统一战线工作。国家在有少数民族聚居和杂居的地区，设立了民族事务工作专门机构，专抓民族工作。但这不是统一战线的全部工作，毛泽东讲的统一战线工作范围更广泛，包括在共产党领导下出现的党与少数民族、其他政党、党外人士、资产阶级的关系和团结合作问题。

1939年7月9日，毛泽东向陕北公学开赴华北抗日前线的全体师生风趣地讲了中国古典小说《封神演义》里的一个故事。他说：当年姜太公下昆仑山，元始天尊赠了他杏黄旗、四不像和打神鞭三个法宝，现在你们出发上前线，我也赠你们三样法宝，这就是："统一战线、游击战争、革命中心的团结"。当年10月4日，毛泽东在《〈共产党人〉发刊词》中，将这"三样法宝"正式表达为"三个法宝"，作为中国共产党在中国革命中战胜敌人的三大历史经验。毛泽东把统一战线作为"三大法宝"之一，可见他对统一战线是非常重视的。

解放战争时期，毛泽东依靠党的统一战线政策，加强了白区的地下工作，争取和团结了一部分国民党进步人士的大力支持，和一部分国民党部队的起义，极大地促进了解放战争的进展，并使一些城市避免了战争的损失，得到和平解放。

北平的和平解放就是一个很好的例子。

傅作义在北平起义也有国民党将领邓宝珊之力，邓的统战工作就是毛泽东亲自做的。1938年5月，进驻榆林的国民党陕绥区总司令邓宝珊参加蒋介石召开的军事会议之后，取道延安返回榆林。中共中央交际处长金城向毛泽东报告了邓宝珊将军现住延安大街南尖骡马大店的消息，毛泽东要金城予以热情的欢迎和接待，请他留下住几天。金城很快面见邓宝珊，转达了毛泽东的挽留之意。毛泽东也亲自来到骡马大店，请邓宝珊到交际处吃午饭。邓宝珊在毛泽东亲自接见和热情招待下，感动不已，便盛情难却地在延安住了一个星期，参观了抗大、陕北公学，出席了为欢迎他而举行的群众集会和文艺晚会，会见在延安学习的女儿邓梅和杨虎城的儿子杨拯民，还回访了毛泽东。1943 年夏初，蒋介石又通知邓宝珊绕道宁夏去重庆，邓宝珊由于对延安有情，"偏要走延安这条路"。毛泽东乘机又指示陕甘宁边区政府热情招待邓宝珊，绥德地委书记习仲勋派杨拯民迎接邓宝珊入境，并亲自在绥德主持欢迎大会，由徐向前同志致欢迎词。6 月 17 日，几千名八路军指战员在延安郊外列队欢迎邓宝珊。当天，毛泽东又亲自设宴招待邓宝珊。当年 11 月，从西安返回榆林的邓宝珊再次路过延安。毛泽东又热情接待了他，并请邓宝珊的老朋友范续亭将军亲自出面，共同做好邓宝珊的团结和争取转化的工作。中央交际处安排邓宝珊在边区参观考察，出席劳模英雄大会，还为他组织专场文艺晚会。邓宝珊病了，毛泽东请名医李鼎铭为他治病，还安排金城将 10 张狐狸皮亲手交给他做大衣用。这样一来，邓宝珊大受感动，对共产党产生了浓厚的感情。抗日胜利后，蒋介石发起内战，他虽身在"曹"，心却思"蜀"。1948 年 12 月 28 日，正是平津战役进入决战的阶段，陷入困境的傅作义听说邓宝珊与共产党的关系好，便请他来北平，向他求计。邓向傅坦言："毁北平古城则为中华民族千古罪人。"劝他选择和平起义的道路。1949 年 1 月初，邓作为傅的全权代表与解放军平津前线司令部代表谈判，签署了《关于和平解决北平问题的协议》。傅作义宣布和平起义。1 月 31 日，北平和平解放。

新中国成立后，毛泽东又非常重视处于执政地位的党的统一战线工作。在各级人民代表和政治协商委员、各级人大常务委员和政治协商委员会常务委员、全国人大正副委员长和各级人大正副主任以及各级政治协商委员会正副主席数量中，党外人数均占相当多的比例，从中央到地方的各级政权机关的正副负责人，安排了包括起义将领在内的党外人士，使他们有职有权，并关心和照顾他们的实际困难。

1949 年 10 月 24 日，毛泽东同绥远军区的负责人谈话时，特别邀请了傅作义参加，他说："现在全国都在执行统一战线……共产党要永远与非党人士合作，这样，就不容易做坏事和发展官僚主义。苏联，也是共产党和非党合作，《真理报》说，政府干部中党员占四分之三，其他是非党干部。中国永远是党与非党的联盟，长期合作，双方要把干部当成自己的干部看，打破关门主义。关门主义过去是有的，'三怕'的说法就是证明。没有统一战线，革命不能胜利，胜利了也不能巩固。搞统一战线哪能怕麻烦，怕捣乱，怕人家吃了你的饭？切不可'叶公好龙'。长征二万五千里不是因为有统一战线，而是因为太纯洁。这次政府的名单中，共产党人和进步人士还是一半一半好，要搞五湖四海。别人在民主革命困难时期拥护共产党，为我们说过好话，帮过忙，我们胜利了不能不要人家，傅先生交出了北平，解放绥远问题就要有所不同……中国已归人民，一草一木都是人民的，任何事情我们都要负责并且管理好，不能像踢皮球那样送给别人去。国民党的一千万党、政、军人员我们也要包起来，包括绥远的在内，特务也要管好，使所有的人都有出路。"[①]1950 年 4 月 21 日，针对部分同志中间存在的关门主义偏向，毛泽东在同李维汉、徐冰的谈话中说："对民主党派要给事做，尊重他们，把他们当成自己的干部一样。要团结他们，使他们进步，帮助他们解决问题，如党派经费、

---

① 《毛泽东传（1949—1976）》上卷，中央文献出版社 2003 年版，第 17、18 页。

民主人士旅费等。华南分局陪送张治中来北京的人，一下车就问张治中要路费；聘请到东北去工作的教员，发现是民主党派分子的，就不愿意要，让他们在东北周游一下，又送回去等等，这是不公平的。资产阶级要求平等、博爱、自由，我们这样做就不是平等，不是博爱而是偏爱。手掌是肉，手背是肉，不能有厚薄。我们要解放全人类，资产阶级、地主也要帮助他们解放，改造他们。这就是博爱。"① 毛泽东把统一战线提高到解放全人类这个伟大目标的高度，展示了毛泽东的无产阶级革命家的气魄和胸怀。

在社会主义工商业改造期间，毛泽东在 1955 年 10 月 29 日和 1956 年 12 月 8 日，于全国工商联成员和代表座谈会上，作了两次重要讲话。针对有的工商业者"白天敲锣打鼓，晚上关门痛哭"的情况，毛泽东慎重宣布"定息"一定七年，到期如不能解决问题，再拖一个尾巴也可以。说"'定息'时间太短不好，赎买就真正赎买，不是欺骗的"。他对民族资产阶级的团结，主张不能只走"中小路线"，说："大资本家人少，但他们的资本大，比中小资本家作用显得大，所以'中小路线'是不对的，应该是大中小路线"。1950 年的全国政协一届二次会议，毛泽东通知中国民族资本家的大户和巨富荣毅仁参加，并几次接见他，还宴请他。荣毅仁在社会主义工商业改造中，十分痛快地交出了他所辖的工商企业。1957 年 1 月，上海市召开市人大二届一次会议时，已经担任国务院副总理的上海市前市长陈毅在会上说："这次我到上海来，毛主席交给我一个特殊任务，要我和上海市的同志们商量一下，请大家投荣毅仁一票，把他选为副市长"。

毛泽东亲自创立和制定的中国共产党统一战线和处理民族关系的理

---

① 《毛泽东传（1949—1976）》上卷，中央文献出版社 2003 年版，第 19 页。

论和政策，通过几十年来的实践证明，成功地解决了中国革命和建设中一个十分复杂而极其重要的问题，如毛泽东自己在建国十年以后所说的那样："国家的统一，人民的团结，国内各民族的团结，这是我们事业必定要胜利的保证。"

九、别做"霸王"和"傀儡"

毛泽东把《霸王别姬》剧作为民主教育的教材，他说的"非傀儡皇帝之罪"绝非傀儡当之无愧。从整体上来说，毛泽东还是善于发扬民主作风的。同时也未因片面强调民主而放弃应该坚持的对人民有利的东西。他倡导的民主集中制，既异于封建专制，又异于某些西方国家的民主自由，久行不衰。

[评注原文]

刘邦，就是汉高祖，他比较能够采纳各种不同的意见。有个知识分子名叫郦食其，去见刘邦。初一报，说是读书人，孔夫子这一派的。回答说："现在军事时期，不见儒生"。这个郦食其就发了火，他向管门房的人说："你给我滚进去报告，老子是高阳酒徒，不是儒生。"管门房的人进去照样报告了一遍。"好，请。"请了进去。刘邦正在洗脚，连忙起来欢迎。郦食其因为刘邦不见儒生的事，心中还有火，批评了刘邦一顿。他说，你究竟要不要取天下，你为什么轻视长者！这时候，郦食其已经六十多岁了，刘邦比他年轻，所以他自称长者。刘邦一听，向他道歉，立即采纳了郦食其夺取陈留县的意见。

刘邦是在封建时代被历史学家称为"豁达大度，从谏如流"的英雄人物。刘邦同项羽打了好几年仗，结果刘邦胜了，项羽败了，不是偶然的。

——《毛泽东著作选读》（下册），人民出版社1986年版，第820—821页。

汉朝的刘邦是封建皇帝里边最厉害的一个。刘敬劝他不要建都洛阳，要建都长安，他立刻就去长安。鸿沟划界，项羽引兵东退，他也想到长安休息，张良说，什么条约不条约，要进攻，他立刻听了张良的话，向东进。韩信要求封假齐王，刘邦说不行，张良踢了他一脚，他立刻改口说，他妈的，要封就封真齐王，何必要假的。

——《毛泽东晚年读书纪实》，中央文献出版社2012年版，第275页。

听说现在有一些省委、地委、县委，有这样的情况：一切事情，第一书记一个人说了就算数。这是很错误的。哪有一个人说了就算数的道理呢？我这是指的大事，不是指有了决议之后的日常工作，只要是大事，就得集体讨论，认真地听取不同的意见，认真地对于复杂的情况和不同的意见加以分析。要想到事情的几种可能性，估计情况的几个方面，好的和坏的，顺利的和困难的，可能办到的和不可能办到的。尽可能地慎重一些，周到一些。如果不是这样，就是一人称霸。这样的第一书记，应当叫做霸王，不是民主集中制的"班长"。从前有个项羽，叫做西楚霸王，他就不爱听别人的不同意见。他那里有个范增，给他出过些主意，可是项羽不听范增的话。……我们现在有些第一书记，连封建时代的刘邦都不如，倒有点像项羽。这些同志如果不改，最后要垮台的。不是有一出戏叫《霸王别姬》吗？这些同志如果总是不改，难免有一天要"别姬"就是了。（笑声）我为什么要讲得这样厉害呢？是想讲得挖苦一点，对一些同志戳得痛一点，让这些同志好好地想一想，最好有两天睡不着觉。他们如果睡得着觉，我就不高兴，因为他们还没有被戳痛。

——《毛泽东著作选读》（下册），人民出版社 1986 年版，第 820、821 页。

汉献、唐昭时，政在权臣，非傀儡皇帝之罪。

——《毛泽东读文史古籍批语集》，中央文献出版社 1993 年版，第 93 页。

[故事背景]

项羽，公元前 232 年生于江苏省宿迁县西部下相，十岁时亡父，由

叔父项梁抚育成人。项梁叔侄流浪到江苏吴中（现在的苏州，当时属
会稽郡管）时，见陈胜、吴广起义反秦，项梁命项羽杀郡守殷通，收取
八千人马，占领了会稽郡。陈胜任项梁为张楚政权（即陈胜政权）的上
柱国（即丞相），项梁兵马归属陈胜起义军。陈胜死后，刘邦来投，项
梁立楚怀王之孙熊心为楚怀王，自号武信君，为楚军首领，陈婴为上柱
国，命项羽、刘邦为领军头领。项梁战死后，项羽接管项梁所管部队。

楚汉之争初期，项羽的实力强于刘邦。他起兵比刘邦早，鸿门宴时，
项羽拥兵 40 万人，刘邦只 10 万人。刘邦分封西蜀地，项羽只准他带 3
万人。楚亡汉兴的一个很重要原因是项羽听不进人家的意见，他自称霸
王也说明他自认霸道，不如刘邦那样从谏如流。

项羽取得巨鹿大捷后，率领 20 万秦降兵向关中进军，至新安后，将
他们活埋于城南深坑。进咸阳后，杀已投降的秦王子婴及秦臣，烧毁秦
宫室，火烧咸阳三个月，收集秦宫的货宝，玩弄美女。这些事与刘邦进
咸阳时封财宝不取、见美女不迷，还与咸阳父老"约法三章"的做法形
成对比，使关中百姓亲刘怨项。在新安杀降时，范增也曾说过不同意的
话，他根本未听。韩生建议他建都咸阳，项羽却执意要建都彭城，韩生
说了他"沐猴而冠"的不满话后，项羽烹杀了他。他违背楚怀王谁先进
咸阳谁为王之约，进咸阳后，自称西楚霸王，分封十八个王，将先入咸
阳的刘邦封在边远的西蜀，对由刘邦、张良拥立的韩王封了地却不给，
并且诛杀了他。对不从他的田荣、彭越、陈余不封地，并将楚怀王杀于
郴县（今湖南郴州市）。项羽由于这样主观霸道，他的部下很多人不愿
意为他献计献策，任他胡作非为，有的因此离他而去，有的甚至跑到他
的对手刘邦那里，成为灭楚的关键人物。

韩信原是项梁起义时的无名小卒，项梁死后，作了项羽的郎中（即
侍卫）。他给项羽提过很多好建议，项羽认为他是行过乞、钻过胯的下

贱人，根本不埋。韩信见他容不得人，跟着他不能发挥才干，听说刘邦能听意见，就投奔了刘邦。刘邦则封他为大将，统帅汉军东进，征服各地诸侯，将项羽围困在垓下，逼其自刎乌江。

陈平有学问，项羽先封他为平爵卿。见殷国叛乱，项羽派他以三寸不烂之舌，劝说殷王司马卯反叛归项，因此，项升陈平为都尉。后来，殷王司马卯被刘邦收降，项羽怀疑陈平原来说殷王司马卯归项是假，归刘是真。陈平见有理说不清，便投奔刘邦。刘邦封陈平为护军中尉，对他从谏如流，为刘邦十出奇谏。如项羽围困刘邦在荥阳时，陈平在楚军内散布谋士范增通汉的谣言，使项羽疑范而失范；又献计以纪信伪装汉王向项求和，当项羽发现真相时，刘邦已远离荥阳逃成皋，等等。

范增，原是项羽唯一得力谋士。项羽也采纳过他很多好建议，但有些关键性的良策他不听。如在鸿门（今陕西临潼东北，又称项王营）宴迎刘邦时，范增多次向项羽使眼色，三次举起身上所佩带的玉玦，示意项羽杀刘邦，项羽不听。范增唤项庄以敬酒舞剑助乐为名杀刘邦，因项伯、樊哙护刘，让刘邦出逃。刘邦纳陈平离间计，先派人在楚营中散布范增通汉的谣言，项羽即派人来汉中以谈和名义调查。刘邦先以丰厚的酒菜相迎，听到使者说是受项羽所派的话后，马上将丰厚的酒菜，换上普通人吃的酒菜，他说："我原以为你是范增派来的，现在既然是项王所派，那就请你将就一点吧！"使者回去将此况如实告诉项羽，早就疑范的项羽就坚信范通汉不疑了，当范增两次建议项羽抓紧攻荥阳时，项羽不听，范增见状，大怒请辞回家，途中背部毒疮发作而死。

有出京剧，名叫《霸王别姬》。剧情是：刘邦调韩信统帅多路诸侯，将项羽围困在垓下（今安徽灵璧县南），项羽此时仅10万人，在50万汉军包围下，觉得大势已去，随军爱妻虞姬为其和歌以慰。而后，虞姬为了减少丈夫牵挂，让项突围，便暗抽项剑自刎，项羽随即突围至乌江，也自刎身亡。

汉献即汉末献帝刘协。公元 189 年，汉灵帝死，14 岁的皇子刘辩即位，称少帝。何太后临朝，何进掌权。何进召各地率军进都，以彻底杀掉乱朝的宦官，宦官闻讯杀何进。但西凉刺史董卓早乘何进召唤之机进洛阳，公元 190 年，董卓为便于夺权，废少帝，立刘辩 9 岁的弟弟刘协为帝，号献帝。为声讨董卓，袁绍、曹操率军攻洛阳。董卓烧光洛城宫殿和房屋，带献帝和军民去长安。要献帝拜他为"尚父"，封其弟和侄儿为将军、校尉，连刚生下的娃娃也封侯。并大建郿坞，抢储了够三十年吃的粮食。早就恨董卓的外戚王允以卓的恶行激吕布除卓，吕布终杀董卓。董卓部将李傕、郭汜攻长安杀王允，董承带献帝回洛阳。这时洛阳缺住少吃。在许昌的曹操接献帝去许昌。公元 196 年，曹操建宫殿，使许昌成为东汉末年临时都城。曹操从此自立大将军，以献帝的名义向全国各地州郡豪强发号施令。这时，汉献帝已经 16 岁，若像清康熙 14 岁时亲政，也应该亲政掌事了，但他一直不管事，一切任由曹操挟天子之名号令天下。献帝见曹操权力过大，写了一道密令要外戚董承与刘备除曹操。曹操闻讯后，杀了董承和他的三个心腹，还杀了皇后，毒死皇子，此后，献帝对曹操更是唯命是从。直到公元 220 年，曹操死，曹丕继位，逼献帝让位。刘协时已 39 岁，依然百依百顺，一再下诏让位，在繁阳造了一座"受禅台"，让曹丕夺了位。

唐昭即唐末昭宗李晔。唐僖宗龙纪年间（公元 889 年），关东地区民不聊生，官府腐败，黄巢起义，朱温加入，成为起义军高级将领。他在同州被唐军击败，求援时黄巢未予援救，便降唐，与李克用共同剿灭了黄巢义军，拥有了较大的实力，与李克用、秦宗权争雄。僖宗子李晔即位，号昭宗。朱温率部歼灭了秦宗权，借唐昭宗之力与李克用争衡，控制昭宗，昭宗似傀儡，任朱摆布，挟天子以令诸侯。公元 903 年，昭宗还京师长安，公元 904 年，朱温逼昭宗迁都洛阳。八月，派人杀昭宗，以 13 岁的李祝为傀儡皇帝。公元 905 年，杀唐氏诸王 9 人及唐大臣百余人。公元 907 年 4 月即帝位，国号梁，杀李祝，唐朝灭亡。

[实践纪事]

这里，让我们回看毛泽东和他的战友们创建的民主集中制。

别做"霸王"

毛泽东认为楚亡汉兴的另一个原因是刘邦从谏如流，项羽横行霸道，韩信从项羽那里逃出来，正是由于他给项羽提过很多好的意见，没有被采纳；陈平和范增离开项羽，也是由于项羽对他们多疑，不听取他们的正确意见。范增离开后，因疽病而逝没投刘，韩信、陈平却成为刘邦灭楚兴汉的关键人物，可见听取人家意见是多么重要呀！刘邦则不然，毛泽东赞赏他"比较能够采纳各种不同的意见"，称他为封建时期最厉害的一个皇帝。1962 年 1 月 30 日，毛泽东在扩大的中央工作会议上的讲话，以京剧《霸王别姬》为例，教育干部发扬民主，讲得非常深刻。他把"一个人说了就算数"的"第一书记"称作"霸王"，说此类书记"连封建时代的刘邦都不如，倒有点像项羽"，"不是民主集中制的'班长'"。他还非常由衷地提出忠告："这些同志如果不改，最后要垮台的。不是有一出戏叫《霸王别姬》吗？这些同志如果总是不改，难免有一天要别姬就是了（笑声）。"他还说："我为什么要讲得这样厉害呢？是想讲得挖苦一点，对一些同志戳得痛一点，让这些同志好好地想一想，最好有两天睡不得觉。他们如果睡得着觉，我就不高兴，因为他们还没有被戳痛。"他在这里的良苦用心，就是劝人别做霸王。

听取和采纳他人意见，看来是发扬民主作风问题，实际上是民主政治问题。毛泽东不仅把民主政治当成国家盛衰、兴亡的关键，当成反腐倡廉、跳出历史兴亡周期率的重要环节，而且当成人民当家作主的国家的根本标志。

早在 1945 年 7 月 1 日至 5 日，时任国民参政会参政员、中国民主政团同盟发起人黄炎培，同褚辅成、冷遹、左舜生、傅斯年、章伯钧六人访问延安。毛泽东向黄炎培征求对延安的感想，黄炎培说："我生六十多年，耳闻的不说，所亲眼看到的真所谓'其兴也勃焉'，'其亡也忽焉'，一人，一家，一团体，一地方，乃至一国，不少单位都没有能跳出这周期率的支配力，大凡初时聚精会神，没有一事不用心，没有一人不卖力，也许那时艰难困苦，只有从万死中觅取一生。既而环境渐渐好转了，精神也就渐渐放下了。有的因为历时长久，自然地惰性发作，由少数演为多数，到风气养成，虽有大力，无法扭转，并且无法补救。也有为了区域一步步扩大了。它的扩大，有的出于自然发展，有的为功业欲所驱使，强求发展，到干部人才渐见竭厥，艰于应付的时候，环境倒越加复杂起来，控制力不免趋于薄弱了。一部历史，'政怠宦成'的也有，'人亡政息'的也有，'求荣取辱'的也有。总之，没有能跳出这周期率。中共诸君从过去到现在，我略略了解了。就是希望找出一条新路，来跳出这周期率的支配。"毛泽东听到黄炎培提出的感想后，马上回答："我们已经找到新路，我们能跳出这周期率。这条新路，就是民主。只有让人民来监督政府，政府才不敢松懈。只有人民起来负责，才不会人亡政息。"[1]黄

---

[1] 《毛泽东纪事（1893—1976）》上，中央文献出版社 2011 年版，第 368 页。

炎培听后，感到看到了中国的希望，在离开延安时，写了一篇《韬奋逝世一周年哀词》，词尾写道："民主！民主！君所大声疾呼者，虽不获见于生前，终将实现于生后。"毛泽东给这位老人满意的答卷，像打了一支永世难忘的防疫针一样，把民主当作跳出历史兴亡"周期率"的唯一出路，时刻铭记在他的脑袋里，成为他一生为之奋斗的目标。毛泽东为何在新中国成立后这么重视民主政治，不断整风，正是为了跳出这个历史兴亡"周期率"。

毛泽东一直是尊重群众，相信群众，依靠群众，视人民群众为真正的英雄、铜墙铁壁、创造历史的动力。在具体工作中，不仅选举要民主，而且议事要民主，凡事与群众商量，尊重和倾听群众意见，采纳群众正确意见，对错误意见也要让他说完，从中了解情况，引以为戒。他"提倡民主作风，不论什么人，只要不是敌对分子，不是恶毒攻击，允许大家讲话，讲错了也不要紧。各级领导人员，有责任听别人的话。实行两条原则：（一）知无不言，言无不尽；（二）言者无罪，闻者足戒。如果没有'言者无罪'一条，并且是真的，不是假的，就不可能收到'知无不言，言无不尽'的效果"①。

毛泽东是这样说的，也是这样做的。早在 1927 年秋收起义时，毛泽东就建立了部队和党的各级代表会议、委员会，民主讨论和决定各个重大事宜。连队建立士兵委员会，不准官长打骂士兵，官兵一致，伙食公开，士兵可以向官长提意见等一系列军队内部民主管理制度，极大地调动了广大士兵的积极性。毛泽东非常注重并亲自制定军队的纪律，从开始规定的"三大纪律"和 1928 年年初增加的"六项注意"，以后逐步修改完善，到 1947 年 10 月 10 日，正式颁布了"一切行动听指挥，不拿群

---

① 《毛泽东文集》第三卷，人民出版社 1996 年版，第 242—243 页。

众一针一线，一切缴获要归公"的三大纪律和"讲话和气、买卖公平、借东西要还、损坏东西要赔、不打人骂人、不损失庄稼、不调戏妇女、不虐待俘虏"的八项注意，使部队置于人民监督之中。在每个根据地建立以工农兵为主体的人民政府和代表会议制度，让人民有充分说话的机会和当家作主的权利。新中国成立后，毛泽东为新中国建立了既与封建统治又与某些西方国家有根本区别的，具有中国特色的社会主义民主政治制度。除各级党的代表会议和各级党的委员会议制度，以及建立党与各民主党派大事协商会议制度外，还建立按各地区人口、性别、少数民族的多少分配名额的各级人民代表会议制度，和按民主党派、人民团体、少数民族、各个界别的多少分配名额的各级政治协商会议制度。经过几十年来的实践证明，毛泽东和他的战友们建立的这样一整套的民主政治制度，使全国人民真正享受了既有民主自由又有纪律约束的，真正当家作主的政治生活。使各级政府工作人员能够真正置于人民监督之下，最大限度地避免犯错误，使政府各项决策真正实现民主化、科学化，最大限度地减少失误。

下面举几个毛泽东民主决策的事例。

中共七大之前的中共六届七中全会，参会人员本着知无不言、言者无罪的精神，畅所欲言，对中共 24 年的历史进行了讨论和总结。这个会议为这件事，从 1944 年 5 月 21 日开始，断断续续地开到 1945 年 4 月 20 日止，议一次，改一次，再议再改，一而再，再而三，反复议，反复改，前后开了 11 个月，最后达成一致同意的《关于若干历史问题的决议》修正稿，经七大通过正式定稿。

新中国第一部《宪法》的制定，也是一个民主决策的典范。1953 年 1 月 11 日，毛泽东召集有 18 位党外民主人士参加的座谈会，广泛听取对制定《宪法》的意见。13 日，毛泽东在中央人民政府委员会议上成立以毛泽东为主的中华人民共和国《宪法》起草委员会。1953年12月27日，毛泽东带着《宪法》起草小组的几个成员陈伯达、胡乔木、田家英在杭州起草《宪法》。他们住在西湖刘庄一号楼，首先阅看了由陈伯达一个人起草的初稿，尔后组织全体小组组员阅读和研究了世界各社会主义国家、资本主义国家和中国历史上的《宪法》。到1954年2月17日写成初稿，2月24日完成"二读稿"，26日完成"三读稿"，3月9日拿出"四读稿"。至此，共花整整两个月时间，完成了《宪法》起草的第一阶段。从2月28日到3月15日，在北京对"三读稿"和"四读稿"分别召开了两次中央政治局扩大会议进行了讨论，最后决定由陈伯达、胡乔木、董必武、彭真、邓小平、李维汉、张际春、田家英等八人组成《宪法》小组，负责初稿的最后修改。3月23日，毛泽东召开《宪法》起草委员会（26名委员）第一次会议，讨论经过最后修改的初稿，形成《宪法》草案。5月27日至31日，《宪法》起草委员会又接连开了四次会议，对草案初稿逐章讨论，形成《宪法草案》（修正稿），6月8日，经第六次《宪法》起草委员会对修正稿又进行讨论，予以通过。随后，全国政协和各省、市党政机关，军队领导机关以及各民主党派和各人民团体的地方组织，共8000多人，用了两个多月时间对《宪法草案》（修正稿）进行了广泛的讨论，提出各种修改意见5900多条。6月11日，《宪法》起草委员会第七次会议根据政协和各地讨论的意见，采纳了其中近百条意见，进行了修改，最后通过了《宪法草案》（修正稿）。6月14日，毛泽东召开了中央人民政府委员会第30次会议讨论，最后一致通过了《中华人民共和国宪法草案》。随后，《宪法》草案正式向全国公布，发动全国人民讨论，历时2个多月，全国有1亿5千多万人参加了讨论。根据讨论提出的意见，9月8日，毛泽东又召开第八次《宪法》起草委员会，对草案进行了一次重要修改。9月14日，毛泽东召开中央人民政府委员会对草案进行最后审议。9月15日,第一届全国人民代表大会第一次会议正式开幕,讨论了《宪法草案》。根据人大代表提出的意见,在序言中"第一届全国人民代表大会"后面加上了"第一次会议",将总纲中"各民族……都有保持或者改革自己的风俗习惯和宗教信仰的自由"中的"和宗教信仰"五字删除。最后第一届全国人民代表大会第一次会议正式通过了这部《中华人民共和国宪法》。这部《宪法》的制定,从筹备起到正式通过为止,经历了一年零八个月的时间,三次起草,八次政治局扩大会议,三次人民委员会议和八次起草委员会,一次八千干部和一次一亿五千多万人民群众的讨论修改,最后由全国人民代表大会正式讨论通过。这是古今中外罕见的一次民主决策。讨论中,有人提出将"毛泽东写为中华人民共和国的元首"和"请全国人民代表大会授予毛泽东最高荣誉勋章"这两条意见,被毛泽东否决了。

下面再举几个毛泽东个人听取、采纳各种不同人甚至与自己观点相反而且态度不好的人的正确意见的事例:

1934年9月的一天,毛泽东在江西于都与一位名叫罗自勉的老学究交谈时,遇到一个突然闯进来用手枪对准他的刺客,发现及时并行动敏捷的警卫员将刺客制服捆绑后,才使毛泽东大难脱险。泰然自若的毛泽东很快要警卫员把刺客松了绑并带到他的面前,问刺客为什么要杀他?刺客说出了他原来是个穷人,只是土改中分了他的地,把他划了富农。经过调查毛泽东才知道此人叫宋雨来,是个勤劳人,粮食产的多,年交20多担公粮,第二次土改中,村苏维埃主席王虎林划了他的富农,分了他的浮财,把土地分给了他的弟弟王啸林。宋雨来放火烧了他地里的粮食。王啸林带了赤卫队追捕他,打死了他的妻子。他这次来正是找苏维埃头子报仇来的。毛泽东得知真情后,不仅没有追究宋雨来刺杀他的行为,而且放了他,很快地解决了他错划成分的问题,还修正了土改政策,纠正了土改中"左"的错误。

1941年11月6日，毛泽东在延安召开的陕甘宁边区第二届参议会上，号召参加会议的党内外参议员本着知无不言、言无不尽的精神，向党和军队及边区政府提意见。米脂县参议会议长李鼎铭先生提出了一个"精兵简政"的提案。有人认为这是党外人士提的，采取听之任之的态度。毛泽东则反之，他认真采纳了这条意见，很快实施了"精兵简政"政策，使中共所领导的各抗日根据地有效地解决了"鱼多水少"的矛盾，减轻了人民的负担，度过了抗日战争最艰苦的阶段。而且，通过毛泽东的建议，将李鼎铭先生选为陕甘宁边区政府的副主席。毛泽东曾在《为人民服务》一文中借追悼张思德的机会，阐发了一个重要的原则："为人民的利益坚持好的，为人民的利益改正错的。"全国不少的人大概都还记得此文中的那段名言："因为我们是为人民服务的，所以，我们如果有缺点，就不怕别人批评指出，不管是什么人，谁向我们指出都行。只要你说得对，我们就改正，你说的办法对人民有好处，我们就照你的办。'精兵简政'这一条意见，就是党外人士李鼎铭先生提出来的，他提得好，对人民有好处，我们就采用了"①。

1942年8月的一天，陕甘宁边区政府小礼堂里正在召开征收公粮会议。忽然，下起了一阵雷暴雨，一声巨响，雷电把礼堂的一根木柱击断了，出席会议的延川县代县长李彩云不幸触电而死。这件事传出后，有个农民借此发泄不满，说"怎么雷公不打毛泽东"，保卫部门把他作为现行反革命抓起来。毛泽东得知后，派人查明真相，发现是边区政府下达的征粮任务过重。原来，陕甘宁边区和部队的财政开支相当一部分是国民政府颁发的军饷和华侨、国际友人的捐助。1938年，外援占边区整个

---

① 《毛泽东选集》第三卷，人民出版社1991年版，第1004页。

经济收入的 51.6%。抗战进入相持阶段后，由于日军作战逐步转向敌后战场，加上国民党实行消极抗日，积极反共的政策，陕甘宁边区和敌后各抗日根据地在财政经济上日益困难，加上华北各地水旱虫等灾害，边区缺衣、缺粮、缺油、缺菜，战士缺鞋穿，干部冬天缺被盖。针对这一情况，毛泽东自 1939 年 2 月起，发动边区军民开展大生产运动，与此同时，边区政府还适当增加人民负担。一面发动人民运输公盐出口，一面征收公粮，1941 年比 1940 年增加 9 万担，这样一来，边区人民又要多交公粮，又要运输公盐，出现了不满情绪。直到 1942 年，群众负担仍然没有减轻，才出现了农民骂毛泽东的情况。毛泽东从这件事感到这个农民骂他是可以理解的，部队给养紧张光要老百姓增加负担是不行的，指示有关部门将征收公粮的任务减少 4 万担，并且释放了这个骂自己的农民，宣布他无罪。同时，毛泽东认为人民负担虽减轻了，但还是多于过去，部队供给还是有赤字，唯一途径是加大生产运动的力度，加强生产自救工作。于是，于 1942 年 12 月在陕甘宁边区高级干部会议上作了《经济问题与财政问题》的报告，提出了"发展经济，保障供给"的方针。要求在经济工作中，应以 90% 的精力去发展生产，一切部队、机关、学校都必须根据有利于抗日战争原则下的可能条件，积极开展生产运动。到当年年底，边区的耕地面积从 1938 年的 399.4483 万亩，增加到 1248.6937 万亩，播棉从 1937 年几乎没有的情况增加到 9.445 万亩，边区的公营工厂发展到 62 个，职工 3990 人。到 1943 年，机关、学校的生产自给达到了 26.27%。从 1941 年 3 月就实行战斗、生产、学习三结合的陕甘宁边区保卫党中央的第 120 师 359 旅，在王震旅长的率领下，在南泥湾开垦了 26 万亩田地，使昔日的荒地成为"粮食堆满仓，稻谷翻金浪，猪牛羊肥壮，鱼鸭满池塘"的"陕北江南"。边区农民在八路军的带动下，也加快了农业生产的大发展，农民开荒的面积达 200 万亩，呈现了粮棉增产、六畜兴旺的繁荣景象，还推动了炼铁、炼油、修理机器、制造军火的工业生产，不仅保证了军队的给养，还大大改善了自己的生活。陕甘宁边区的经验向各解放区推广，各解放区响应了党中央"劳力和武力相结合""战斗与生产两手抓"的方针，在战争频繁的环境里，坚持了生产。晋绥、北岳、胶东、太行、太岳、皖中6个地区共扩大耕地面积600万亩以上，太行解放区的部队生活自给三个月。

抗战时期的一个晚上，毛泽东看了一个农妇被判"死刑"的案卷，发现这个农妇只是犯了一次骂共产党和政府的"罪"，没有犯其他什么罪，他为此很是不安。第二天，毛泽东专门叫人把这位"女犯"带到他的办公室，要她不要怕，请她坐！还顺手把桌上的红枣抓了一把给她吃。这个农妇对毛主席的平易近人的风度很感惊讶，眼珠子在他那个痣上盯住不放，便说："你是毛主席吧？咱村长辈们说的那颗痣很像，说你很和气，还说你是大福星哩！"毛泽东哈哈大笑地说："真是这样就好了，穷苦人就不会再吃两遍苦啰！"那个农妇听到这句话，料定是毛泽东无疑，便说："毛主席，咱不好呢，不该骂共产党，骂政府，你就枪毙吧！"说完话，跪在地上。毛泽东很快将她扶起，说："快别这样，不会枪毙！"这个农妇被扶起来后，很快对毛泽东说了实话："共产党好，给我家分了五亩地，头两年好，这两年村官、乡官、县官都不管咱死活，公粮收过了头，还骂咱男人骂我娘。咱农妇不懂事，不该与当官的顶！"毛泽东问他们不来了解情况吗？她说："这两年去过一次，买了酒，买了肉，才把村长请了来。"毛泽东听到这里，立即招呼有关同志进来，要他带上公文，找有关单位讲明这位农妇没有什么罪，将她放了。对于清涧的公粮问题，社会调查部和边区政府要做调查，该免的免，该减的减。说罢，毛泽东把一盘红枣装进这个农妇的衣袋里。这个农妇向毛泽东谢个不完，满脸喜笑地跟着那个干部离去。

1948 年，"七君子"之一的著名爱国人士、经济学家章乃器应毛泽东的电邀，从香港来到东北地区，到处听到人民纵情歌唱"没有共产党就没有中国"的歌曲，感到这首歌很好，唱出了全国人民对共产党发自内心的热爱和拥护，他想这首歌的歌词，"中国"两字前还加一个"新"字，就更好了，更能准确地表达中国共产党人浴血奋战的历史功绩。于是，他向有关同志提出了这一意见。不料，他的这一意见很快反映到毛泽东那里，毛泽东认为这条意见很好，随即让作者把歌词加了一个字。不久，毛泽东在北京亲自会见章乃器时，肯定和感谢了他提的这一意见，并说已经按照他提的意见把歌词改了。章乃器对毛泽东虚心接受党外人士的意见非常感动。毛泽东不仅采纳了章乃器的正确意见，还请他参加筹备并出席了中国人民政治协商会议第一届会议，任他为政务院政务委员、粮食部长、中央财经委员会委员。

1950 年，中央美术学院教师李苦禅，由专职教授改为兼职教授，每周限讲课两小时，其余时间到陶瓷工作间为茶壶、茶碗画画；每月只发 12 元生活费，寒暑假不发分文。李苦禅没想到刚刚推翻旧社会后不久就碰到如此不平的事，百思不解。一气喝下了半斤多白酒，向毛泽东写了一封求助解决困难的信，立即发出了。信发出之后，他的酒也醒了，这时，他已经意识到给毛泽东写了信，不知写了什么，似乎想起信中有些生硬的话，比如："余乃堂堂教授却被无理剥夺授课权利"等等。但当他觉察给毛主席写信不该这样缺乏礼貌时，已经晚了，懊悔不及。谁知毛泽东接到信后，派秘书田家英登门拜访了李苦禅，对他说："李教授，毛主席派我来看你，他很关心你的问题，主席说，刚刚建国，有许多事情等着我们去做，现在国家经济困难，一时对美术工作者关心不够，欢迎你经常提出宝贵意见。"与此同时，中央美术学院院长徐悲鸿收到了毛泽东转来李苦禅的信，要他酌情处理。徐悲鸿接到此信后，发现对李苦禅的处理欠妥，随即于当年 9 月恢复了他的教授职务，工资由 12 元增加到 62 元，使他从此开始了新的艺术生涯。

原来对赴朝参战的中国军队命名为"支持军"。1950 年 8 月，毛泽东为此召集民主人士开会征求意见，先由周恩来解释说："叫支持军，就是支持朝鲜人民军。"黄炎培发表了意见，他说："自古道，出师有名，名不正则言不顺，这个仗就打不好。'支援军'这个名，谁派去支援呢？美国已经把战火烧到我们边境上，我们有没有保家卫国之意呢？我们是不是要跟美国宣战呢？"毛泽东一听，感到很受启发，连连肯定黄炎培先生的意见有道理。最后通过讨论，改为"志愿军"。参加会议的人全都同意，黄炎培本人也很满意，并说："出师有名则战无不胜！"

1957 年整风时，清末及民国年间著名学者冒鹤亭写了《对目前整风的一点意见》，发表在《人民日报》上。毛泽东看了这篇文章后，对他提的意见很感兴趣。6 月 30 日晚，专门约见了冒鹤亭。毛泽东说他写了一篇好文章，提了很好的意见，说这次整风正如他所说，是"爱仁以德，相见以诚"。冒鹤亭回答："老朽行年八十有五，经历几个朝代，从未见过今天的政治清明。不过，人非圣贤，孰能无过？共产党员也不会承认自己是圣人吧？""我对主席提出的'双百方针'口号，起初怀疑会不会把思想搞乱。后来一想，各人的立场不同，看问题的角度不同，自不能强人以苟同。国家有道，则庶人不议。人民敢说话是好事，不因其语近偏激而以为忤。只要以国家为前提，而不以个人为目的，那就叫争鸣也可，叫和鸣也可。"听到这里，毛泽东郑重地表示：言者无罪，闻者足戒。送别时，毛泽东紧握着冒鹤亭的手，问他还有何临别赠言？冒鹤亭说："一头雄狮也不免为身上几个饥虱所苦。但饥虱虽小，害莫大焉。请务必提防。"毛泽东说他讲得好，一定牢记。

毛泽东在 1962 年 1 月 30 日以京剧《霸王别姬》作民主教材讲的话

非常有说服力。时至今天，他讲的"霸王"式的人不是没有，十多年前东方市一位市委书记，常把常委会议当成他发号施令的会议，听不得人家半点意见，谁要是提了不同意见，就要打击报复，连对老同志的意见也暴跳如雷，还要抓人，他就是靠这一"霸王"作风为所欲为，受贿1300万元，终判死刑，他的妻子也染了此"霸"之风，判了死缓。这不正是一出新《别姬》之戏吗？他们的问题，也许是由于没有看《霸王别姬》这出戏吧！归根结底，怕是没有读毛泽东讲的"难免有一天要别姬"这句话吧！不是"观今宜鉴古，无古不成今"吗？劝君还是读点古史，观点古戏，翻阅一下毛泽东的这段话好。时代不同了，毛泽东说的此话并未过时。

《霸王别姬》这出戏的悲剧不仅是"别姬"，更重要的是"亡楚"。"别姬"是个人的事，"亡楚"才是大事。毛泽东之所以把民主当作跳出历史兴亡"周期率"的唯一出路，正是因为历史的经验教训得出腐败是亡国之根，民主是反腐之本的结论。所以，民主是关系到国家生死存亡的大事。项羽正是由于一意孤行，自称"霸王"，听不进别人的正确意见，才导致亡己亡妻亡楚。历史的教训多么深刻呀！

别做傀儡

毛泽东"非傀儡皇帝之罪"之说，还是将汉献帝刘协和唐昭宗李晔称为傀儡帝，也未说"傀儡"当之无愧。若汉献帝、唐昭宗非傀儡，汉、唐末年之政不可能落在乱臣之手，两朝也可能不亡。所以，"傀儡"二字无褒义，是贬的。

汉献帝9岁登基，一直当到曹丕篡位，傀儡当了30年，唐昭宗傀儡帝当了 15 年。

傀儡实为演木偶戏的木头人，是只能任人操纵、宰割，只能衣食，实无头脑和任何主张、思想、能力的人。过去将此类人推上帝位，只能怪罪封建王朝的世袭制，当代人民当家作主，用人唯贤，如此"傀儡"早不存在。但是，以听话和顺服为德，将一些软弱无能的"小绵羊"，安排为新"傀儡"者有之；有权不用，任人摆布，或以不主观包办，走群众路线，发扬民主之名，放弃正确意见的"群众尾巴主义"者也大有人在。"别作傀儡"正是针对这种现象而言的。

毛泽东一生的革命生涯，恰恰扮演了与傀儡根本相反的角色。他充分发扬民主，反对主观主义，但也坚持自己和大家的正确意见；他凡事与群众商量，尊重他人的意见，但也不放弃自己和别人对人民有利的正确东西；他善于发挥集体领导的作用，但也坚持集体领导中暂处于少数的正确意见，不让为人民行使的权力从他手中失去，导致危害人民。

既要充分发扬民主，又要充分发挥自己应该发挥的力量，采纳人民群众中暂处于孤立的正确意见，这是古今中外多少领导人长期以来难以正确处理的关系。毛泽东和他的战友们较好地处理了这一关系，这就是"民主集中制"。

民主决策是民主集中制常常遇到的事，也是民主政治中牵涉到事业成败、国家兴亡、民族盛衰的大事，现将毛泽东在革命战争年代民主议事中，既坚持充分发扬民主，又坚持正确而科学决策的故事列举如下：

1931 年 4 月 19 日，中共苏区中央局在青塘开会，面对蒋介石调集六倍于己的 20 万兵力向苏区发起的第二次"围剿"，中央"三人团"的负责人、苏区中央局代理书记项英不主张打，主张将红军分散到苏区外去打游击，把敌人引出苏区，从而达到既保存红军，又保苏区的目的。

也有的主张将红军开往四川。毛泽东力排众议，坚决反对这些意见，主张在根据地内反"围剿"。这次讨论因这一分歧未能达成一致意见。毛泽东面对这一情况，认为既不能放弃正确意见，让红军遭受重大损失，又不能践踏民主，用简单粗暴方法，强制大家执行一项大家难以接受的命令，便建议将中央局会议扩大到军首长一级，与会者同意。过了几天，苏区中央局召开第二次会议，各军军长、政委和红三军团的总指挥、政委都参加，对此战略问题继续讨论，大家都畅谈了各自的意见，毛泽东又理直气壮，用引古论今的方法，讲清就地歼敌的理由和可能性，提出虽然敌众我寡，但只要把敌人分开多次打，每次集中优势兵力打一个弱的，并采取诱敌深入到好打的地形，或拖到敌人疲惫时，再依靠根据地人民一起打，是可以打胜的。他的意见很快为来自前线的指挥员所接受。由黄公略带头，很多军长、政委踊跃发言，慷慨激昂地支持了毛泽东的意见，终于通过了毛泽东关于在根据地内反"围剿"的主张。几天之后，苏区中央局又对怎样打、先打谁的问题进行了讨论、多数同志主张打蔡廷锴的第十九路军六十师和六十一师，有的主张打朱绍良、毛炳文、胡祖玉。毛泽东对这些意见都不同意，他说："不论是主张打蔡也好，打朱也好，都忽视了这样一个问题，即初战计划是全战计划的有机序幕。我们要慎重地对待初战，从全局的观点来考虑他的打法，才能够打好整个战役。蔡与朱的部队是这次敌人'围剿'中兵力较强的两支。我们若想做到初战必胜，必须在战略上做到避强击弱。管子说：'凡用兵者，攻坚则韧，乘瑕则神。攻坚则瑕者坚，乘瑕则坚者瑕。'就是这个道理。所以，我主张先打王金钰的第五路军。大家也许会说：'王金钰的兵力在数量上不是最大吗？但……他们是北方兵，来到这儿水土不服，不习惯于爬山，又是杂牌军，内部矛盾很多……更重要的是，打垮王金钰的部队后，我们可以向东横扫，在闽赣交界的建宁、黎平和泰宁地区扩大根据地。这样，对我们以后进一步打击敌人是非常有利的"①。毛泽东的这一意见，有理有节，震动很大，赢得了拥护，不仅统一了先打谁的问题，而且使大家看到了希望。所以，夺取第二次反"围剿"的巨大胜利是来之不易的，从战略上是应用了孙膑的"赛马"法中以强挡弱战术，从工作方法上，经过了三次时达半月的民主讨论才统一的。

国共合作抗日以后，蒋介石仍然十分害怕八路军、新四军的发展，千方百计加以限制。1937年7月15日，国共两党在庐山谈判涉及红军改编一事时，国民党以统一领导，有利抗日为名，提出取消红军，甚至提出要毛泽东、朱德离开红军或出国的主张。共产党内也有人受蒙蔽，从苏联回国的王明也以共产国际执委会委员、主席团成员和候补书记的身份，遥相呼应地提出一切经过和服从统一战线的口号，主张红军和国民党军建立统一指挥、编制、武装、纪律、供给、作战计划、作战行动的"七统一"。领导层也有人见他打着共产国际的招牌，讲得头头是道，成了他的应声虫。毛泽东坚决反对他的意见，主张统一战线中坚持独立自主，但由于王明的干扰，总是形不成决议。王明还在武汉经常以中共中央甚至毛泽东的名义，发表一些反对毛泽东关于统一战线中独立自主的言论。毛泽东在这一大是大非面前很是为难，有共产国际招牌的王明，确实在党内军内还有一定影响，难以对付。要是少数服从多数，合作抗日中党就要丧失独立自主，一切听国民党的，多么危险，要是不听多数的，就违背了民主。毛泽东这时却以党和国家及最广大人民根本利益为重，既耐心对待，又坚持正确决策，显示了清醒和超人的勇气。1938年11月5日，毛泽东作了《统一战线中独立自主问题》的报告。还在这战火纷飞的年代，挤出时间先后写下了《抗日游击战争和战略问题》《论持

---

① 《八一军旗从这里升起》，人民出版社1997年版，第276页。

久战》等一系列论著。在这些报告和著作中，提出了统一战线不是无原则的合作，在统一战线中，共产党必须保持思想、政治、组织上的独立性，坚持独立自主，坚持既统一又独立的对立统一的辩证关系，反对国民党融化、控制共产党的政策。毛泽东的这些报告和论著有力地驳击了王明的右倾错误，揭穿和粉碎了蒋介石以统一抗日为名取消红军、融化共产党的阴谋，捍卫了共产党在抗日统一战线中的独立自主原则和领导权。经过毛泽东这样反复耐心地讲清道理，全党全军终于一致赞同和拥护毛泽东的这一正确路线。八路军、新四军，深入敌后，采用以游击战为主结合运动战的战略战术，有效地打击、粉碎和歼灭日本侵略者，极大地促进了八年抗战的胜利。与此同时，还开辟了敌后的抗日根据地，发展了自己，为以后夺取解放战争的胜利打下了基础。

1935年3月10日，正是二渡赤水以后，林彪给正在贵州苟坝的前敌司令部发来电报，主张向打鼓新场进军，张闻天按少数服从多数的原则通过了这一意见。毛泽东认为打鼓新场附近不只是周浑元、吴奇伟两纵队，还有孙渡的四个旅，面对的不单是黔军，而是整个蒋介石在黔的所有兵力，一开战就有被敌人迅速围困的危险，因此坚决反对此一冒险决策，甚至提出"不干"前敌司令部政委以施压。张闻天也无法改变这一决定。毛泽东感到这是一个事关红军存亡的大事，星夜提着马灯找到当时军事上有最后决定权的周恩来，反复陈述利害关系，终于得到了周恩来的支持。第二天，张闻天再次召开会议重议此事，经过毛泽东耐心而很有说服力的解释，终于取消了进攻打鼓新场的决定，使党和军队又一次摆脱了危机。毛泽东从此向张闻天、周恩来提出，军事指挥不能处处搞少数服从多数，不能老是二十来人讨论来讨论去，还是以权力高度集中为好，张闻天也认为天天打仗，敌人又不允许我们天天讨论，接受了这一意见。选举毛泽东、周恩来、王稼祥成立新的"三人团"，为指挥红军的最高权力机构。从此，红军军事上的具体工作再也没有用开会议来议去，而是由新"三人团"去定夺。

民主不是做群众尾巴，对一些原则问题不可让步，要敢于坚持，善于做政治思想工作。毛泽东听到抗大少数学员说晨练爬山是"爬山主义"，并因承担一些校务劳动，将学校说成"劳动大学"的错误言论，要求改变抗大教育方针时，感到这个以培养抗日军政干部为目的的学校，晨练爬山和必要的劳动，是培养干部的必要课，不可人云亦云，随意改变。便亲自出面讲课，予以说服。他讲课的大意思："独立自主的山地游击战"是要爬山的，爬山是打仗的需要，也是抗大的一门课；抗大要办，又缺乏经费，可不可以调一些战斗部队代替抗大的学生负担这些日常的劳动呢？这是减少抗战力量的事情，不能办。毛泽东这次深入浅出的讲课，不仅帮助了抗大学员克服了错误思想，而且是生动的艰苦奋斗教育。

毛泽东为了坚持自己认为是代表最广大人民根本利益的正确意见时，总的来说，还是善于耐心细致地做说服力较强的政治思想工作的，很多别人说不通的事他一说就通。许世友在延安批评张国焘另立中央的大会上，一时想不通，准备带兵离队，学梁山好汉，落草为寇去！毛泽东知道后，亲自去看许世友，和他谈了3个小时。还脱下帽子，向他致敬。许世友转了个大弯，对毛泽东佩服不已，对人说："主席真有水平，比老张强，我觉得跟着主席干，能行。"弯子就转过来了。

十、"希望考个好成绩"

李自成因大将刘宗敏索财和霸占人妾陈圆圆而败。毛泽东进京时说的"希望考个好成绩"，意在警惕和防止糖衣炮弹的侵蚀，永保红色江山不变色。他为此带头清廉自律，开展了各种形式的整风，不断加大反腐倡廉力度，处决了有战功的违法者和贪污犯，促进了广大干部的作风建设。

[评注原文]

吾国自秦以来两千余年推动社会向前进步者主要的是农民战争，大顺帝李自成将军所领导的伟大的农民战争，就是两千年来几十次这类战争中极著名的一次。这个运动起自陕北，实为陕人的光荣。

——《毛泽东书信选集》，人民出版社 1983 年版，第 240 页。

我党在历史上曾经有过几次表现大的骄傲，都是吃了亏的……全党同志对于这几次骄傲，几次错误，都要引以为戒。近日我们印了郭沫若论李自成的文章，也是叫同志们引为鉴戒，不要重犯胜利时骄傲的错误。

——《毛泽东选集》第三卷，人民出版社 1991 年版，第 947、948 页。

因为胜利，党内骄傲情绪，以功臣自居的情绪，可能生长。因为胜利，人民感谢我们，资产阶级也会出来捧场。敌人的武力是不能征服我们的，这点已经得到证明了。资产阶级的捧场则可能征服我们队伍中的意志薄弱者。可能有这样一些共产党人，他们是不曾被拿枪的敌人征服过的，他们在这些敌人面前不愧为英雄的称号，但是经不起人们用糖衣裹着的炮弹的攻击，他们在糖弹面前要打败仗。我们就必须预防这种情况。

——《毛泽东选集》第四卷，人民出版社 1991 年版，第 1438 页。

今天是进京的日子了……是进京"赶考"嘛！……决不能退回来，……退回来就失败了。我们决不当李自成，我们都希望考个好成绩……我们共产党人决不能当李自成！

——《毛泽东纪事（1893—1976）》（上），中央文献出版社 2011 年版，第 480 页。

[故事背景]

李自成，明万历三十四年（公元 1606 年）出生，陕西延安府米脂县人。父亲是一个庄稼汉，名叫李守忠。他 6 岁读书，到 13 岁时因父亲病逝辍学，20 岁时母亲去世后，只剩下他和侄子李过，生活非常困难，欠了地主很多债。21 岁时，李自成应募到银川（今陕西米脂西北）驿站当了一名马夫。他敢与克扣粮饷的贪官斗争，在债主艾举人向他逼债，将他捉拿、拷打，被驿站弟兄救出后，杀了艾举人，带李过逃到甘肃巡抚梅之焕手下当兵。

公元 1629 年冬天，李自成随军来到金县（今甘肃省榆中），由于忍受不了贪暴将吏的压迫和剥削，率领部分士兵起义，杀了将官和金县县令，当了义军首领。以后，投入先起义的王左桂、张存孟的义军，不久参加了明末农民起义初期杰出领袖高迎祥的农民军。1635 年，崇祯帝命兵部尚书洪承畴指挥各路官军"清剿"农民军。13 家 72 营农民首领闻讯后聚会河南荥阳共商对策，28 岁的李自成提出"分兵定所向"计，把农民军组成 6 路大军，各自为战，4 路在西、南、北迎敌，一路机动策应，高迎祥、李自成和张献忠亲率一路主力，主攻东方防线。会后，东进义军攻到明太祖朱元璋故乡都安凤阳，歼敌 4000 余人，焚毁了明皇祖坟。荥阳大会和凤阳大捷，显示了李自成卓越的军事才干。公元 1636 年，高迎祥被俘牺牲，李自成被拥为闯王。

公元 1637 年，官军专"剿"李自成。李自成于 1638 年 10 月在潼关陷入包围。经浴血奋战，李自成与刘宗敏等 18 人突出重围，隐伏在陕西的商县和洛县山区。1639 年 5 月,李自成率军出山。9 月,从湖北郧阳进入河南西南,会合河南农民军,队伍发展到几十万人。提出以"均田免税"为主的口号,宣布和执行"不淫妇女、不杀无辜、不抢资财"等"秋毫无犯"的军纪,所到之处,百姓夹道欢迎,流传着"杀牛羊、备酒浆,开了城门迎闯王,闯王来了不纳粮"的歌谣,年轻人纷纷参军,1641 年 1 月 19 日,起义军攻克洛阳,恶贯满盈的福王朱常洵被俘并被处决。义军在洛阳军纪严明,李自成自己不住富丽堂皇的王府,将行辕扎在城西的周公庙中,并将查封福王和许多贪官污吏平日盘剥穷人的粮钱分给穷人,大大鼓舞了洛阳的贫穷百姓。随后义军三围开封,经襄城、朱仙镇、陕县、汝宁几次大捷后,"围剿"义军的明军主力大部被歼。

公元 1642 年冬,李自成占领湖北襄阳城,第二年 3 月,被拥戴为"新顺王"。1643 年 5 月,李自成亲率百万大军,北上河南,攻破潼关,占领西安。1644 年 1 月,改西安为"西京",建国号"大顺",年号"永昌"。免除穷苦人的赋税,令官僚、地主出钱助军饷,铸造"大顺"钱币,平定市场物价,实行"平买平卖""公平交易"。2 月东渡黄河,3 月 18 日攻破北京城,崇祯帝迫皇后自杀,亲手砍死宠爱的妃子和女儿后,逃到万岁山(景山),吊死在寿皇亭前的一棵树上,统治中国二百七十六年的明朝从此灭亡。李自成进北京后,更定官职,任用官吏,开科取士,设立了由刘宗敏、李过主持的"比饷镇抚司",专门镇压地主和进行追赃助饷工作,三年免征赋税,军纪严明,深得人心。

但是,李自成却管不了义军的一些高级将领,他们被胜利冲昏了头脑,产生了严重的骄傲自满和享乐主义思想,很多人住豪华府邸,沉醉于酒色之中。大将刘宗敏和李过为了在免税以后开辟财源,没收明朝内帑和对官僚勋戚追赃。把明朝三品以上大员,一律发往各营追赃助饷,不服者就拷打上刑;对四品以下官员让他们自动捐粮助饷,然后授职录用。各营在追赃助饷期间，任意拷打上刑，敲诈勒索，有的竟贪赃枉法，强奸妇女，严重脱离群众。刘宗敏自己也为所欲为，他向大官吴襄索饷二十万，还将其儿媳、总兵吴三桂的爱妾陈圆圆占为己有。这一期间农民军官兵都飘然忙于处置明官，从中获利取乐；李自成自己也乐然然忙于准备登基，几乎忘记东北关外还有虎视眈眈的清军。

这时，明朝宁远总兵吴三桂，在山海关掌有兵将骁悍的部队，素为明朝的北方屏障。李自成也知吴三桂的实力，命人带四万两银和他父亲吴襄的劝降信，以父子封侯为饵，劝他投降。吴三桂见信后，以为从此可跻身新贵，决计投降，入京朝见李自成。不料，吴三桂行到半路上，听到从他家里逃出来的人向他诉说他父亲吴襄被索饷二十万和他的爱妾陈圆圆被刘宗敏夺去的情况，马上怒火冲天，翻脸变卦，返回山海关，求多尔衮合兵攻打农民军。正向山海关进军的多尔衮得知后，喜出望外地答应，并许诺给吴三桂封王，吴三桂果然投靠了后金（即清朝）。

李自成得知吴三桂不肯归顺农民军，亲自率军去山海关征讨吴三桂。公元 1644 年 4 月 22 日，农民军包围了吴三桂的兵马，早就埋伏好的清军突然掩杀过来，农民军招架不住，败下阵来。李自成率军连夜返回北京。他深知清军难以抵抗，便在 4 月 29 日在英武殿匆匆登基称帝后，第二天早晨就率军撤往陕西。两天后，清军进北京。

公元 1645 年 4 月下旬，李自成从陕西退到湖北南部通山县九宫山。6 月，遭到地主武装的袭击，不幸身亡，年仅 39 岁。

[实践纪事]

毛泽东很敬佩李自成为劳苦大众造反和谋利的大无畏革命精神，但对其失败的教训深为警惕。1944 年，郭沫若写了一篇著名的文章《甲申三百年祭》，将李自成起义失败的主要教训归纳为革命即将胜利时所产生的骄傲思想。这篇文章对毛泽东触动很大，他下令将此文印成小册子发给全党干部，号召他们"引为鉴戒，不要重犯胜利时骄傲的错误"。1949年3月5日，毛泽东在七届二中全会上，以李自成的教训为鉴，告诫全党："因为胜利，党内骄傲情绪，以功臣自居的情绪，可能生长。因为胜利，人民感谢我们，资产阶级也会出来捧场。敌人的武力是不能征服我们的，这点已经得到证明了。资产阶级的捧场则可能征服我们队伍中的意志薄弱者。可能有这样一些共产党人，他们是不曾被拿枪的敌人征服过的，他们在这些敌人面前不愧为英雄的称号，但是经不起人们用糖衣裹着的炮弹的攻击，他们在糖弹面前要打败仗。我们就必须预防这种情况。"他的这番话，也是以深刻反思李自成失败的历史教训作为认识基础的。1949年3月23日，毛泽东离开西柏坡去北京时，对周恩来说："今天是进京的日子了……是进京'赶考'嘛！"周恩来说："我们应当都能考试及格，不要退回来"。这时，毛泽东正上车，把手一挥，坚定地说："决不能退回来，退回来就失败了。我们决不当李自成，我们都希望考个好成绩"。稍停后，又补充一句："我们共产党人决不能当李自成"！他就是带着这种决心和信念，离开西柏坡，踏上进京赶考路的。

李自成起义失败的原因很多，从毛泽东在七届二中全会上和进北平时所讲的话来看，他最看重的是胜利后的骄傲自满情绪和享乐主义思想，以及由此而来的腐败，最深刻的教训是李自成没有管住部队中的高级干部，没有对他们进行廉洁自律教育，没有在队伍中抓好反腐倡廉工作。李自成领导农民军与明朝斗争了15年，南征北战，骁勇善战，纵横十几个省区，可说是蛮有战斗力的。毛泽东将李自成领导下的农民战争高度评价为两千年来极著名的一次。当时清军虽然强大，李自成的农民军如果与吴三桂联合起来，是可以对付的。可惜，农民军进京后飘飘然了，一些高官滋生了骄傲自满和享乐主义思想，住豪宅，沉醉于酒色之中，致使革命意志和战斗士气大受创伤。大将刘宗敏自己就被糖弹征服，原想投降农民军的总兵吴三桂，正因为刘宗敏向他父亲的索饷和霸占其妾而反戈投清，引来清兵，使李自成在强清压境下败退北京。教训多么深刻呀！李自成的起义军失败就败在自己部队官兵在思想上没有抵挡住糖衣炮弹。李自成领导的农民起义，胜在推翻经营两百多年的明王朝，败在自己队伍的腐败，这是历史悲剧！

其实，毛泽东对反腐倡廉工作早就非常重视。他之所以领导中国人民闹革命，正是由于与受压迫剥削的劳动人民有着无比深厚的感情，对旧社会统治阶级和地主阶级对劳动人民的剥削和压迫有着深厚的仇恨。正是为了广大受剥削和压迫的劳苦大众，推翻剥削、压迫劳苦大众的统治阶级，建立一个没有压迫和剥削，由劳动人民当家作主的，并享受幸福生活的社会主义社会。所以，他自投身革命的那天起，自始至终紧扣全心全意为人民服务的宗旨和反剥削反压迫的这根弦，时刻也不忘记一切为了群众，紧密联系群众，不脱离群众的群众路线；时刻也不放松对革命队伍的思想建设、作风建设；时刻也不允许任何损害人民利益和脱离群众的丑恶因素腐蚀共产党人的肌体。

早在革命战争年代，毛泽东就非常重视反腐倡廉工作。瑞金时期，领导开展了历时两年的反贪污反浪费运动，提出："腐败不除，苏维埃旗帜就打不下去，共产党就会失去威望和民心，与贪污腐化作斗争，是我们共产党人的天职"。1932年，瑞金叶坪村苏维埃政府主席谢步升把打土豪所得的皮袄子和几斤上等毛线私吞，多占公田，将自己的小牛换救灾的大水牛两头，将公家的好东西送情妇，私抢邱洛水的布匹和猪、鸭，杀南昌起义部队军医，劫走其戒指和毡毯；1932年5月，经中华苏维埃政府临时最高法庭判处了死刑；1933年，毛泽东下令处决贪污 2000 余元大洋的瑞金县苏维埃会计科长唐达仁；1934 年 2 月，经最高法庭判处，处决了贪污筹建中央政府大礼堂、建红军烈士纪念塔、红军检阅台的工程款 256.7 元的全苏大会工程处主任左祥云；1934 年 3 月 20 日，撤去原于都县包庇贪污、私用公款做生意谋利的县苏维埃主席熊仙璧，开除其中央执行委员会委员职务。毛泽东在 1934 年 1 月的《我们的经济政策》一文中写道："应该使一切政府工作人员明白，贪污和浪费是极大的犯罪，反对贪污和浪费的斗争，过去有了些成绩，以后还应用力"①。1940 年，身上有九十个伤疤的肖玉璧，利用职权经营私人生意，甚至将根据地奇缺的食油、面粉卖给国民党的破坏队，从中贪污 3000 元，被陕甘宁边区政府判处死刑，肖要求让他死在战场上，林伯渠请示毛泽东。原来，毛泽东很赞赏这位老战士的战功，曾将中央特批给他每日半斤奶的营养让给了肖玉璧，这次面对林伯渠的请示，原也不忍杀他，在徘徊几次后，也作出了斩"马谡"的决定。林伯渠当时是陕甘宁边区政府主席，他说："肖犯一死，形势大变，边区政府的腐败率降低了"。1941 年 5 月 1 日，毛泽东在《陕甘宁边区施政纲领》一文中写道："厉行廉洁政治，严惩公务人员之贪污行为，禁止任何公务人员假公济私之行为，共产党员有犯法者从重治罪"②。毛泽东不仅严于对干部的廉洁教育，而且对党内干部甚至高级干部中的腐败犯罪行为也从严惩治，绝不姑息。

1949 年毛泽东进京前夕，想起李自成当年进京后因部队骄傲和享乐思想引起的腐败而导致的失败，预感到全党全军进京后在资产阶级糖衣炮弹袭击下的危险，在七届二中全会上和离开西柏坡上京时所说的话语重心长，表明毛泽东对执政党的反腐倡廉工作比革命战争时期更加看得

---

① 《毛泽东选集》第一卷，人民出版社 1991 年版，第 134 页。
② 《毛泽东文集》第二卷，人民出版社 1993 年版，第 335 页。

重要。他认为建国后，我们党成为执政党，脱离群众危险性更大，把反腐倡廉工作看作是一场考试，进京就是"赴考"。这不是考一下子，而是要考一辈子，要"考个好成绩"。所以，新中国成立后，毛泽东更加重视反腐倡廉工作。

1951 年 11 月 30 日这一天，毛泽东转发了两个报告：一是西南局第一书记邓小平报来的，毛泽东在批语中说："我们认为需要来一次全党的大清理，彻底揭露一切大、中、小贪污事件，而着重打击大贪污犯，对中小贪污犯则取教育改造不使重犯的方针，才能停止很多党员被资产阶级所腐蚀的极大危险现象，才能克服二中全会早已料到的这种情况，并实现二中全会防止腐蚀的方针，务请你们加以注意。"[①] 二是来自华北局第一书记薄一波、第二书记刘澜涛的报告。他们列举了河北省天津地委现任书记张子善、前任地委书记刘青山严重贪污浪费的事实。毛泽东在批语中写道："华北天津地委前书记刘青山及现任书记张子善均是大贪污犯，已经华北局发现，并着手处理，我们认为华北局的方针是正确的。这件事给中央、中央局、分局、省市区党委提出了警告。必须严重地注意干部被资产阶级腐蚀发生严重贪污行为这一事实，注意发现、揭露和惩处，并须当作一场大斗争来处理。"[②] 当年 12 月 1 日，中共中央由毛泽东亲自修改审定的《关于实行精兵简政、增产节约，反对贪污、反对浪费和反对官僚主义的决定》，有毛泽东加写的一段话："自从我们占领城市两年至三年以来，严重的贪污案件不断发生，证明一九四九年春季党的二中全会严重指出资产阶级对党的侵蚀的必然性和为防止及克服此种巨大危险的必要性，是完全正确的。现在是全党动员切实执行这项决议

---

① 《毛泽东传（1949—1976）》上卷，中央文献出版社 2003 年版，第 206 页。
② 《毛泽东传（1949—1976）》上卷，中央文献出版社 2003 年版，第 206 页。

的紧要时机了。再不切实执行这项决议，我们就会犯大错误。"①此《决定》发出后，全国范围的"三反"运动正式开始。

毛泽东对"三反"运动揭发出来的腐败分子从不姑息迁就，当时刘青山、张子善案件，是该运动暴露出来的第一大案。他直接督促案件的处理，在党内引起强烈反响。刘青山、张子善利用职权，先后贪污挪用专区地方粮折款25亿元，宝坻县救济粮款4亿元，干部家属补助粮款1.4亿元，修潮白河的民工供应站苛剥利润22亿元，贪污修飞机场节余款和发给群众房地补偿款45亿元，以修建名义向银行骗取贷款40亿元，总共贪污挪用公款约二百亿元（旧币）。他们还同私商勾结，用公款倒卖大批钢铁，中饱私囊，使国家蒙受很大的经济损失。刘青山还吸毒，张子善把专署公安处缴来的毒品送给刘青山享用。他们两人分别是1931年和1933年入党的老党员，是经历过长期革命斗争的领导干部。曾在敌人的监狱中，面对严刑拷打坚贞不屈，表现出共产党员的英雄气概。但在建国后，却居功自傲，贪图享乐，成了资产阶级腐蚀生活方式的俘虏，正像毛泽东在七届二中全会上告诫全党的话一样，没有被持枪的敌人征服，却被用糖衣裹着的炮弹击中。1951年12月4日，中共河北省委作出了开除刘、张党籍的决定，经过河北省人民政府所成立的以杨秀峰为首的调查处理委员会的核实，12月14日，河北省委经过华北局向中央报告了对他们处以极刑的意见。毛泽东于12月29日下午，召开中央书记处扩大会议，经过慎重考虑，并征求党外人士意见，中央决定同意河北省委的意见，由河北省人民法院宣判，经最高人民法院核准，对刘青山、张子善判处死刑，立即执行。公审大会前，有人向毛泽东提出了是否不要处死，给他们一个改过之机的意见，毛泽东说："正因为他们两人

① 《毛泽东传（1949—1976）》上卷，中央文献出版社2003年版，第207页。

地位高，功劳大，影响大，所以才要下决心处决他们。只有处决他们，才可能挽救二十个、二百个、二千个、二万个犯有各种不同程度错误的干部。"①1952年2月10日，河北省保定举行了公审大会，处决了刘、张。全国"三反"运动中，被判处死刑的贪污分子共计42人（内有杀人犯4人），死缓9人。如公安部门行政处长宋德贵因利用盖办公楼大量受贿和生活腐化而枪决。据统计，全国1951年各级处理违纪党员干部49189人，其中省军级干部32人，地师级干部407人，县团级干部2711人。1952年上半年，又有6万左右的党员受到党纪和行政处分，2万左右的党员被开除党籍，其中仅县委以上受到撤职查办和逮捕法办的就有4029人。当时真是大快人心，人民无不称赞共产党廉洁清政，大公无私，说共产党人说话算话，没有做李自成，没有背离全心全意为人民服务的宗旨，没有让千千万万先烈的鲜血白流。薄一波说："以毛主席为首的党中央对清除党的肌体上发生的腐败现象，表现了高度的自觉性和巨大的决心与魄力，真正做到了从高级干部抓起，敢于碰硬，从严治党。""后来，我们党也多次下决心惩治党内存在的腐败现象，但往往失之过宽，未能收到应有的效果。这就更加证明了，在清除腐败现象的斗争中，还须坚持这一条宝贵的经验"。②

在"三反""五反"运动期间和前后，毛泽东不仅对干部贪污盗窃行为严惩不贷，而且对少数干部在生活作风上的腐化即被肉体糖弹征服的现象，也从不姑息。资产阶级对干部和共产党人的糖衣炮弹往往是金钱和女色，干部的防腐工作往往是将反对生活作风上的腐化与反贪污同时进行。毛泽东时期对反对和惩办干部生活作风上的腐化行为从来没有放松过。

---

① 《毛泽东传（1949—1976）》上卷，中央文献出版社2003年版，第218页。
② 《毛泽东传（1949—1976）》上卷，中央文献出版社2003年版，第218页。

以后，反腐倡廉建设，在每次整风运动中，都被列为重要内容，平时也从来没有放松过，是各级党的纪律检查委员会经常性的工作。

毛泽东的反腐倡廉工作，一贯是身先士卒。早从井冈山时期，就史无前例地在部队中实行官兵一致，并在长期革命战争时期，与战士同行军，同吃一样饭菜，同睡一样的连铺，同做一样的劳动，同穿一样的衣衫，从不搞特殊化。进京后，也是这样。1950年2月27日，他从苏联回来，哈尔滨市设宴招待，桌上摆了熊掌、飞龙等，第一餐，由于陪胡志明，吃了。回到住地，毛泽东要他的卫士从第二天起按在家的标准办，第二天就改了。到了沈阳，饭菜比哈尔滨安排得好些，毛泽东很生气，对那里的干部说："我是不学李自成的，你们要学刘宗敏，我劝你们不要学。二中全会刚刚开完，就忘了。我们还要继续贯彻二中全会精神。我们不能这样做。"① 毛泽东始终过着简朴的生活，不仅对自己要求十分严格，从不搞特殊，对自己的家属和亲人也一样不允许他们特殊。1951年，毛泽东的堂弟毛泽连来信要送母亲来京治病，毛泽东回信劝他不要来京，寄去一点钱，要他在长沙治；1952年6月，毛泽连又来信，告他母亲去世，自己跌伤了脚，要来京，毛泽东寄去三百万元（旧币），要他不要来京；毛泽东的内兄杨开智要来京工作，毛泽东要他不要来；毛泽东青年时期的同学毛森品几次来信要他推荐工作，毛泽东回信婉言拒绝说："不宜由弟推荐，反而有害清德"；1925年帮助毛泽东脱险的韶山农民郭士达来信求毛泽东给他在外省安排工作，毛泽东回信说："以就近设法等候机会为宜"予以回绝。时至今日，国内怀念毛泽东的人为什么总是那么有增无减，在很大程度上正是对他这种一贯廉洁自律的纯而无私的崇高人格魅力的缅怀。

---

① 《毛泽东传（1949—1976）》上卷，中央文献出版社2003年版，第205页。

1960 年 10 月，面对三年自然灾害带来的困难，毛泽东号召各级干部以身作则，与群众同甘共苦，共渡难关。他自己开始吃素，不吃肉。对身边工作人员说："国家有困难，我应该有以身作则，带头节约，跟老百姓一起渡过难关，不要给肉吃，省下来换外汇。吃素不要紧。"[①]

一切为了群众是反腐倡廉的根本出发点，一切依靠群众是反腐倡廉的根本途径。让毛泽东思想活的灵魂之一——群众路线，与中国特色社会主义理论体系在一起，不断推动反腐倡廉建设深入发展，不断取得新的成绩。

习近平在纪念毛泽东诞辰 120 周年座谈会上说："党执政后的最大危险是脱离群众"；"全党要牢记毛泽东同志提出的'我们决不当李自成'的深刻警示，牢记'两个务必'，牢记'生于忧患，死于安乐'的古训，着力解决好'其兴也勃焉，其亡也忽焉'的历史性课题"；"凡是影响党的创造力、凝聚力、战斗力的问题都要及时解决，凡是损害党的先进性和纯洁性的病症都要认真医治，凡是滋生在党的健康肌体上的毒瘤都要坚决祛除，通过持之以恒的努力，使党始终成为中国特色社会主义事业的坚强领导核心"。当今，在以习近平同志为核心的党中央领导下，反腐倡廉工作有新的突破和成效，我们相信今后会越来越好。

---

① 《毛泽东传（1949—1976）》下卷，中央文献出版社 2003 年版，第 1098 页。

十一、"伟乎"岳飞，满门忠烈

岳飞和其子岳云一同殉国。毛泽东自己经历几十次危难，每次都将生命置之度外，泰然面对。他的六位亲人在他的教育和影响下，先后走上革命道路，面对敌人的威逼利诱，无一偷生叛敌，一个个英勇就义，为国捐躯。

[评注原文]

岳飞是中国历史上一个伟大的爱国英雄……是个值得我们称颂的民族英雄。

——《毛泽东与他家乡的省委书记》，中央文献出版社 2009 年版，第 83、84 页。

文天祥，岳武穆就是为国家尽忠，为民族行孝的圣人。

——《毛泽东著作专题摘编》，中央文献出版社 2005 年版，第 2288 页。

"命系庖厨"，何足惜哉，此言不当。岳飞……诸辈，以身殉志，不亦伟乎。

——《毛泽东读文史古籍批语集》，中央文献出版社 1993 年版，第 237 页。

是啊，过去岳飞讲"文官不要钱，武将不怕死，天下太平已"这句话有片面性，因为他缺了一面，好像文官不要钱，但是可以怕死，武官不怕死，却可以要钱。我们解放军，则是文官既不要钱；也不怕死，武官既不怕死，也不要钱。这样岂不更好，天下岂不更太平！岳飞还有两句话："饿死不抢掠，冻死不拆屋"。就是饿死也不能抢劫，冻死也不能拆房子烧火。看来岳飞治军是有他的一套的。所以，那时金兀术不怕别的，只怕岳家军。他说过：'撼山易，撼岳家军难'。……谁要撼我们解放军，就更加困难了，撼山易，撼解放军难。

——《毛泽东与影响他的历史人物》，中共中央党校出版社 2009 年版，第 278、279 页。

[故事背景]

岳飞（1103—1142），南宋抗金名将，字鹏举，今河南汤阳人，出身农家，北宋末投军，升秉义郎。女真族政权——金国，于靖康二年（1127）掳去徽、钦二帝，北宋灭亡。宋室南迁，岳飞上书指责，被革职。后与金兵战于太行山；复随宗泽守卫开封，任统制。宗泽死，随杜充南下。1129 年，金兀术南进，次年，在常州、镇江打败金兵，收复建康（南京），任通、泰镇抚使，后因大破金傀儡伪齐军，收复襄阳等六郡，任清远节度使、湖北路荆襄潭州制置使。1136 年，自鄂州（今武汉）取河南、陕西许多州县，于淮西再败伪齐军，官拜太尉。1139 年，高宗、秦桧与金议和，他上表反对。次年，金兀术南下，以河南北路招讨使率兵反击，收复郑州、洛阳等地，大破金兀术于郾城，乘胜夺取距金兵大本营（开封）只有 45 里的朱仙镇（今开封西南），两河义军响应。他以"直抵黄龙府"相号，正待渡河之际，高宗、秦桧以十二道金牌急令班师。他回临安后任枢密副使，被解除军权。不久被秦桧等罗织罪名，诬陷下狱。1142 年 1 月 27 日，以"莫须有"的罪名被杀害，时年 39 岁。宁宗时追封鄂王。

徐有功（640—702），今河南偃师人。武则天时期任蒲州司法参军、司刑丞、左肃政台侍御史、司刑少卿。秉公执法，不徇私情，廉洁自律，屡遭权贵诬陷，曾三次被判死刑，仍守法不阿。有一次昭雪时，给武则天致信说"命系庖厨"的话，为自己是人食之鹿而怨。毛泽东读《新唐书·徐有功传》此话时作了此篇第一句评文，意指此言不当，应以岳飞为伟。

岳飞清廉。当时，杭州其他将领都有豪华府第，唯独岳无。高宗曾拟为他建一豪宅，他上书谢绝，史书《金陀粹编》曰："岳飞生活俭朴，不经商，不置私产，……不纳妾，甚至连一个使女丫环也没有。每次朝廷给的犒赏，他总是如数分配给部下，从不私藏一分一厘。一次，部队给养匮乏，岳飞就将朝廷赏赐给他个人的物品全部变卖，来解决军中急需"。岳飞每月俸禄超宰相，被杀害没收家产时，却无一样真正值钱的东西，只有书画、字卷和准备用于军需的麻布等。岳飞无妾，从不去青楼，大将吴阶花两千贯买一名士家女给他，岳飞遣人送回。妻李氏有次穿绸，岳飞要她与他同甘苦，后从不着绫罗。

绍兴七年（公元 1137 年），金兀术率军南征，以本族精锐在郾城（今属河南省漯河市）与岳家军大战，被岳云率背嵬军骑兵打败。不久，金兵增派十万大军改攻颍昌（今河南许昌），岳飞派岳云驰援颍昌的王贵。岳云率背嵬军在金兵阵中来回冲杀数十次，杀得人成血人，马成血马。待到半日后金兵被杀得士气低落时，岳家军留守部队 5000 人趁势开城杀出，一举击溃金兵。诛杀了金兀术的女婿夏金吾，生擒金军大小首领七十八人，杀死敌军和缴获军械无数。金兀术大为震惊，仰天长叹说："岳少保以五百骑破吾十万众，撼山易，撼岳家军难！"

岳云，岳飞长子，字应祥，号会卿，宋宣和元年（公元 1119 年）六月初五日生于河南汤阴县，从小就受过岳飞严格的家教，常要他刻苦读书，有空必须下地劳作；除非节日，不得饮酒。看到金兵烧杀恶行，岳飞教育他这是金兵所为，长大后必须报国。所以，岳云幼时就立下了保家卫国大志。12 岁时岳云从军，被父亲编入部将张宪的队伍中当小卒，日夜勤学苦练，文武双全。宋时有"任子恩例"，岳飞勉励儿子"自立勋劳"，不可无功受禄。有一次，小岳云与将士一起骑马爬山练习，因马失前蹄而跌倒在地，岳飞说这全是平日练习不认真而造成的，如在战场上，必误国家大事，便令推出斩首，经众将士说情，才打一百军棍了事。从此岳云更加刻苦练兵。公元1134年，16岁的岳云随父出征，收复被金人占领的随州、邓州，岳云手持两个铁锤，冲锋在前，第一个登上久攻不克的随州城，又收归邓州，人称"赢官人"。岳云屡立战功，岳飞隐瞒不报，岳云毫无怨言。张俊说岳飞不该隐报，岳飞说："正己而后可以正物，自治而后可以治人，若使臣男受无功之赏，则是臣不能正己而自治，何以率人乎？"公元1141年，岳云被奸臣秦桧诬陷，与父岳飞和张宪同时被害于杭州西湖风波亭，年仅23岁。公元1161年，宋孝宗为岳飞父子昭雪后，岳云附葬在杭州西霞岭下，追授为安远军承宣使，武康军节度使及安边将军，追封为继忠侯。

[实践纪事]

毛泽东对岳飞有着特殊的感情，他对岳飞的敬仰和赞赏，更多的是"不怕死"。他在读《唐书·徐有功传》时，对徐有功不畏权贵，公正执法，自己也因此入狱的精神很欣赏，但对他因不免有一天"命系庖厨"，成为俎上之肉的话不赞成，说他"此言不当"，应以岳飞等人的"以身殉国"为伟。1939年4月20日，毛泽东在延安活动分子会上说岳飞"是为民族行孝的圣人"。1952年11月1日，毛泽东视察山东、河南黄河流域返京途中，突然在岳飞故乡汤阴站下车，在《岳忠武王故里》碑前念碑文，听到汤阴县县长王庭文说"岳家后代，没有一个当汉奸"时，说岳家"保持了岳飞的爱国主义气节"。1954年春天，毛泽东在杭州要浙江省公安厅厅长王芳，将位于西湖北岸葛岭脚下的岳王墓周围的其他坟墓拆掉，以彰示岳飞的尊严，还要王芳给他在岳飞墓前献花圈。还讲了岳飞是"一个伟大的爱国英雄……是值得我们称颂的民族英雄"。1963年2

月 15 日，毛泽东会见柬埔寨西哈努克亲王时，陪同的总参谋长罗瑞卿向他汇报了西藏军区司令员张国华讲的在中印边界自卫反击作战的主要经验是"一不怕苦，二不怕死"时，毛泽东特意提到了岳飞所说的"文官不要钱，武将不怕死"的话。1975 年 8 月，毛泽东做白内障手术时，让身边的工作人员放岳飞的《满江红》唱片，迈着蹒跚的步子，从容乐观地走向手术台。这些情节，充分说明毛泽东对岳飞的印象是非常深刻的。

毛泽东置自己生命于度外

毛泽东自己从来是不怕死的，也像岳飞那样，不贪生怕死，曾经历过三十多次生死考验，每一次都置生命于度外，不惧不避，挺身走险，赴汤蹈火，不顾生死，机灵应对。

1929 年 1 月，毛泽东率领红四军从井冈山向赣南进发，在大余县城和寻乌县圳下村两次陷入敌人的包围。林彪率领的 28 团溃不成军。明知大难临头的毛泽东，身先士卒，站在溃退的 28 团前头，冒着枪林弹雨，指挥、鼓舞着四面散逃的红军战士回头奋勇杀敌，终于杀出一条血路来，他自己也冒弹脱险。

1935 年 5 月 26 日，红军经过两天两夜的战斗，渡过了大渡河，进到化林坪地区一座山下的开阔地休息。突然，几架敌机低空飞来，发出震耳欲聋的爆炸声，飞机上的机关炮疯狂扫射，树木被拦腰打断。毛泽东不顾个人安危，指挥着红军官兵卧倒隐蔽，而他自己却来不及隐蔽。警卫队长胡昌保为保卫毛泽东，很快地朝毛泽东扑去，把毛泽东紧紧压在身下。这时，一个炸弹正落在他们的身边。空袭解除后，压在毛泽东身上的胡昌保已经血染全身，壮烈牺牲。

1936 年的一天，蒋介石令集结在西北的空军轮番轰炸从瓦窑堡进驻保安的中共中央机关窑洞。警卫们几次跑到毛泽东的窑洞，催促正在办公的毛泽东避一避，毛泽东却泰然自若地继续工作。突然，又一轮敌机朝毛泽东所在窑洞周围俯冲下来，猛一阵轰炸和扫射，毛泽东窑洞左边二局电台附近，右边贸易部的院部都挨了炸弹，毛泽东的窑洞被附近的炸弹震得隆隆直响，霎时，泥土直往下掉，落满一桌。毛泽东拂去掉在文件上的泥土、砂石，又坦然地俯在桌上办公。

1947 年，面对蒋介石调集嫡系胡宗南 25 万精锐进攻"围剿"延安，而人民解放军的大部兵力都分散在华北、华东、华中战场，延安守军只有 3 万余人，撤离延安时，毛泽东为了牵制和分散蒋介石的精锐部队，让西北野战军有效地粉碎胡宗南的进攻，让其他各战场的野战军集中力量做好解放全中国的准备，带着中央机关的部分人员，不听任何人要他过黄河的劝告，把个人的安危置之度外，坚决不过黄河，坚持在陕北战斗。他在前有葭芦险河，后有看得见的敌兵的千钧一发之际，视死如归地率领机关人员从敌人鼻孔下泰然走过，敌人摸不着头脑，连枪也不敢放地让他走过几百米，大难脱险。

1948 年 4 月 11 日，毛泽东率领中央首脑机关住在晋察冀军区司令部驻地阜平县城南庄村西新界靠南的院子里。这个消息很快被国民党军统保定阜平小组发展的隐蔽在晋察冀军区司令部特务分子刘从文、孟建德上报给最高特务机关，蒋介石因而派来了轰炸机轰炸毛泽东住室。5 月中旬的一天清晨，一架敌侦察机突然飞来。司令员聂荣臻意识到这是轰炸机轰炸的前奏，不久两架 B-25 轰炸机果然飞来，聂荣臻快步跑进毛泽东的房间里，催毛泽东进防空洞。毛泽东泰然以待，仍旧在那里办公。聂荣臻急得没法，令警卫人员取来担架，将毛泽东强行抬进防空洞。当毛泽东坐着担架刚进防空洞时，敌机就投下了 5 颗杀伤弹，其中一枚正好落在毛泽东住的房间里，门窗上的玻璃被炸烂，飞进去的弹片把放在桌上的两个热水瓶和鸡蛋炸碎了。后来刘、孟两个隐藏在司令部的特务被判处死刑，但视死如归的毛泽东却大难得救。

毛泽东六位亲人的光荣牺牲

毛泽东在罗瑞卿讲解放军"一不怕苦，二不怕死"的精神时，就讲起了岳飞说的"不怕死"和金兀术颂"岳家军"的话。金兀术颂"岳家军"主要是针对岳少保率领的背嵬军骑兵而言的，岳云是金兀术所赞颂的"岳家军"精锐部队"背嵬军"最重要的将领之一，岳云和岳飞一同"以身殉国"的实际行动，所铸成的忠烈父子形象，无疑是岳飞"不怕死"的实际行动和精忠报国家教的光辉结晶。

从难"撼"的"岳家军"想起难"撼"的岳云，从岳飞的精忠报国想起他对难"撼"子岳云的家教，不得不令人们联想起毛泽东对儿子毛岸英的影响。毛岸英短暂一生的表现，无不彰显着毛泽东像岳飞对岳云那样严而有方的家教力量。

其实，毛泽东家人当中壮烈牺牲的不止毛岸英，还有另外 5 位。他家 6 位亲人的牺牲，无不彰显着他们为国为人民宁死不屈的精神。

毛泽东的妻子杨开慧，于 1930 年 11 月 14 日牺牲。

杨开慧，名霞，字云锦。湖南省长沙县（现为长沙市望城区）人。1901 年 11 月 6 日生于长沙县泰都下板仓屋。父亲杨昌济，留学日本、英国 9 年，因不满袁世凯换汤不换药的政局，拒绝要他担任湖南省教育厅厅长的任命而选择教书育人的进步教师。1913 年春，因父亲杨昌济在湖南第一师范学校任教，杨开慧和母亲迁居省城长沙，结识了来一师求学并常到杨昌济家请教的毛泽东，参加毛泽东、蔡和森和陈昌等人在杨家为寻求救国救民道路所开展的讨论，对毛泽东的伟大抱负和宏论卓识甚为赞赏和敬仰。毛泽东对她参加学习的热心和虚心极为支持，常给她解答各种疑难，给她看自己写的笔记和日记，使她从中学习了不少革命道理。1918年，杨昌济应聘到北京大学任教，杨开慧也跟着到了北京，住在鼓楼后豆腐寺胡同9号。同年8月19日，毛泽东为支持赴法勤工俭学来到北京，经杨昌济介绍，在北京大学图书馆工作，常和邓中夏等到杨昌济家研究和请教有关救国之道，杨开慧又有机会参加有毛泽东的各项活动，阅读了《新青年》《新潮》等进步书刊，学习了十月革命经验，初步接受了共产主义思想。1919年，五四运动爆发，杨开慧又一次受到革命的洗礼。1920年1月17日，杨昌济去世，杨开慧回到长沙，进入长沙福湘女中读书，她参加了毛泽东领导的"驱张运动"，积极组织福湘的学生示威游行。她一直在毛泽东组织的湖南学生联合会中开展反帝反封建的宣传工作。1920年7月，毛泽东在湖南从事创建中国共产党的活动，她动员母亲，把父亲去世时北京大学同事送的祭奠费捐献一部分出来给毛泽东作革命经费。当年，毛泽东开办了"文化书社"，她参加书社工作，为广泛传播马克思主义起了很大作用。年底，她参加了中国社会主义青年团，同年，与毛泽东结婚。

1921年，毛泽东参加党的一大后，在湖南建立了中共湘区委员会，杨开慧加入了中国共产党。在长沙小吴门外清水塘租了一所房子，作为湘区党委的秘密机关，她和毛泽东住在里面，担任湘区党委的机要和交通工作，积极协助毛泽东发展党团组织和开展工人、农民、学生运动。8月，毛泽东创办湖南自修大学，她以学联干事的身份，动员学联拿出"五四"时期各界给学联捐献的一部分资金予以援助。1922年，毛泽东创办湖南青年图书馆，她为负责人，馆内设一秘密阅览室，为传播马克思主义和传递党的文件做了大量工作。1923年4月，她带着岸英和岸青随着毛泽东来到上海，协助通过党的三大选为中央委员的毛泽东办报，搜集资料，整理材料，还挤出时间到工人夜校讲课。1925年2月，她随同毛泽东第一次回韶山，协助毛泽东在韶山地区创办了20多个农民夜校，传播、宣传革命知识，帮助韶山农民开展农民运动，建立了20多个秘密农会和公开的群众性组织——雪耻会。1925年元月，帮助毛泽东建立了我党第一个党的农村基层组织中共韶山支部。同年冬，她随毛泽东前往广州东山，协助毛泽东搜集、整理资料，编写文稿，与周恩来、邓中夏、恽代英、林伯渠、李富春等在北伐军部队工作的同志搞好联络工作。1926年12月，随毛泽东经武汉到长沙，协助毛泽东开好全省农民代表大会，整理农运考察资料。1927年2月，随毛泽东到武昌，在都府堤41号协助毛泽东写下了《湖南农民运动考察报告》。八七会议后，随毛泽东回到了长沙。

毛泽东发动秋收起义时，杨开慧因要照看三个孩子，回到板仓，参与领导了长沙、平江、湘阴等县边界一带的革命斗争。她得知毛泽东上井冈山后，召集地下组织开会，号召每个共产党员拿起木棒、梭镖与敌人战斗。1928年，她在象牙山屋后杉树坡的废穴洞里，开了一个有长沙、平江地下同志参加的会议，号召用革命的枪杆子，打倒土豪劣绅和贪官污吏，布置搞宣传、挖铁路、砍电线、夺枪支等工作。她还带着三个孩子到平江石洞等地进行革命活动。

1930年七八月间，由于李立三"左"倾冒险错误的影响，红三军团第二次进攻长沙失败，国民党为了进一步扑灭革命烈火，到处搜捕屠杀共产党员和革命人民，仅在板仓附近的清泰、白沙一带就有460多名共产党员和革命群众被杀害。同年10月下旬的一个早晨，国民党湖南省主席何键派来匪军几十名突然围住了杨开慧的住所，她临危不惧，在从容地处理好手上的秘密文件后，横眉冷对冲进来的敌人："要走就走！"敌人将杨开慧和8岁的毛岸英以及保姆陈玉英抓走，先后关押在长沙警备部、清乡部和陆军监狱等牢狱中。

杨开慧在敌人严刑拷打和百般利诱下坚贞不屈，表现了共产党人崇高的革命气节。敌人妄图强迫她交出地下党组织的名单和毛泽东的具体地址，她或以沉默作回答，或斩钉截铁地说："不晓得。""不晓得就是不晓得，横直没有什么可讲的。"敌人用皮鞭打，用竹签扎，用杠子踩，惨无人地道把她打得鲜血淋漓，遍体鳞伤。在她被打得昏了过去时，敌人就往她身上泼冷水，她一醒来，又昂起头，怒斥反动派："要打就打，要杀就杀，我什么也不知道。"敌人见硬的不行，便来软的。伪执法处处长假惺惺地劝她"登报声明和毛泽东脱离夫妻关系，以马上得到自由"。她极其蔑视地说："我早想好了！""这些事，不用你管，我自己有主意。"当敌人又叫嚷杀她时，她声色俱厉地说："要杀就杀，不管你们用什么手段，要想从我口里得到你们满意的东西，那是妄想！"当组织多方营救，一些知名人士要求释放杨开慧的电报如雪片般飞到长沙时，何键等人非常惊恐，决定对她下毒手。她这时视死如归，对前来探望的亲友说："莫难过，告诉我妈妈，叫她不要难过，好好教育岸英等三个孩子。敌人今天可能杀死我一个人，但是共产党人是杀不绝的，革命总有一天会胜利的"。1930年11月14日，敌人将杨开慧五花大绑，押往刑场，下午1点，杨开慧在长沙浏阳门外识字岭光荣就义，年仅29岁。

毛泽东的大弟毛泽民，于1943年9月牺牲。

毛泽民，生于1896年4月，从小随父亲务农，没读过多少书。1920年冬，毛泽东从长沙回到韶山，建议他把家里收拾一下，到长沙去学习。要他多想祖国前途，民族命运，人民痛苦，要舍家为国，舍己为民！他听到哥哥这么一说，震动很大，便按照哥哥的意见，将人家欠他家的债免了，将栏里的猪出卖，偿还了外债，将田地和房屋送给贫苦人，于1921年毅然离开家乡，跟着哥哥来到长沙，先在一师附小搞校务，具体管理全校师生的伙食。1921年秋，为毛泽东开办的湖南自修大学搞庶务工作，并参加附设的补习学校读书。经过补习学校的学习，他学到了很多革命的道理，增长了文化知识。1922年，他参加了中国共产党。

1922年年底，毛泽东派毛泽民去安源，在矿党组织的领导下，与工人一道写标语、横幅，搞调查，组织工人骨干开会。根据毛泽东的指点，为了帮助工人抵制奸商盘剥，改善工人生活，于1923年2月7日发动了每个工人出一元或五角钱做股本，在安源办起了中国第一个工人消费合作社，毛泽民任合作社经理，使合作社出售的物品价格比私商平均便宜三分之一到二分之一。到1924年，合作社发展了几个分社。1925年，他随着哥嫂带着毛岸英、毛岸青回到韶山，协助毛泽东搞调查研究，兴办夜校。不久，党组织派毛泽民到广州农民运动讲习所学习。

1925年冬，毛泽民调上海任出版发行部经理，为传播革命知识倾注全力，他领导下的上海书店，源源不断地给广州、长沙、南昌、宁波和在香港、巴黎的书店送书。上海书店的几个印刷厂，专印马列著作、党的内部文件和刊物，包括党中央的理论刊物《向导》、团中央的《中国青年》等。由于党的秘密印刷厂缺乏装订设备，他找到了一家小厂子代为装订。以后，这家小厂为了从反动派那里捞一笔巨款，将他出卖，多亏他自己眼疾手快地跳楼脱险。四一二大屠杀发生时，他奔赴武汉，任《国民日报》的经理。大革命失败后，毛泽东派他回湖南做秋收起义准备，到湘潭、湘乡一带进行组织工作。九月中旬回到长沙时，毛泽东带秋收起义部队正在向平浏一带直进。他费尽周折，仍未追上毛泽东，只得回长沙继续坚持党的地下工作。直到1927年冬，根据党中央指示，他仍返上海继续开办印刷厂。随后，党组织将他转到天津开办"华兴印刷厂"，历时三年多，为继续印刷党的内部刊物、文件、传单以及河北省委主办的《北方红旗》等刊物，传播革命火种不断做出贡献。1931年元月，党组织派他又回上海，以开设"酒行"作掩护，为恢复党的秘密印刷日夜奔波。

1931年7月，上海党组织又一次遭到严重破坏，他被调往闽粤赣革命根据地，任闽粤赣军区的后勤部长，负责打通苏区与粤、赣的交通线，为部队解决给养问题。1932年，毛泽东派他筹备和成立中华苏维埃国家银行，担任第一任行长。他坚决执行毛泽东"统一财政，筹款支持前线"的指示，印发苏区自己的钞票，一元苏维埃的票子可到我银行换一元二角的现洋，极大地提高了苏维埃货币的威信，1934年10月长征开始时，他担任15大队负责人。遵义会议后，他担任先遣工作团的负责人，负责部队的后勤。由于少数民族对红军不了解，把粮食藏起来，有的还把水磨、石臼也破坏了，他率领战士遵守红军纪律，带头用手磨谷子。有一次部队打土豪，错杀了老百姓一头猪，他亲自将钱送上门给予赔偿。炊事员天天办膳事，很辛苦，由他带头轮流顶班，让他们每十天休息一天。到达陕北后，他担任中国工农民主政府国民经济部长。当时各国工人阶级为了支持我党我军抗战，捐了一大笔款，由法国寄到上海。中央决定让他去取，他为了防止敌人发现，决定分批兑换、运走，直到1937年年初才兑运完回来。这时，毛泽民由于长期疲劳，患了严重的支气管炎，党组织决定让他去苏联养病。他在西安八路军办事处过完春节后，乘飞机到了新疆办事处暂歇。

这时，全国人民正在我党抗日民族统一战线的感召下合作抗日，新疆军阀盛世才见到新疆地处中苏边境，为了巩固他的地位，极力伪装对外亲苏，对内亲共，要求我党派干部到新疆去协助工作。我党为了团结新疆各族人民联合抗日，派了以中央委员陈潭秋为代表的一百多名共产党员到新疆开辟工作，毛泽民也是其中之一。于是，毛泽民被留在新疆，参加八路军驻新疆办事处的领导，化名周彬，担任新疆财政厅厅长。他为整顿新疆财政，实施了改革币制、禁止滥用钞票、建立金融制度等三年计划；将司法机关的赃物变价、粮务局的马尾和驼毛变价的款子都由财政厅统一分配；执行金融法纪、追查贪污挥霍；堵塞当铺盘剥；广泛发行公债；对公务人员实行奖惩条例。仅一年时间，新疆出现了收支基本平衡，物价比较稳定，促进了生产发展，受到了新疆各族人民的拥护，有力地支援了抗日战争。他在新疆工作四年多，勤政为民，清正廉洁，不抽烟，不喝酒，每月的薪金绝大部分交作党费。1942年夏天，在他担任新疆民政厅厅长期间，新疆流行急性鼠疫、斑疹，死亡率很高。他不顾自己血压上升，心脏绞痛，支气管炎发作，带领医疗队在疫区几个县来回奔波，工作中几次昏了过去，醒来又坚持工作。

1941年1月，随着蒋介石接连掀起的两次反共高潮，盛世才暗地里投靠了蒋介石。1942年9月的一天，盛世才派车以接他开会为名，将陈潭秋、毛泽民、林基路三人抓去，随即一百多名在新疆的共产党员陆续被捕。毛泽民在被提审时，法官诬蔑他在苏领事馆阴谋暴动，毛泽民痛斥他"造谣中伤，阴谋陷害！"当敌人利用叛徒搞假"对质"时，他大声喝道："他是无耻的叛徒，是你们驯养的狼狗！"敌人对他实行各种法西斯酷刑，"车轮战术"折磨他70多天，得到的只是无情的揭露和义正词严的回击。1943年9月的一个晚上，敌人将他与陈潭秋、林基路一起秘密杀害。

毛泽东的二弟毛泽覃，于1935年4月25日牺牲。

毛泽覃，生于1905年农历八月二十七。从小机灵可爱，喜抱不平，毛泽东特别喜爱他，1918年将他带入长沙第一师范附小高十四班读书。在毛泽东的影响下，他那幼小的心灵很早就播下了红色的种子。1922年秋，他进入湖南自修大学学习，除补习中学程度的文化知识外，认真攻读《共产党宣言》《社会主义从空想到科学的发展》《国家和革命》等马列著作，并在工厂、农村搞调查，在一个矿山参加一个多月的罢工。毛泽东夫妻非常关心他的成长，有一次，他和几个青年把毛泽东装秘密文件的小箱子藏了起来。毛泽东发现他们是开玩笑，便对他进行了一次长时间的谈话，指出他的优缺点，对他进行革命的教育，很好地为他上了一堂党课，对他的思想震动很大。"二七"惨案后，毛泽东派毛泽覃去水口山从事工人运动，经受革命的锻炼，担任该矿工人俱乐部教育股委员，兼任工人学校教员。他遵照毛泽东的教导，常到敲沙棚、机器间、矿井里劳动，与工人建立了深厚的感情。他白天到小学部教学，晚上到补习学校上课，给工人宣传马克思主义，帮助他们补习文化，还办了一期骨干训练班，向工人积极分子进行革命基本知识教育。1923 年 10 月，他在水口山加入了中国共产党。不久，他调回长沙，担任社会主义青年团长沙地委书记处书记。1925 年秋，他随毛泽东去广州，先后在黄埔学校、广东区委、广东省农民协会、省港罢工委员会工作。1927 年夏，他又转移到武汉，在国民革命军第四军政治部任上尉，秘密从事我党组织工作。

不久，毛泽覃奉命参加南昌起义，当他赶到南昌时，起义部队已经南下，毛泽覃追到江西临川，被哨兵抓去见到周恩来，周恩来认得他是毛泽东的弟弟，派他去叶挺为军长的十一军所属二十五师政治部任宣传科长。十一月初，朱德的部队在赣南崇义上堡整训时，忽然发现与毛泽东一起参加秋收起义的以张子清、伍中豪为首的第三营在附近被打散，前往侦察虚实的陈毅从那里得到毛泽东领导秋收起义部队上井冈山的消息，朱德立即派毛泽覃寻找毛泽东。当年春天，毛泽覃穿着一身国民党正规军军官的服装，带着国民党第十六军副官的证件，化名"覃泽"来到湖南茶陵坑口，找到在那里执行任务的工农革命军，连长陈伯钧将他送上井冈山见毛泽东，为朱毛会师牵了线。从此，毛泽覃便留在井冈山，先后担任团政治部代理主任和营党代表等职务。

1928年年初，他随毛泽东的工农革命军占领遂川，担任团政治部主任和遂川县委委员及游击大队党代表。1928年2月，赣敌朱培德派27师79团一个营占驻宁冈新城，企图进犯井冈山。毛泽东率工农革命军第一团的第一、三营和教导队及第二团的第一营，在地方暴动队、赤卫队、游击队配合下，将新城围住。毛泽覃身先士卒，率领遂川游击大队，架梯翻越城墙，火烧城门，攻破东门，杀入城内。1929年，毛泽覃任赣西南特委委员、东固区委书记，1930年秋，任吉安县委书记和红军驻吉安办事处主任，后任永（丰）、吉（安）、泰（和）中心县委书记，第三次反"围剿"时，黄公略牺牲，永、吉、泰中心县改为公略县，他任公略县县委书记，兼任红军的特派员和政委。

1931年1月，毛泽覃调到瑞金，担任苏区中央局秘书长等职务，由于发表过抵制冒险主义和向中心城市发展的言论，支持了毛泽东"诱敌深入"的战略战术，1933年，与邓小平、谢维俊、古柏一起被扣上"江西罗明路线"的帽子，遭到错误的批判。同年5月，王明"左"倾路线策划召开了"江西党三个月工作总结会议"，通过了《江西省委对邓、毛、谢、古四同志二次声明书的决议》，指责他们是"罗明路线在江西的创造者，同时是反党的派别和小组织的领袖"，勒令他们"立即解散"所谓"根据罗明路线而组织的宗派和小组织，否则立即开除出党"。毛泽覃在"残酷斗争"和"无情打击"之下，不屈服，不动摇，最后被撤除一切职务，派往基层担任巡视员和突击队工作。

1934年10月，红军长征，毛泽覃留在中央苏区坚持游击战争，担任中央苏区分局委员和红军独立师师长。他在红色故都瑞金被敌人重重包围的情况下，不顾敌人"移民并村"，强化"保甲制度""一甲（十户）

连坐""计口购粮",施行"树砍光、屋烧光、人杀光"的"三光政策",以毛泽东的游击战术为指导,率领红军游击队于 1934 年秋天把敌人引至谢坊不远的山上,布下一个大"口袋",击毙敌团长一人,缴枪一百多支,俘敌数十人,取得了重大的胜利。1935 年 2 月,他率部前往福建长汀的四都,由于福建省委书记万永成不采纳他将部队编成几个支队、四处袭击敌人的意见,使福建军区直辖的两个主力团被敌人打散。4 月上旬,他在腊口西分水坳被敌人包围,突围后,带着十几个战士来到瑞金的一片大山中。4 月 25 日,他率领这些战士到达黄膳口附近的一个后来取名"红林"的大山中的一个纸槽小屋里。由于叛徒的出卖,被敌 24 师包围,他当场打死几个敌人后,中了敌兵的一枪,光荣牺牲。

毛泽东的堂妹毛泽建,于 1929 年 8 月 20 日牺牲。

毛泽建,于 1905 年 10 月出生于一个贫苦农民家里,乳名菊妹子。父亲毛尉生 39 岁时给地主做长工,被折磨而死,母亲陈氏带着她和三个弟弟过着饥寒交迫的牛马生活。三九寒冬,常常穿着薄衣单裤,跟着母亲沿村乞讨。六七岁时,毛泽东的父母见她难以养活成人,将她接过来当作亲生女儿抚养。1919 年和 1920 年,毛泽东的父母先后去世,14 岁的她被姑母接走,被迫送给别人当童养媳。1920 年冬天,毛泽东回到韶山。她要跟着大哥去读书、干革命。毛泽东当晚在纸盒上写了"毛泽建"三个字教她认,第二天早晨,毛泽东再问她时,她不仅能认,还能写。毛泽东见她接受能力强,于 1921 年春帮她解除了不合理的婚姻,将她带到长沙,安排在长沙市的一个女子职业学校读书。她白天上学读书,晚上到平民夜校听毛泽东讲课,学到很多革命道理和文化知识,向同学们宣传革命,为毛泽东办的文化书社推销进步书刊,替革命同志站岗放哨,1921 年加入中国社会主义青年团,1923 年上半年加入中国共产党。

1923 年,遵照毛泽东的意见,毛泽建来到设在衡阳的省立第三女子师范学校，边学习边从事学生运动，担任该校学生党支部书记。她在同学中物色一批出身贫苦的进步青年，利用星期六晚上，向她们宣传马克思主义和革命知识，利用星期日同她们一起步行到衡阳县东乡、北乡以及附近的工厂、矿山，开展革命的宣传活动。1925年冬，她与衡阳第三中学的学生、共产党员、湖南学联负责人之一的陈芬结婚。1926年，她离校参加了衡阳县的农民运动，担任中共衡阳县委妇女委员，深入到衡阳县神皇山、园山、磴子岭等地，发动和领导农民打倒土豪劣绅，建立农民自卫军，发动妇女放脚，组织儿童团站岗放哨，协助农会开办农民夜校，建立了中共神皇山党支部和神皇农民协会。1927年2月，毛泽建作为衡阳县的代表参加了省妇联召开的妇女工作代表大会，向毛泽东汇报了工作，聆听了他的教导。返回衡阳县后，在衡阳集兵滩进一步发动群众开展农民运动。1927年3、4月，她在衡阳县集兵滩的观音堂办了两期农民运动骨干训练班，亲自为学员讲课、练操，从参加训练的400多名学员中，培养和发展了20多名共产党员。1927年夏，大地主罗清溪、罗老八从衡阳搬来一连国民党反动军队，企图镇压革命群众，毛泽建组织了几千农民，系着红绳红带，举起梭镖长矛，将这支反动军队驱回衡阳县城。接着，她深入妙溪、麻町和集兵滩一带，组成几千人的农民自卫队，成立了衡北游击师，用大刀、梭镖、鸟铳、土炮，击败挨户团等反革命武装，处决了周德翠、周凤鸣等一批反革命分子。

1927年10月底，中共湘南特委派陈芬和毛泽建到衡山县，主持召开全县临时党的代表会议，改组和重建了衡山县委。由陈芬任县委书记兼军委书记，毛泽建任县委妇联委员。在他们具体领导下，组织了衡山工农军游击队，在衡山、湘潭、醴陵三县交界地区进行游击活动。1928年3月，毛泽建率领游击队，将衡山县团防局的一百多名官兵，引入伏击圈，把团防局的伪兵打得晕头转向，四散奔逃。1928年3月，毛泽建和陈芬来到耒阳县，参加当时朱德、陈毅领导的湘南暴动。她带领一支数十人的农军，手执长矛、大刀，把耒阳县民团头子曹永生的团防兵杀得丢盔弃甲，狼狈逃窜。随后，毛泽建在耒阳组织游击队，自任队长。同年夏天，毛泽建和陈芬领导游击队在耒阳县夏塘铺的一次战斗中陷入敌人重围，终因寡不敌众，两人先后被捕，年仅25岁的陈芬英勇就义，井冈山派来部队把毛泽建营救出狱。由于敌人反扑，怀有身孕和负伤的毛泽建，为了不拖累救营的部队，坚决要求留下来，不幸再次被捕，被关在衡山县女子监狱。

毛泽建在狱中一年多时间，受尽种种酷刑，被打得皮破肉绽，鲜血淋漓，仍然无所畏惧，毫不屈服，对敌人的名利引诱，更是嗤之以鼻，坚贞不屈。一个女看守为之大受感动，一个来狱中修壁的木工问她为何这么勇敢，她说："为革命而死，心甘情愿，值得！"一个晚上，叛徒彭瓒来劝降，她义正词严地对他说："怕死不革命，要我投降，除非日从西山出，湘江水倒流，你这背叛革命的狗奴才，终有一天，要受到党和人民的审判！"彭瓒悻悻离去。新上任的衡山县长蔡庆煊把毛泽建提到公堂，问她叫什么名字？她昂首答道："我叫共产党！"问她杀了多少人？她理直气壮地说："我们共产党专打贪官污吏、土豪劣绅，对罪大恶极的才杀，杀老百姓的只有你们这些披着人皮的豺狼。"问她为什么不怕死？她仰头大笑，大义凛然地说："为了普天下劳苦大众的解放，我毛泽建就是赴汤蹈火心也甘！"蔡庆煊见她如此英勇不屈，只得恼羞成怒地退堂。1929年8月20日毛泽建英勇就义。

毛泽东的侄儿毛楚雄，于1946年8月牺牲。

毛楚雄，于1927年9月8日生于长沙市小吴门松桂园小巷的一栋古老的小楼里。楚雄不到半岁，母亲周文楠因参加革命被国民党逮捕入狱，全靠外婆周陈轩抚养。为了防止敌人发现，周陈轩将他改姓周。1930年，红军攻下长沙，周文楠被救出狱。回家的妈妈见到了 3 岁的孩子后，很快又参加红军，随部队进入苏区。1935 年，8 岁的楚雄进入松桂园附近的一个小学读书。这一年，他的父亲毛泽覃在苏区光荣牺牲，外婆怕刺伤他小小的心灵，没有告诉他。几个月后，周陈轩想女婿牺牲的事还是及早告诉楚雄好，便把楚雄拉到怀里，向他讲了开慧伯母和泽建姑姑为革命牺牲的故事以后，将他爸爸牺牲的事告诉了他。小楚雄突然脸色苍白，不禁痛哭起来，从此，他幼小的心灵播下了对反动派仇恨的种子。

1936 年冬，楚雄一家找到了上级党组织。当年 11 月 24 日，楚雄的堂哥和一位堂叔，遵照党组织的安排，将楚雄一家包括楚雄的母亲、外婆、舅舅等五六人接到韶山。

毛泽东得知楚雄一家回到韶山后，立即写了一封信给周文楠，要她去延安，要小楚雄好好学习，长大后，继承爸爸遗志，并给她寄了二十块光洋做路费。于是，楚雄的妈妈离开了楚雄，楚雄知道是大伯来的信，要舅舅一遍遍念给他听，将信上的话牢记在心里，他知道妈妈此去是大伯要她去革命，很高兴。当妈妈临行要他听外婆和舅舅、叔叔、伯伯的话，长大了大伯一定来接他时，他说："妈妈，我会听话的，你去告诉大伯，我长大了也要去延安，为爸爸报仇"。周文楠去延安后，毛泽东在给韶山党组织和党员写信时，常常要他们多多关心楚雄的成长。韶山地下党组织的人常常向他转达大伯对他的希望，给他讲他大伯过去在家里的故事。1940 年，楚雄考入韶山私立思三小学读高小，1941 年毕业。革命家庭的熏陶，使楚雄逐渐懂得很多革命道理，立下了走大伯路，"为国效力，继父之志，为父报仇"的宏伟志向。当年，韶山地下党组织在毛氏宗祠小学办了一个图书馆，地下省委常给馆里送来斯诺的《西行漫记》和毛泽东写的《论持久战》《反对自由主义》。小楚雄见这些书是写大伯的事，有的是大伯写的，虽然不大懂，但还是手不释卷。有一次听到老师讲日本鬼子飞机炸长沙、烧长沙的情形后，毛楚雄激愤得流下眼泪，在《抗战建国》作文中写道："我们现在抗战，一为暴日之侵略，忍无可忍而战，二为全人类的正义而战，三为夺回全世界人类的公理而战。"有一年，县里一个督学听说他十三四岁就写出这么好的文章，亲来韶山视察，当面问了几题，对答如流，又出了个难题，叫他作文，他下笔成文，一挥而就，督学连说："非凡之才"，还给学校发了甲等教学奖。皖南事变发生后，党组织寄给楚雄和外婆的钱停发了，十四岁的楚雄被迫停学，他想起大伯过去家里的故事，便像大伯一样，积极参加劳动，在劳动中增强了对农民伯伯的感情，关心穷人的生活，宁愿家中喝稀饭也要拿点粮食给穷人吃。对门谢家屋场住着两个老人，一位八十多岁的老婆婆，靠六十多岁的媳妇讨饭养活，他拿着家里不多的柴米送去，还给他们挑水、种菜，老阿婆说："楚雄是个好孩子，与他大伯当年关心穷人一样。"1945年农历八月的一个晚上，路过的部队三五九旅首长王震受毛泽东的委托，派人来韶山接楚雄去延安。18岁的楚雄跟着来人来到湘阴白鹤湖参加了王震的部队。当年九月，楚雄随着部队来到湖北黄陂县，以后又到了中原区司令部所在地湖北宣化。1946年，楚雄随着部队行军打仗二十多天，七月中旬到达河南淅川县见到王震。王震带着楚雄于当年8月7日抵达陕西的镇安县，遇到胡宗南的进犯。王震把楚雄委托给原新四军供给部部长吴先云带领，让他们化装成商人，抄小路去延安。吴先云50多岁，人称"老部长"，他和妻子带着楚雄以父子名义，于8月中旬，离开镇安，于黄昏时刻到达一个叫作文家庙的山村，分别住在两户农家。当地一个保长对他们起了歹心，第二天早饭后，带着一伙保丁和土匪，手持凶器追赶上来，将他们抓在门家沟，进行审问、搜查。楚雄见他们如此凶狠，愤恨地喝道："不要这样猖狂，没什么了不起！"伪保长命刽子手杀他，楚雄面无惧色地挺起胸膛，怒视着敌人，大声斥责道："杀吧！革命者是杀不完的，你们灭亡的日子不远了！"刽子手举起斧头凶恶地向楚雄砍去，楚雄赤臂高呼："共产党万岁，毛主席万岁！"当即英勇就义。

毛泽东的长子毛岸英，于 1950 年 11 月 25 日牺牲。

毛岸英，生于 1922 年 10 月 24 日，长沙泥木工人罢工斗争取得决定胜利的那一天。这一天，毛泽东领导的工人取得胜利，又喜得第一个孩子，可以说是双喜临门。从他出生到 1927 年 7 月，这五年孩童时期，一直生活在毛泽东和杨开慧的身边，受到了革命的熏陶。

1927 年，毛泽东上井冈山，岸英随着妈妈住在长沙东乡板仓外婆家，改姓杨。7 岁进杨公庙小学读书，毛岸英尊敬老师，学习刻苦，是班里成绩最好的学生之一。1930 年 4 月下旬的一个早晨，年仅 8 岁的岸英随着妈妈被捕，被关进长沙监狱。敌人严刑拷打不能从杨开慧口里捞到一根稻草，转而威吓、诱骗岸英，谁知岸英什么也没说。敌人又转过来骗杨开慧，说孩子都讲了，你还不说实话吗？杨开慧相信岸英的勇敢和机智，冷笑地说："孩子已经说了，还问我干什么？"敌人又向杨开慧施刑，把岸英拉到一旁看，岸英看着母亲受刑，心都碎了，但他咬住牙，在敌人面前没有掉泪。每当妈妈受刑回来，岸英总是用小手抚摸着妈妈血迹斑斑的伤痕，轻轻地问妈妈："痛得厉害吗？"杨开慧总是忍着痛苦，对他进行革命教育，要他把这些情况记在心里，将来告诉爸爸。岸英紧握拳头，坚定地说："我会记得。我要好好告诉爸爸，我们一定要报仇！"杨开慧被押到刑场就义，岸英大哭，扑进妈妈的怀里，紧紧抱住妈妈，不准妈妈走。杨开慧弯下腰，亲了亲他，劝慰他不要哭，要坚强。岸英目睹妈妈高呼口号英勇就义的壮烈情景，在小小心灵里，铭刻了母亲为国捐躯的高尚品质和英雄形象，时刻鞭策和鼓励着自己一生无私奉献的革命意志。

岸英出狱后，在上海担负地下工作的毛泽民写信并寄钱给杨老夫人，请她老人家设法把岸英三兄弟秘密送往上海。1931年春节前夕，岸英的舅舅杨开智通过父亲杨昌济的好友、时任湖南大学校长的曹典球用200元银洋租一条船，由保姆陈玉英将岸英三兄弟秘密送到武汉，再转移到上海。毛泽民把他们送到地下党（对外称互济会）办的大同幼稚园。几个月后，上海党组织遭到严重破坏，毛泽民奉命撤往中央苏区，随后幼稚园被迫停办。4岁的毛岸龙在颠沛流离中失去了下落，9岁的岸英和8岁的岸青由党组织给钱安置在一个牧师家里，但却失去了进学校的机会。幸好牧师的儿子经常与岸英下象棋，岸英乘机和他约定：他每赢一盘棋就要牧师儿子给他教三个难字，这样，他就认识了许多字。以后，他嫌这样识字进度太慢，便将早上牧师老婆给他吃早点的钱节省下来，买了一本学生小字典，这才加快了识字的进程。不久，地下党组织遭受了严重的破坏，给他们供钱的线断了，岸英两兄弟只得流浪在上海街头，白天捡破烂卖钱，晚上睡破庙。后来，幸亏一个老人担保，介绍他们到卖报、卖油条的老板那里先取货后付款，卖报纸，卖油条。一次，流氓阿飞买货不给钱，使他们交不起老板的本钱，被老板大骂一顿。有一回，他从地上捡起半根粉笔，在电线杆旁边写了"打倒帝国主义"几个字，被巡捕发现，追逃中抓住了岸青，岸青遭到毒打，被铁夹钳将脑壳打得头破血流，昏倒在地，幸遇一个好心人找了一点草药，才止住了血，但给后来的岸青留下了后遗症。

1936年，经过上海地下党组织的寻找，过了五年流浪生活的两兄弟，跟着一位"抗联"的爱国将领，经法国巴黎于1937年年初被送到苏联，改名杨永福、杨永寿，住进共产国际中国代表团的宿舍里。当年在莫斯科市郊的贡彻沃学习俄语，1938年年底搬到莫尼诺共产国际第二儿童院学习。1939年暑假后，岸英开始在苏联十年制学校的六年级学习。1940

年秋，又搬到依万诺沃市共产国际第一儿童院，在附近的罗细诺—彼得罗夫斯基中学学习，在这里参加了苏联共产主义青年团。岸英在苏联利用那里良好的条件刻苦学习，成绩优异，不仅俄语流利，还学了英、德、法语，中文水平也有提高。课余时间还努力学习《联共（布）党史简明教程》和毛泽东写的《唯物辩证论》，岸英用一张报纸精心包好，用圆笔在一些重要处画上圈圈、杠杠，写上了眉批。依万诺沃市儿童院有 27 个国家和民族的共产党领导人和革命烈士的子女，在他们中间，岸英"性格开朗，朝气蓬勃，待人友好，谦虚谨慎"，在同学中有很高威望，被选为团支部书记和共青团依万诺沃市列宁区区委委员。1941 年 2 月，苏联卫国战争爆发，儿童院的经费减了，岸英每天只能领到一斤黑面包，他带领儿童院的孩子们种土豆、白菜、胡萝卜，冒着严寒在森林里搭帐篷，伐木劈柴，蔬菜和伐木的收入大部分上交，支持前线。在德寇快入侵莫斯科时，率领他们到城郊挖反坦克战壕。希特勒法西斯暴行激起岸英的满腔怒火，促使岸英迫切要求学军事，上前线。1942 年秋，苏联红军总政治部负责人为他的决心所感动，批准才 20 岁的岸英进入舒亚的列宁军政学校学习。岸英在该校不忘毛泽东和开慧烈士的教导，认真学习，改造思想，于 1943 年 1 月，加入联共（布）党。他在列宁军政学校毕业后，加入军政大学学习，获得中尉军衔。1944 年夏天，转为正式党员。不久，他投身苏联对德国法西斯匪帮的大反攻，任坦克连的党代表，还参加了解放波兰等东欧国家的战争。当年年底，苏联反法西斯的战争即将结束，岸英回到莫斯科，斯大林接见了他，与他进行了亲切的谈话，表扬了他在红军中的贡献，送给他一支手枪作纪念。1945 年毛岸英进入莫斯科东方学院学习。他在这里，阅读和研究了对改造自己世界观，提高理论水平起重要作用的《资本论》。

1946 年，24 岁的毛岸英经批准从苏联回延安。他回国后，很快转为中共党员，安排在中央宣传部当翻译。当时，毛泽东行军的参谋、秘书等大多吃"中灶"，他们建议参加卫国战争的中尉毛岸英也应该吃"中灶"，毛泽东却鼓励、支持毛岸英吃"大灶"。有一天，毛岸英好不容易得到了日理万机的父亲在院子里与他畅谈的机会。毛泽东聆听毛岸英讲述了分别18年的经历，以及思想、学习、生活情况，对毛岸英在苏联大学毕业很高兴，还要他上个中国的学堂，说："我们中国还有个学堂，就是劳动大学，过些时候……上劳动大学去"。毛岸英听了以后，很快地答应下来。因此，毛岸英按照毛泽东的吩咐，脱掉皮鞋，穿上布鞋和父亲打过补丁的灰布衣裳，谢绝了警卫员为他准备的马，自带一斗小米，一些菜种和行李，步行到被评为模范的枣园村。胡宗南进攻延安时，村长将毛岸英送回毛泽东身边。毛泽东见到头扎白羊肚毛巾，身穿粗布衣，皮肤晒得黑黑的，两手长满厚茧的毛岸英，摸着他手上长满的厚茧子满脸笑容地说："这就是你在劳动大学的毕业证书"。1947年，毛泽东要他到临县郝家坡参加中央土改工作团在那里的试点工作，继续向农民和实践学习，增长才干。新中国成立后，毛泽东要他搬出机关，对他说，在农村参加劳动和土改工作，学了一些东西，但还不够，今后还要继续学习，现在还是要离开机关院子，到工厂去，向工人学习，学习工业生产，学习工业工作。毛岸英遵照父亲的指点，经本人要求和组织安排，离开中央机关，到北京机器总厂任党总支副书记。

毛泽东还注意对毛岸英进行法纪教育，常对他说，法律和纪律面前人人平等。1948年，经邓颖超和康克清牵线，毛泽东同意，毛岸英和刘思齐确定了恋爱关系。当时，年已27岁的毛岸英向父亲提出他们二人的婚事。毛泽东以刘思齐还不到18岁，不到结婚的年龄为由，不同意结婚。毛岸英说："也差不了几个月。"毛泽东摇头，坚持差一天也不行。毛岸英继续恳求："我自己的事还是让我自己作主吧！"毛泽东严肃地以由制度和纪律作主为由教育他。毛岸英说："岁数不到结婚的多着呢！"毛泽东要他不能比别人。毛岸英受到父亲劝阻后，心里很不高兴，睡到第二天上午，仍然没有起床，在床上哭。毛泽东听到卫士报告此事，立时上了火。他跑到儿子的住房门口，大声吼了一声，问毛岸英想干什么？这一声大吼比谁的规劝都顶用得多，毛岸英不哭了。几天后，毛岸英想通了，向父亲作了检讨。毛泽东这才为毛岸英模范的守法而满意。

　　1950 年，以美国为首的"联合国军"将战火烧到鸭绿江边，毛岸英得到志愿军出国作战的消息后，感到保家卫国是全国人民的头等大事，便放弃了工厂的工作，怀着满腔报国的壮志，向彭德怀打了报告，请求赴朝参战。彭德怀见是毛泽东的儿子，不怎么好表态。毛岸英随即找父亲提出要求，毛泽东马上同意，说这是爱国的最好行动，也好在战火中向士兵学习，经受考验！当时，江青和毛泽东的身边工作人员以他年老为由，岸英又是唯一一个健康的儿子，应该留在身边，劝毛泽东不要让岸英去朝鲜。毛泽东也知道上前线是有危险的，但他却坚定地说："谁要他是毛泽东的儿子！他不去谁去?!"① 因此，毛岸英先奉命去东北，做参加志愿军入朝的准备工作。1950 年 10 月中旬，他奉命回北京汇报后，已是下午六点，第二天就要出发，他连夜骑自行车赶回厂里向党总支和工人告别后，赶到医院，看望因手术住院的爱人刘思齐。岸英出于军事的保密，没有直接告诉她自己出国参战的消息，只是说："明天我要到一个很远的地方出差，所以急忙来告诉你，我走了，以后通信不方便，没接到来信，你不要着急。"为了使她有个思想准备，毛岸英有意地问她知不知道美帝国主义在侵略朝鲜的事，刘思齐问他问这个干什么，他怕影响她的健康，只说："考考你呢！"毛岸英这时想起了父亲和弟弟，临别时

---

① 《毛泽东教我们学处事》，中共党史出版社 2003 年版，第 290 页。

吩咐刘思齐出院以后每个星期天要去中南海看望父亲，照顾毛岸青。毛岸英就这样和刘思齐告别了，谁知这竟是这对结婚只一年的夫妻的永别。毛岸英在志愿军司令部担任机要秘书，在作战室里不断收集战况，翻译中文，向前方部队传达作战命令。不分分内分外，夜以继日地工作。

1950年11月25日，第二次战役打响。志愿军司令部决定当天除留两人在作战室值班外，其他人员一律进入防空洞隐蔽。在美机第一次飞过，空袭警报刚刚解除后，被安排在防空洞隐蔽的毛岸英奔回作战室工作。正当毛岸英在作战室紧张工作时，美机突然折返回来，投下大批的凝固汽油弹。毛岸英不幸牺牲，年仅28岁。

毛泽东全家为中国革命献出了六位亲人。毛泽东亲人的牺牲，是他们英勇报国无私献身的精神，也是毛泽东对他们不断进行革命教育和影响而培育出来的"满门忠烈"精神。并且，毛泽东从未为亲人的牺牲歌功叫屈，当他从机要秘书叶子龙手里接到彭德怀的电报，得知儿子毛岸英牺牲的噩耗时，强压着悲痛的心情，说了一句话："唉！战争嘛，总是有伤亡！"当彭德怀在中南海内疚地向毛泽东谈起自己没有照料好毛岸英时，毛泽东久久地沉默着，一支支地抽着烟，凝视着窗外已经萧瑟的树枝，长长地叹了口气，昂起头，走了几步，激昂地说："打仗总是要死人的嘛！中国人民志愿军已经献出了那么多指战员的生命。不要因为是我的儿子，就当成一件大事"①。

此篇是毛泽东无私而英勇的爱国精神，和他六位亲人为国捐躯满门忠烈精神，刻绘的可歌可泣精忠报国榜。毛泽东在为悼念张思德的讲话中说："人固有一死，或重于泰山，或轻于鸿毛。为人民利益而死，就比泰山还重，替剥削人民和压迫人民的人去死，就比鸿毛还轻"②。他还为

---

① 《毛泽东传（1949—1976）》上卷，中央文献出版社2003年版，第147页。
② 《毛泽东选集》第三卷，人民出版社1991年版，第1004页。

14 岁走向敌人的铡刀，被敌人铡死的刘胡兰，挥笔写下"生的伟大，死的光荣"八个字。这些无不显示他对生死价值观的崇高阐释。

谁不知，不怕死是最大的无私，是最高度的全心全意为人民服务，是以一切为了群众为核心的群众路线最高峰。所以，此篇最极度地闪烁着毛泽东思想三大活的灵魂之一的群众路线的光辉！

十二、"应学韦睿作风"

毛泽东说："我党干部应学韦睿作风"，认为不贪财且敢以数万敌百万的韦睿为"有勇"的"仁者"。他自己的许多轶事表明他不搞特殊化、不收礼占公、不做寿自封、不用人唯亲、不忘记故旧、不怠政闲逸、不奢侈浪费，归根结底是不谋一己之私。

[评注原文]

躬自调查研究。以众击少。机不可失。决心。以少击众。将在前线。敢以数万敌百万，有刘秀、周瑜之风。

干部需和。劳谦君子。

不贪财。仁者必有勇。

使曹景宗胜。曹景宗不如韦睿远矣。

我党干部应学韦睿作风。

——《毛泽东读文史古籍批语集》，中央文献出版社 1993 年版，第 199—204 页。

[故事背景]

韦睿，字怀文（公元 442—520 年），京兆杜陵（今陕西西安西南）人。刘宋时期，他任过雍州主簿等职。萧齐时期，历任齐兴太守、右军将军、上庸太守等职。齐东昏侯永元三年（公元 501 年），跟随梁武帝萧衍起兵反齐，很受梁武帝看重。梁武帝即位后，被任为廷尉、封都梁子。其后，历任豫州刺史、雍州刺史、护军、车骑将军等职。他为人严谨，处事大度，爱护士兵，军纪严明，以身作则，克己清廉，富有谋略，善于出奇制胜，因身体虚不能骑马，常在板舆（担架）上督战，是萧梁时期的著名将领。魏国非常害怕，称他为"韦虎"或"韦武"。天监四年（公元 505 年），受梁武帝命，率军反攻北魏，屡破北魏大军，攻取了合肥。次年，他又随曹景宗出兵援救钟离，大败北魏中山王元英，救出了被围困的司州刺史昌义之。天监八年（公元 509 年），他又率军援救司州刺史马仙。在安陆（今湖北内）与魏国相持后迫退了魏军。

毛泽东很爱读《南史·韦睿传》，此传与《裴邃传》都列在《南史》卷 58 中。他在此卷的天头上用粗重笔迹画了四个圈。在《韦睿传》中作了 25 处批注。在韦睿有关打胜仗的地方批过："躬自调查研究""以众击少""机不可失""决心""以少击众""将在前线""敢以数万敌百万，有刘秀、周瑜之风"。韦睿善于做指挥官的团结工作，在合肥之战中，右军指挥官胡景略和前军指挥官赵祖悦在一起作战时发生了冲突。他首先做好了胡景略的个别工作，给胡景略斟上酒，说："我希望两位虎将不要私斗"。胡景略大受感动，主动与赵祖悦和好，团结对外，取得了战斗胜利。毛泽东在读到此处，批曰："干部需和"。他勤政勤军，日常工作非常繁忙，每次屯驻地的营房修建的标准等琐事都在他的工作范围内。白天常常接待官兵和客人来访，晚上考虑军事问题，常常三更起床，一直工作到天明。待人接物，非常客气。因而要想报效国家和想要做出一番事业的人都争先恐后地前来投奔他。毛泽东读到这里逐字打圈，批："劳谦君子"。他不谋私、不贪污、不占公、不爱个人享受，爱助人为善，在攻取合肥时，一切缴获归公，"所获得军兵，无所私焉"。他抚养死去兄长的儿子，比抚养自己的儿子还要周到。所得俸禄，都分给穷人和亲戚朋友，而自己则是"家无余财"。毛泽东在读到此处时，批曰："不贪财""仁者必有勇"。韦睿援救钟离获胜后，被救的司州刺史昌义之连连呼喊："我获得了再生。"为了报答救命之恩，特拿出 20 万钱赠他，他拒之。昌义之便以此钱设赌，让他和曹景宗玩掷骨子赌输赢。韦睿果然赢了，但以后却故意重掷，假意输给了曹景宗，曹取胜后，得了此钱，还抢先向梁武帝报捷，韦从不计较，因而博得世人赞誉。毛泽东在此处批："使曹景宗胜""曹景宗不如韦睿远矣"。李延寿在《南史·韦睿传》的末尾对韦睿生平作风进行了精练的概括："（韦）睿雅有旷世之度，莅人以爱惠为本，所居必有政绩。将兵仁爱，士卒营幕未立，终不肯舍，并灶未成，亦不先食。被服必于懦者，虽临阵交锋，常缓服乘舆，执竹如意以麾进止。与裴俱为梁世名将，余人莫及。"毛泽东很欣赏李延寿的这段文字概括，对这段文字批道："我党干部应学韦睿作风"。

[实践纪事]

毛泽东欣赏韦睿勇谋善战，尤其欣赏他公而忘私的人格，说："仁者必有勇"。这主要是缴获归公，不贪钱财，薪禄济人，被服赐人，家无余财，不谋私利，团结对敌，与兵同艰，勤军不怠，常常带病坐担架、挂竹杖指挥打仗，士兵营房不建好不睡觉，士兵炊灶不打好不吃饭，工作不分日夜，很少休息。毛泽东号召我党干部学韦睿主要是学习他不谋一己之利和勇而无畏的好品格。韦睿之所以能指挥千军万马，勇谋善战，正因为他仁义道德的品格，使自己无私生谋，无畏生勇，无声生威，感召生灵。

其实，毛泽东喜爱、欣赏、敬佩无私无畏、一心为民的人不只是韦睿。他从小就敬仰不怕死的民族英雄岳飞；喜欢梁山英雄的劫富济贫精神，与最广大的劳动人民结下了深厚的感情；崇敬不怕死、不要钱的铮铮海瑞，提倡宣传他的刚正不阿精神；喜爱"先天下之忧而忧，后天下之乐而乐"的范仲淹；专文学习全心全意为人民服务的张思德；称赞白求恩是毫无自私自利之心，毫不利己、专门利人的人；他"向雷锋学习"的伟大号召所形成的全国运动，几十年如一日，越来越深入。

毛泽东自己就是一个全心全意为人民服务的好典范，他的光辉的一生是公而忘私的一生。这里让我们怀念和追思毛泽东在长期革命建设和日常生活中所显示出的公而忘私、廉洁自律的崇高品德。

不搞特殊化

毛泽东坚持与人民同甘共苦，不搞特殊享受。

革命战争年代，毛泽东与广大战士一起同甘共苦。井冈山时期的一个严冬，他和战士们穿的衣服都很单薄，受冻受寒。袁文才看不下去了，给毛泽东和贺子珍夫妻分别做了一套棉衣送来。毛泽东说什么也不同意，袁文才硬是要将棉衣留下。第二天，他便把棉衣送给了当地的一位挨冻的老人。当晚，他在桌前办公，冻得不断搓手呵气。那位老人给他送来一篓木炭以表答谢，贺子珍将此木炭烧了一盆火供他取暖，但不能解决问题，最后只得披上一条毛毯办公。长征途中，白天都是和战士一样行军，晚上还要研究敌情、地形和道路情况，计划次日行军及尔后的行动计划，睡得很晚。有一天早晨，部队起程后，毛泽东还穿着棉衣棉裤和五六名警卫员睡在临时用门板、禾草垫成的通铺上，喊醒时，他才只睡了三四个小时。起来后，用凉水洗脸，漱口，早饭也没吃就上路了。走了两个小时，坐在田坎上休息，才吃了警卫员给他带来的冷饭。部队进入草地，有一次，毛泽东把担架和马让给伤病员，自己步行80华里。转战陕北时，毛泽东和中央机关住进田次湾。村子里的人不多，住房和床铺很少，部队住得很拥挤，毛泽东和十几个同志挤入一座窑洞里睡觉，根本没有活动空间。房东大嫂不安地说，这窑洞太小，地方太小，对不住首长。毛泽东说，部队太多，人马太多，对不住大嫂。毛泽东的话把大嫂和同志们逗得哈哈大笑。

长征中，毛泽东与战士一样吃野菜和草根，喝青稞野菜汤。看到伤病员因缺粮造成生命危险时，要副官杀马分给伤病员吃。有一天，警卫员见毛泽东白天步行行军，晚上还要研究工作，比同志们辛苦，便取出二指宽的一点马肉，混着野菜给毛泽东吃，毛泽东发现后，批评他们"打埋伏"，硬把那点马肉送给患重病的戴天福吃。不久，担架员抬着一副空担架来到毛泽东面前，流着泪递给毛泽东一块纸包，说："小戴死了，他临终前，让我一定把这块马肉交给毛主席，他说，只盼望革命成功，请主席多保重！"听罢，警卫员都哭了。毛泽东打开这块纸包后，手颤抖起来，把这块小马肉包好，遥望走过来的南边，摘下帽，低下头，向戴天福同志致哀。有一次，毛泽东发现路边的壕沟里有一副人家吃羊肉时扔下的羊肠、羊肚等羊的下腹部的内脏，冻得硬邦邦的，他让炊事员捡了回来，洗净后做了一大盘美餐，和大家津津有味地吃了。1936年7月至1937年11月，他在保安（志丹县）住了半年多。当时，他每月只有三元钱的伙食费（含招待费），兼做炊事员的警卫员遵照他不准超支的意见，只给他安排小米和蔬菜，月底没菜吃时就搞点盐辣椒糊口。警卫员见他因工作繁忙和生活艰苦，身体健康状况越来越差，就从附近的水宁山买回两只肥鸡，只放了一点盐，给他做好了"白酥鸡"和一盘烧辣椒。吃饭时，他问鸡是哪里来的，警卫员小吴如实汇报。他怎么也不动筷子，要警卫员把鸡夹回去。小吴心情沉重，几乎要哭地说："主席身体不好，这样下去会病的。"他只好盛情难却地动了几下筷子后，要警卫员们把剩下的吃了，并再三说服下次不要再买了，说下次再端上来他是不吃的。警卫员含着泪水，只得将这盆只动了几下筷子的"白酥鸡"端了出去。新中国成立后，有时毛泽东也同干部同餐。1958年9月18日至20日，毛泽东视察安徽下榻芜湖铁山宾馆。服务员王传云请他到小餐厅用饭。毛泽东问其他同志在哪里吃饭？王传云说："在下面餐厅吃。"毛泽东也坚持要到下面餐厅吃，说罢，向下面餐厅走去。来到餐厅后，毛泽东在一张餐桌边拿起饭碗朝饭桶边走去，见桶里没有饭勺，便从餐桌上拿起一把长柄汤勺盛着饭，和其他同志一样在大厅就餐。

　　抗日战争时期，一位爱国华侨赠给中央领导几辆小轿车，大家都认为应给公务最忙的毛泽东一辆，而毛泽东提出他不要，分配原则要考虑军事工作最需要的和照顾年纪大的同志。负责后勤的同志只得按他的意见，一辆分给主管军事的朱德，一辆分给"五老"（即徐特立、董必武、谢觉哉、林伯渠、吴玉章）使用。有一次，毛泽东开会回来，途中马受惊，他的手腕摔伤了。他到中央礼堂（大砭沟口）作报告时，朱德和"五老"见他受了伤，叫司机将小车开到了他的面前，他仍不坐，说胳膊有伤不耽误两条腿走路嘛！说罢，步行而去。两年之后，又有一华侨捐了一辆救护车，大家硬要他使用，他才勉强答应，但自己用得很少，主要是用于接送客人。

　　毛泽东不但自己不搞特殊化，也从不准家里的人和亲人搞特殊化。土改时，韶山乡乡长寅秋写信给他，请示他家的成分如何划？他接信后，派毛岸英、毛岸青兄弟回家，传达了毛泽东的嘱托："一、按政策办事，不按人情办事；二、老家有财产的话全部分给农民；三、家庭成分划为富农，付了300元钱，作退押金；四、人民政府执法不徇私情，照政策办事，人民会相信政府。"① 家乡人民得知后传为美谈。他的儿子毛岸英在朝鲜牺牲，毛岸英的妻子刘思齐向毛泽东提出将其遗体运回国内安葬时，他却说青山处处埋忠骨，何必马革裹尸还，不是还有千千万万志愿军烈士安葬在朝鲜吗？ 1959 年，刘思齐要求去朝鲜为丈夫毛岸英扫墓，毛泽东同意了，并自己拿出路费让她和妹妹邵华两人悄悄前往，不要惊动朝鲜政府。毛泽东大舅母的侄儿赵浦珠，在辛亥革命爆发后，曾同毛泽东在新军辎重营一同当过兵，减租减息和土改中，他给毛泽东写信要求照顾，毛泽东在1950年5月7日给他回信说："弟因不悉具体情形，

---

① 《毛泽东治国录》，中共党史出版社 2014 年版，第78页。

未便直接干预，请与当地人民政府诸同志妥为接洽，期得持平解决。"①解放初期，毛泽东得知外祖父家的亲戚从北京探望他后回到湘乡，不把当地政府看在眼里。他于1954年4月29日给石城乡党支部、政府写信："我的亲戚唐家圫文家，过去几年常有人来北京看我。回去之后，有些人骄傲起来，不大服政府管，这是不对的。文家任何人都要同乡里众人一样，服从党和政府领导，勤耕守法，不应特殊，请你们不要因为文家是我的亲戚，觉得不好放手管理。如有落后行为，应受批评。"②

不收礼占公

毛泽东从来不收取礼品，不占公吃公。

革命战争年代，许多农民出于对他的爱戴给他送的礼品他都不收，有时由于盛情难却，暂时收下，也会在事后千方百计送回去。1929年9月，毛泽东以"杨主任"的名义住在永定县一个村子养病。一个姓赖的老太太见他带病连夜办公，送了一篮鸡蛋给他补补。毛泽东费了很大的劲才谢绝了这份礼物。老太太回去后，又打发孙子小牛仔又送来。警卫员小张听说又是赖太太的礼物，以"杨主任"拒收为由，不肯收。小牛仔请小张给"杨主任"说情。"杨主任"见推脱不了，便要小张收了。而后要小张向另一户农户借了一只母鸡，把这篮小鸡蛋孵化了小鸡，再让小张送给那老太太作为报谢。那老太太从小张那里问清情况后收了小鸡，噙着眼泪说"杨主任"真是活菩萨。

新中国成立后，国内外很多人士由于尊敬和爱戴毛泽东，给他赠送

---

① 《毛泽东年谱（1949—1976）》上卷，中央文献出版社2013年版，第129页。
② 《毛泽东年谱（1949—1976）》中卷，中央文献出版社2013年版，第240页。

了不计其数的礼品。对于这些礼品，只有少数几件，如西哈努克送的公文包、齐白石送的砚台等几样，他既最需要又实用，而且有着特殊世交送的礼物外，其余一切均交公并造表入册。由于形成了制度，许多礼品未经他过目便上交国库。工作人员常以这些东西是送给他个人的为由，劝他留用。他说："不行，这是送给国家主席的。如果我不是国家主席，那就不会有人给我送礼了。如果你当了国家主席，他们也会送给你的。"湖北蕲春县云丹山麓一带，自古生产一种人们称为"水葡萄"的优质稻米，做出的饭洁白透亮，松软可口，香味扑鼻，营养特别丰富，为历代王朝皇帝、皇后和皇亲国戚吃的贡米。解放后，当地人民为了感谢共产党，于1951年10月送50斤"贡米"到中南海给毛泽东吃。一个多月后，他们收到了毛泽东寄来的汇款单和一封信，信中写明汇款是付的米钱，还要求以后再不要向中央领导人寄赠任何物资，这是党纪所不容许的。信息传出后，人们为之轰动，一位老人对着墙上贴的毛泽东画像三鞠躬，在场的人自发高呼"毛主席万岁！"给毛泽东送的礼物中有部分是像人参、鹿茸、灵芝之类高级补品，而他从来不用，全部交公。有一次，护士孟云问他为什么不吃这些高级补品，他谈了自己的看法："有些所谓高级补品，我可并不认为它有特殊之处，只不过物以稀为贵罢了。虽然有些人有一种很特殊的心理，如果这种食品皇帝、皇后吃过，它的名望也就高起来了，甚至是高不可攀，神乎其神，所以，那些有了权有了钱的人，是绝不肯放过去的。仿佛吃了皇帝吃过的东西，自己便成了皇帝，吃了名人吃过的东西，自己便成了名人，这叫沾光吧。"说到情浓处，他就说了一句谦虚话："本人生来不高贵，故高贵之物，不敢问津。"[①]他用的最好的补品，恐怕就是葡萄糖了，这还是出自保健医师的建议，说喝

---

① 《毛泽东教我们学处事》，中共党史出版社2003年版，第252页。

红茶放点葡萄糖有益健康。著名烈士方志敏的弟弟方志纯曾送毛泽东 10 瓶清婺酒，毛泽东推脱不掉后，要汪东兴嘱咐生活秘书安科兴查收付钱后才收下。1964 年，有人曾给毛泽东送去燕窝 32.5 公斤，咖啡豆 47 斤，他推脱不掉，便要生活秘书将这些礼物交给人民大会堂餐厅科，餐厅科负责人李发昌开具收条并加盖公章后，他才放了心，这张收据现保存在韶山毛泽东纪念馆。1972 年 2 月 5 日，巴基斯坦总理菲卡尔·阿里·布托送给他五箱橘子共 90 斤，外交部礼宾司认为这些东西不便收藏，请他收下，不得已，他让中南海供应科从那里取回，分送给中南海机关和他身边的工作人员吃了。早在朝鲜停战协定签订后，朝鲜的金日成主席送给毛泽东 24 箱苹果。对这一不宜保存又是金日成所赠的礼品，毛泽东也打破常规，转赠给警卫一中队。一中队战士打开纸箱后，发现里面每个鲜美的国光苹果上都有一行被阳光晒出来的"毛主席万岁"的字，是擦不掉的。同志们谁都舍不得吃，提议"保存下来"，说："不能把朝鲜人民对毛主席的深情厚谊吃掉！"毛泽东得知后，皱起眉头说："朝鲜人民的厚谊我领了，但我不喜欢这个口号，哪有人能活一万岁呢？活不到，都吃掉！"就这样，24 箱苹果才全被警卫战士们吃掉。

毛泽东自己的吃穿和用的一切生活用品，包括自己和招待客人用的烟、火柴、茶叶、水果，以及家用水电、煤气、电话、房租、个人修补衣物和看戏看电影等费用从来都是个人开支，不占公用公。据 1964 年到 1976 年为毛泽东管家的吴连登口述："丰泽园（为毛泽东办公和生活共享的房子）的房租费是主席出……主席的家具都是租来的，这些费用每月 84 元左右，冬天要交取暖费 30 多元。""他没有一杯茶是不付钱的"。毛泽东去外地开会，吴连登总要为他带着茶叶去。如果没带，就算是在人民大会堂开会喝一杯茶，临走前也要让吴付给他们两角钱。毛泽东自己规定，他的一家收支实行公开制度，逐项填写报表，每个季度向中央警卫局财务处上报。被确定为国家一级文物的毛泽东 4 本个人支付的日常杂费开支表，有一本记载 1955 年 8 月 1 日至 1956 年 3 月 21 日毛泽东一家购买洗衣粉、针线等日用品开支；有两本记载 1963 年 11 月 16 日至 1968 年 1 月 22 日毛泽东及其家人、身边工作人员购买洗涤用品和锅碗瓢盆、医药费的各项开支；有一本记载 1968 年 2 月 8 日至 1970 年 1 月 20 日为毛泽东购买茶叶、葡萄糖、头油等日常生活用品等情况。如 1963 年 11 月 24 日，修小锅换底 1 个，用去 1.10 元；1964 年 5 月，毛泽东的凉皮鞋换底，用去手工费 2 元；1963 年 12 月 1 日至 12 月 6 日，毛泽东家人一周内看戏 5 次，花费 17.8 元；1963 年 11 月 23 日，毛泽东买乒乓球 12 个，共享 2.4 元；1969 年 10 月 20 日至 12 月 7 日，毛泽东在武汉时，付洗衣费 12 次，共享 0.1 元；1965 年 2 月，毛泽东请从美国回国的原国民党代总统李宗仁吃饭，用去 50 元。毛泽东直到临终前的日子里，也不用公占公，有一本 1975 年 9 月的毛泽东生活费收支报表，就列有月房租费 39.46 元、日用消费品 113.06 元、煤气 3.7 元、水果 23.75 元，伙食包括招待客人 391.91 元。

毛泽东到各地就餐从不大吃大喝，用餐是自己支付。1965 年 5 月 22 日，毛泽东重上井冈山，茨坪宾馆为他的第一餐准备了茅台酒、香烟、苹果及丰富的菜肴。汪东兴发现后，对管理员说："首长每餐四菜一汤，每天 2.5 元伙食标准，一路上都没喝酒，赶快把这些东西收进去。"管理员只好把一桌的东西全部收起，由炊事员重新做四个小碟盛的菜和一瓷碗汤给毛泽东用。离开茨坪前，毛泽东的生活管理员带着钱找会计雷良钊交伙食钱，会计说什么也不肯收，说："才十几元钱，主席老人家每餐吃的普通饭菜，我们怎么忍心收下。"管理员说："毛主席最反对搞特殊化，反对吃公用公，前几年，他身边的个别工作人员随他外出巡视时，曾向一些地方无偿索取东西，后来我们在院内整风时，对他进行了批评和帮助。毛主席知道后，非常气愤，不顾这个人在身边工作多年，仍果断决定将其调离中南海，另行分配工作。随后，毛主席从自己的稿费中拿出近 2 万元，派人到各地道歉，一一退赔此类索取的财物，以挽回造成的不良影响。你说，我能不交清钱、粮离开井冈山吗？"雷良钊还能说什么呢，只有噙着眼泪，开出了现在还留下作遗物的井冈山管理局交际处的 00006484 号收据，上面写着："首长伙食费 7 天，每天 2.5 元，合计 17.5 元，收款人雷良钊"。

毛泽东不仅不吃公占公，而且为公垫了很多私钱。"毛泽东生活费报表中的开支并不完全是他家的开支，其中还包括招待一些客人特别是民主人士的费用，以及身边工作人员的夜餐费、部分医药费和出差补助费。……据日常杂费开支表 1965 年 2 月 24 日到 6 月 30 日统计，毛泽东付工作人员医药费 72.8 元、出差补助费 280.35 元。"① 另外，他还"为身边工作人员和警卫战士办业余学校。参加这个业余学校学习的有 70 多人，每人的课本、笔墨、作业本、字典、地图等，以及请来的老师的工资都是从毛泽东的工资中支付的。这个学校从 1954 年一直办到 1957 年才结束。"

毛泽东管家吴连登透露："毛主席原本领取的是国家一级工资，每月610 元。1958 年以后，他带头把一级降到了三级，404.8 元。之后，直到主席临终前，这个数目再也没变过。每月固定开销就有 200 多元：党费10 元；房屋以及全套家具的租金 84 元；两个女儿的学费每人 15 元；江青姐姐每月生活费 30 元；冬天取暖费 30 多元；全家每月吃饭 100 元左右。此外，烟茶每月将近 100 元（注：在外开会用茶都自带，对已经备好的茶叶也要付钱）；加上其他零星支付（注：包括补鞋和看电影都付钱），

---

① 《毛泽东遗物事典》，红旗出版社 1996 年版，第 512 页。

接济亲朋和身边工作人员的困难，他的工资总不够用，这个家不好当，少了常要打报告，请主席批稿费补，从不要公家补助"。

毛泽东的一生从来不摸钱，他的个人一切收支从不经手。据李银桥（他的卫士长）回忆，有一次，毛泽东要李银桥从他个人工资中给解甲归田的陕北籍警卫战士张瑞岐寄钱，李银桥从毛泽东的工资中拿了几百元装入一个牛皮纸袋交毛泽东过目，毛泽东以为是文件，伸手去拿，听李银桥说这是准备寄给张瑞岐的钱，就一下子把牛皮纸袋扔开了，说："拿开！交代了，你就办，谁叫你拿来的？"毛泽东皱起眉头搓手，好像指头脏污了，"我不摸钱，以后你要注意呢！"1964年夏，调到天津工作的李银桥看望毛泽东，毛泽东了解到他家中遭了灾有困难时，要秘书从工资中给他1000元，李银桥不肯收，毛泽东生气地说："你是要让我摸钱吗？"李银桥知道毛泽东的脾气，只好接受，毛泽东说："这就对了，你还记得，我不摸钱，我就讨厌钱"①

不做寿自封

毛泽东从来不为自己做寿，不准人家封颂自己。

1943年2月，时任中央宣传部副部长凯丰着手制定宣传毛泽东，庆贺毛泽东五十大庆的计划。毛泽东见到这个计划后，于当年4月22日写信给凯丰，信中说："生日决定不做。做生日的太多了，会生出不良影响"；"我的思想（马列）自觉没有成熟，还是学习时候，不是鼓吹时候；要鼓吹只宜以某些片段去鼓吹（例如整风文件中的几件），不宜当作体

---

① 《毛泽东成功之道》，人民出版社2013年版，第347页。

系去鼓吹，因我的体系还没有成熟。"①

1944 年 4 月 30 日，毛泽东宴请续范亭等。饭后交谈中，续范亭得知去年旧历 11 月 19 日正是毛泽东的 50 岁生日，延安各界并未举行任何祝寿活动，感慨之余赋诗一首："半百年华不知老，先生诞日人不晓。黄龙痛饮炮千鸣，好与先生祝寿考"。

1949 年进北平之前，毛泽东正式提出禁止给党的领导人做寿。1953 年 8 月 12 日，毛泽东在全国财经会议上演讲时，再一次向全党高级干部提出六条要求，第一条便是"不做寿"，说"做寿不会使人长寿"。所以，每年毛泽东过生日，除有时让子女和身边工作人员在一起吃一顿便饭外，从来不准家人和工作人员为自己搞做寿活动。

1957 年，毛泽东 64 岁生日那天，工作人员不敢打着做生日的招牌，只说请他和大家吃餐饭。他来了后，看到桌上摆着用小豆、糙米、小米做的"红豆二米饭"和叶子龙从老家带来的腊肉、腊鱼土产品和酒，才意识到这是为他的生日加的菜。见到菜不多，又没有请客，只说了"下不为例"，就将就着与工作人员吃了。他喝了一杯酒就脸红了，叶子龙说："这个拐角（浏阳土话）还有个菜没动呢！"他问："哪个国家还有菜？"大概当时正在讨论什么大事，把拐角误听成"国家"。在弄清是子龙家里送的腊肉后，便说了一句"谢谢"，才尝了尝。

他的大生日也没有做寿。1943 年的大生日未做。1953 年大生日，毛泽东行政秘书申虎成带着身边工作人员的心愿，要求毛泽东只办一桌饭。经他同意后，请了身边工作人员吃了一桌四菜一汤的饭。1963 年的 70 大寿，只在 1964 年 12 月 26 日召开的全国人民代表大会第三次会议时，由于广东省委书记陶铸的劝告，他见原子弹爆炸了，是个大喜事，吃餐

① 《毛泽东年谱（1893—1949）》（修订本）中卷，中央文献出版社 2013 年版，第 434 页。

饭表示一下，用自己的稿费请了有各界名流代表参加的三桌饭。他和陈永贵、董加耕、陶铸、曾志、罗瑞卿坐一桌，其他中央领导人坐了两桌，没有儿女亲人参加，他说："今日不是做生日，而是实行'三同'"，"请各位来叙一叙，主要是因为我们的原子弹爆炸了，我们的火箭试验成功了，我们中国人在世界上说话更有底气了"①。1973年的80大寿，中央办公厅收到全世界100多个国家的元首、政府首脑、马列政党和其他领导人向毛泽东的致贺电，金日成还派专人给他送了寿礼，由于他不允许，连新闻媒介为他公开宣传也没有搞。

1948年8月15日，对华北大学校长吴玉章准备在该校成立典礼大会上提"毛泽东主义"的电报请示回电说："不是什么'主要的要学毛泽东主义'，而是必须号召学生们学习马恩列斯的理论和中国革命经验……另外，有些同志在刊物上将我的名字和马恩列斯并列，说成什么'马恩列斯毛'，也是错误的。你的说法和这后一种说法都是不合实际的，是无益有害的，必须坚决反对这样说。"②

1950年5月20日，毛泽东接到沈阳市各界人民代表会议决议在市中心修建开国纪念塔，塔上铸毛泽东铜像的信函请示，他在信函中"铸毛泽东铜像"旁批注："只有讽刺意义。"对此来函批示："铸铜像影响不好，故不应铸。"③

1950年10月27日，毛泽东在北京市二届三次各界人民代表会议通过的关于在天安门前建立毛泽东大铜像的提案上，批示："不要这样做。"

① 《毛泽东治国录》，中共党史出版社2014年版，第974页。
② 《毛泽东年谱（1893—1949）》（修订本）下卷，中央文献出版社2013年版，第337页。
③ 《毛泽东年谱（1949—1976）》（修订本）上卷，中央文献出版社2013年版，第143页。

1955 年 1 月，彭德怀、罗荣桓在中央的一次评衔工作汇报会上，汇报了部队评衔的初步方案，其中毛泽东被评为大元帅，还把当时离开军队的周恩来、刘少奇、邓小平评为元帅，毛泽东说："这个大元帅我不能要，穿上大元帅的制服不舒服啊！"[①] 他当场征求转在中央工作的刘少奇、周恩来、邓小平的意见，问他们评不评军衔？他们都表示同意不评。

20 世纪 50 年代初期，杨尚昆夫人李伯钊创作了歌剧《长征》。上演时，毛泽东和中央许多领导观看了，当再现毛泽东的艺术形象时，掌声雷动，一片欢腾。事后，毛泽东让女儿向李伯钊转达了他的意见："写长征……不能拿我毛泽东当菩萨拜呀！党内有那么多好同志，许多人还牺牲了生命，……有几个方面军哩！……应当写朱德同志、周恩来同志、任弼时同志，写几个方面军的同志，没有他们，我毛泽东独龙能下雨吗？"[②]

1949 年 10 月 1 日的黄昏，游行队伍经过天安门的检阅台，人们振臂高呼："毛主席万岁！"接连不断，呼个不停。这是人们对领袖出自内心的无限尊敬和热爱的自发流露。为这种情感激动万分的毛泽东，在向游行群众挥手致敬后，突然对着扩音器高呼"人民万岁""工人同志们万岁""农民同志们万岁""同志们万岁"！以此回敬人们，把自己摆在与人民同等的地位。"万岁"是封建帝制时皇帝的"专利品"，人们当时以此自发而出自内心的呼声表达对毛泽东的尊敬，原非毛泽东的罪过；他当时即兴以此回敬人民，正是对人民这一过时称呼的否定和谢绝，也是与人民迅速摆平的极好佐证。

---

① 《缅怀毛泽东》，中央文献出版社 1993 年版，第 17 页。
② 《毛泽东成功之道》，人民出版社 2013 年版，第 332 页。

不用人唯亲

毛泽东一生的革命事业中，自始至终坚持用人唯贤的组织路线。自己的亲人够贤的标准就用，不够贤的标准不用，不因为是自己的亲戚朋友而滥用。

1950 年 6 月，毛岸英已是 28 岁了，又有 3 年多农村劳动和工作的实践，作为共和国主席的儿子，安排一个党政机关负责干部是有条件的，而毛泽东只让组织上将他从党中央机关调到北京机械厂担任党总支副书记。不久，朝鲜战争爆发，毛岸英为了保家卫国，怀着满腔报国之志，要求赴朝，随志愿军跨过鸭绿江。毛岸英参加过苏联反抗德国侵略的卫国战争，并在伏龙芝军事学院进行过系统的军事学习。在苏联生活学习了 10 年，俄语已经非常棒。凭他自身的条件，再加上是自己要求报国参战并且还是毛泽东儿子，这些优越条件加起来，安排一个志愿军的指挥员，应该是不过分的，但毛泽东只让彭德怀给毛岸英安排了一个机要秘书兼翻译的职位。

外交部原副部长王海容是毛泽东亲姨表兄、老师王季范的孙女，毛泽东早在一师读书时，校长张干曾以毛泽东闹学潮的名义开除他，王季范和其他资深的进步老师一起迫使张干收回成命。在第一次大革命中，王先生多次掩护毛泽东脱险，毛泽东曾说过"没有他就没有我。"但在党的十大上，有人提出要将王海容和毛泽东的胞侄毛远新选为中央委员，毛泽东没有同意。

新中国成立后，毛泽东的外祖父家几位表兄弟向他提出在北京安排工作的要求，他都没有同意。表兄文运昌是毛泽东 1910 年就读县立高小的引荐人和担保人，还向毛泽东推荐过《盛世危言》《新民丛报》等进步书刊。1950 年，另一表兄文南松给毛泽东写信，求他给文运昌安排工作。同年 5 月 12 日，毛泽东在给文南松的信中说："运昌兄的工作，不宜由我推荐，宜由他自己在人民中有所表现，取得信任，便有机会参加工作。"①毛泽东第十一表兄文涧泉在 1927 年曾陪他在湘乡考察农民运动，大革命失败后，支持毛泽东继续干革命。文涧泉给毛泽东写信，请他介绍他的本家好友文凯到北京工作。1950 年 5 月 7 日，毛泽东复信说："文凯先生宜在湖南就近解决工作问题，不宜远游，弟亦未便直接为他做介，尚乞谅之。"②毛泽东的夫人杨开慧的哥哥杨开智给毛泽东写信，要求在北京安排工作，他在回信中说："不要有什么任何奢望，不要来京。……一切按正常规矩办理，不要使政府为难。"③

新中国成立初期，毛泽东曾向北京文史馆推荐了几位与统战有关的人员。经资格审查，均没录用。他在此时并没有认为是"丢面子"，越发支持下级机关严格按规矩办事。后来，有人建议毛泽东推荐杨开慧的好友、毛泽东的战友柳直荀烈士的遗孀李淑一去北京文史馆做馆员。毛泽东没有同意，只从他的稿费中给她赞助一点钱，帮她解决困难。

毛泽东对写信给他要求解决工作问题的不管是家乡人，还是曾经帮助过他读书和革命的人，均予以复信谢绝。

1949 年 10 月，对毛泽东有救命之恩的郭士逵写信给他，请毛泽东在省外给他安排一份工作。毛泽东在 1950 年 3 月 14 日复信给他，说："工作问题，仍以就近等候机会为宜，不宜远出省外，徒劳往返。"④

---

① 《毛泽东年谱（1949—1976）》（修订本）上卷，中央文献出版社 2013 年版，第 135—136 页。
② 《毛泽东年谱（1949—1976）》（修订本）上卷，中央文献出版社 2013 年版，第 128 页。
③ 《毛泽东传（1949—1976）》下卷，中央文献出版社 2003 年版，第 219 页。
④ 《毛泽东传（1949—1976）》下卷，中央文献出版社 2003 年版，第 220 页。

毛泽东少时好友毛森品，建国后几次致信毛泽东，请其推荐工作。毛泽东知其家庭困难，只从工资中挤出550元扶助他，对他提出推荐工作的要求复信说："吾兄出任工作极为赞成，其步骤宜就群众利益方面有何赞助表现，为人所重，自然而然参加进去，不宜由弟推荐，反而有累清德，不知以为然否？"①

给1925年受郭亮所派护送毛泽东由长沙去广州的周振岳复信曰："参加工作问题望就近设法"；给和毛泽东共过事的李鑫复信写道："工作问题，望在当地设法解决，不要来北京"；给妹妹毛泽建烈士的过继女陈国生复信曰："望你在湖南设法求得工作，不要来北京"；给毛泽东的房叔毛贻华复信说："工作事尚望就近设法解决，我现在难于为助"；给他青少年时的同学王云晓回信说："工作问题希望就近设法解决"；给他远房叔祖父毛春轩回信曰："浪秋（春轩儿）、迪秋（春轩侄）诸位均宜在家工作，不要来北京"；给他青少年时同学张叔、王一凡复信："学习和工作，可就当地谋之"。

不忘记故旧

毛泽东一向孝敬父母亲、岳父母，尊敬师长，也不忘过去与他共过患难、并肩作战和支持过他的老朋友，主持国政后也一样。

1919年10月5日，毛泽东的母亲病逝。他立即从长沙赶回，面对油灯，席地为母亲守灵时，写下《祭母文》，高度赞扬母亲敦厚诚实，勤劳俭朴的美德："吾母高风，首推博爱；远近亲疏，一皆覆载；恺恻慈祥，

---

① 《毛泽东传（1949—1976）》下卷，中央文献出版社2003年版，第220页。

感动庶汇；爱力所及，原本真诚；不作诳言，不存欺心；整饬成性，一丝不诡；手泽所经，皆有条理；头脑精密，劈理分情；事无遗算，物无遁形；洁净之风，传遍戚里；不染一尘，身心表里"。并作泣母灵联两副："疾革尚呼儿，无限关怀，万端遗恨皆须补；长生新学佛，不能住世，一掬慈容何处寻？""春风南岸留晖远；秋雨韶山洒泪多"①。

他虽反对过父亲的刻薄、自私、专横，但对父亲养育教育之恩的怀念是深切的。1936 年，在延安见斯诺时，多次流露出对父母亲的感情和孝心。1959 年 6 月 25 日，毛泽东回到韶山。26 日晨，踏着露水爬山，到父母墓前扫坟，敬献了一束松枝作花圈，深深地鞠了三个躬，静默良久。轻声地说："前人辛苦，后人享福。"下午，毛泽东对罗瑞卿说："我们共产党人，是彻底的唯物主义者，不迷信什么鬼神，但生我者父母，教我者党、同志、老师、朋友也，还得承认。"②

1949 年 8 月 5 日，长沙解放，8 月 10 日，毛泽东闻得岳母杨老夫人健在，复信向老夫人亲切问候和"致敬祝贺"。9 月 11 日，托去长沙探亲的朱仲丽看望杨老夫人，捎去皮衣料一套。1950 年 5 月，让毛岸英回湖南给杨老夫人祝贺 80 大寿，带去两根人参。1960 年，杨老夫人过 90 岁生日，毛泽东寄 200 元钱表示祝贺。1962 年春，毛泽东安排毛岸青、邵华夫妻到韶山看望乡亲，到望城看望外婆，给母亲杨开慧扫墓。实行薪金制以后，毛泽东安排工作人员，从自己的工资中每月给杨老夫人寄去生活费，直到杨老夫人去世为止。

徐特立是毛泽东在一师时读书的老师，1937 年 1 月 30 日，时任中华苏维埃中央政府教育部部长的徐老过 60 大寿，毛泽东给他写了生日贺

---

① 《毛泽东年谱（1893—1949）》，（修订本）上卷，中央文献出版社 2013 年版，第 45 页。

② 《毛泽东传（1949—1976）》下卷，中央文献出版社 2003 年版，第 956 页。

信，信上说："你是我 20 年前的先生，现在仍是我的先生，将来必定还是我的先生。"他高度赞扬徐老师"革命第一，工作第一，他人第一"。新中国成立初期，毛泽东日理万机，仍电请在南方的徐老师来中南海做客，上饭桌时，徐老请毛泽东坐上席，说他是"全国人民主席"，毛泽东说他是主席的老师，一日为师，终身为父，更应坐上席。说罢，亲自扶着徐老上坐，饭后，毛泽东把自己的一件呢子大衣送给徐老，徐老接过大衣，激动得流泪。

曾对毛泽东因抨击校方弊政作出开除学籍决定，以后被迫收回成命，但还给毛泽东记了大过处分的一师校长张干，1950 年在长沙妙高峰中学教书，生活困难。毛泽东得知后，于 1950 年写信给湖南省政府主席王首道予以关照，省政府给他送米 1200 斤，人民币 15 万元（旧币）。1951年请他来中南海做客，派专家为他检查身体，安排他游览北京名胜古迹；国庆节请他登天安门观礼台，还用稿费买了被褥、服装、毛巾、牙刷等日用品赠送他；并聘为湖南省军政委员会参议室参议、省政府参议室顾问；60 年代，托省委书记张平化给病中的张干带 2000 元钱，帮助解决其儿女调回湖南工作，"以便侍奉"。

1959 年 6 月 26 日，毛泽东在韶山请他的启蒙老师毛宇居吃饭。当毛泽东向老师毛宇居敬酒时，毛宇居起身慨言："主席敬酒，岂敢！岂敢！"毛泽东说敬老尊师，应该！应该！饭后，亲自扶他送回家里。途中，扶着老师走小路中间，自己走长着杂草的路边。

1920 年，毛泽东为了筹建党和送新民学会的部分会员去欧洲勤工俭学，到上海请任过段祺瑞政府司法部长、教育总长，出版文墨数百万言的章士钊赞助，章士钊费了很大力气，动员社会各界筹集了 2 万块银元，帮了毛泽东的大忙，蔡和森、徐特立、李富春等人因而才能去欧洲。新中国成立后，毛泽东见章士钊生活困难，便从他的稿费中还这笔四十多年前的"债"。章士钊得知后，说当时这笔款是社会各界捐来的，又不是他一个人的，不承认这笔债务。毛泽东也知道这个情况，他的原意是给他资助生活补贴，怕他不受，所以就说"还债"。他对章士钊女儿章含之说："这是用我的稿费给行老一点生活补助哦！他给我们共产党的帮助，哪里是我能用人民币偿还得了的。"所以，从1963年起，毛泽东从他的稿费中每年春节初二给章士钊送去2000元，一直还到1973年，共还了二万元，秘书就停止送了。毛泽东得知后，要秘书一直送下去。并对章含之说："你回去告诉行老，从今年开始还利息。五十年的利息我也算不清应该多少。就这样还下去，行老只要健在，这个利息是要还下去的"。这时，章士钊已经92岁了，利息还了一年后就去世了。

革命战争时期，毛泽东到中央苏区一个乡里搞调查，毛泽东问乡长的姓名，乡长自报："罗瞎子。"原来此人家贫，没钱读书，斗大的字不认得，只有罗瞎子一个名，当毛泽东问他的真名时，他说："我只有这个名，当官了，也不能叫官名，免得人家说我摆架子。"毛泽东赞叹："说得好，'苟富贵，毋相忘'，日后革命成功了，我们也不能像陈胜那样忘了自己共过患难的父老兄弟。"罗瞎子听了，握着毛泽东的手说："要是今后革命成功了，你管天下，我该怎么称呢？"毛泽东说："那你照样称我老毛就是。"罗瞎子说："好，我记住你的话就是了。"1950年9月25日，"罗瞎子"被选上出席全国劳模大会的代表，来到了北京。毛泽东接见代表后，罗瞎子握着毛泽东的手，重重地抖了一下，大声地说："老毛，您咯胖呀！"毛泽东微微一愣，但很快认出来了，愉快地说："罗瞎子，是你呀！"并朝对方的肩头送出一拳。罗瞎子热泪盈眶地说："老毛，你到底还记得我这个小萝卜头！"毛泽东哈哈大笑地说："这还记不得，'苟富贵，毋相忘'嘛！"

1920年春末夏初，毛泽东在上海，陈独秀建议毛泽东读一点马克思主义的书。8月，上海共产主义小组成立后，陈独秀给毛泽东写信，请毛泽东负责在湖南发起组建，还给他寄了《共产党》月刊和青年团团章。毛泽东以后回忆说："陈独秀谈他自己信仰的话，对我一生中可能是关键性的一个时期"。新中国成立后，毛泽东对陈独秀的后代很关心。1953年2月21日，毛泽东在"洛阳"号军舰上与安庆地委书记傅大章谈工作时，谈了陈独秀的状况，要傅把陈独秀两个被杀害的儿子陈延年、陈乔年当烈士，照顾当时在安庆窑厂当技师的另一儿子陈松年。从此，安庆统战部给陈松年发了生活补贴，直到他病故。

　　1967年7月下旬的一天，随毛泽东巡视上海的杨成武向毛泽东报告说："现在有人不赞成'八一'作为建军节，提出9月9日，秋收起义那一天为建军节。"毛泽东果断地说："这是错误的，南昌起义是8月1日，秋收起义是9月9日嘛！我们是历史唯物主义者。八一建军节是1933年中央苏维埃政府做过决定的，这件事不能变。南昌起义是全国性的，是大政治，但政策错了，失败了。秋收起义是地区性的，不能因为我参加了，就吹上天。……南昌起义是中国人民在中国共产党的领导下，向国民党打响的第一枪……"①。谁都知道，"三湾改编"创建了支部建在连队上的"党指挥枪"原则；秋收起义是中国共产党领导的工农革命军，正式创建了革命根据地和工农红军，不像南昌起义打着"国民党左派"的招牌，朱毛会师后建起了工农红军，军纪也是那时初定的，军旗也是那时编制的。毛泽东坚持把建军节的荣誉给了"八一"领导人，可见其人格的伟大。

---

① 《毛泽东年谱（1949—1976）》（修订本）下卷，中央文献出版社2013年版，第106页。

不怠政闲逸

毛泽东一贯勤政于民，常常废寝忘食。

几天几夜不睡觉，对毛泽东来说是常事，就是行军中，也是一般每天只睡五个小时。

1937 年年底的一天上午，已经一天一夜没睡觉的毛泽东要睡一下，准备下午去陕北公学作报告，叫警卫员翟作军下午 2 点钟把他叫醒，翟作军见他太疲倦，有意让他多睡一下，没有按时叫他。下午 3 点了，毛泽东自己醒了，把翟作军责备了一顿。

指挥三大战役时，毛泽东常是昼夜不睡，白天工作，晚上和五大书记打"通宵战"。三大战役胜利结束时，毛泽东年仅 55 岁，李银桥为他梳头，以歇口气，不想梳出一根白发，毛泽东看着这根白发，笑着说出"值得"两个字。

1949 年，毛泽东在香山连续三四天没睡觉，经李银桥劝说，才连续服两次安眠药，得以入睡。

20 世纪 50 年代的一个夏天，毛泽东在北戴河连续工作两天三夜没休息，第三天早晨，值班卫士李连成劝他休息，为他按摩两腿，先后让他吃了三次安眠药，才躺在床上休息。有一次，已是深夜了，值班卫士几次劝还在工作的毛泽东休息，毛泽东没有听劝，这个卫士请保健医生王鸿宾去劝。王医生轻轻走进他的办公室，当他的笔头离开纸面时，劝他休息。毛泽东微笑着说"知道了。"半小时后，毛泽东还没休息，王医生第二次劝他休息，毛泽东说"工作完了就睡。"半个小时又过去了，毛泽东还是未停下来，王医生又劝他休息，由于这次王医生脚步重了一点，惊动了毛泽东，毛泽东严肃地对王医生说："你又来了，这工作是放不下的。我去睡觉，谁来替我办呀！"说着，好像毛泽东发觉王医生有点难受，便换了商量的口气说："怎么办？是你来办，我去休息？还是让我继续办公，你不再来打扰我呢？"①这样，王医生只好不好意思地轻轻离去，他和其他工作人员在窗外等着毛泽东房里熄灯。可是，等到天亮，灯光一直伴着毛泽东工作。

毛泽东工作时常常忘记吃饭。1957年早春的一天晚上，毛泽东伏在办公室，已经快十个小时没吃饭了，卫士封耀松端着饭进来，请他吃饭，毛泽东这才把饭吃了，饭后又继续工作，一直熬了个通宵。第二天中午，卫士又提醒他吃饭，毛泽东只要了一茶杯燕麦片粥，喝后又工作到晚上，卫士提醒几次请他吃饭，他都推脱了，直到第三天早上，又要了一茶杯麦片粥。第三天深夜，已经是连续工作两天三夜，小封壮着胆进去请他吃饭，毛泽东说："烤几个芋头来就行。"小封将6个烤熟的小芋头端进去时，毛泽东已睡了。见他左手拿文件，右手抓笔，斜靠着床打呼噜，卫士不忍叫醒他，十多分钟后，毛泽东醒了，小封请他吃芋头，他用手搓了搓脸说："噢！想吃了，拿来吧！"毛泽东拿起芋头剥皮，吃得很香甜。这时，天快亮了，大约只过了十几分钟，呼噜声又响起，小封轻轻走过去，发现毛泽东歪向右肩侧睡了，嘴里还嵌着半个小芋头，另半个还拿在手里。小封轻轻地取出嘴里的小芋头后，不觉哭了。

毛泽东的时间是非常宝贵的，他一贯是分秒必争，从他"多少事，从来急；天地转，光阴迫。一万年太久，只争朝夕"的词中，可以看出他的时间观念有多强烈。

为了让毛泽东在连续工作中得到一点休息，警卫员总是提醒他到室外散步。毛泽东每次散步都要值班卫士看着表，限制十分钟，每次时间

---

① 《在毛泽东身边》，人民出版社2009年版，第236、237页。

差不多时，总是问钟点到了吗？有时卫士想让他多休息一会儿，故意瞒点时间，说"还差两分钟"。毛泽东批评他们的表犯"路线错误"。于是，自己数步伐，再散一百步后，回到办公室办公。

有一次，毛泽东为了处理一件外事，让理发师傅王惠为他剃须，王惠责任心很强，听说毛泽东马上要会见外宾，更加感到要剃好一点，所以剃得很精细，拖了一点时间，毛泽东催他快一点，王惠还是快不了，说："怎么不听话呢？我叫你不要急，不会误你的事。"毛泽东又催他快一点。这时，毛泽东想起了过去剃得又好又快的理发员曹庆继。那是在西柏坡的事，毛泽东第一次让曹庆继理发，刚坐下去就问："五分钟理得好吗？"曹庆继第一次为毛泽东理发，原想理得更好一点，想慢慢剃，不想毛泽东给他限了时间，他知道毛泽东肯定时间紧，怕影响了毛泽东的工作，虽然特别紧张，但还是眼疾手快沉着机灵地按毛泽东规定的时间理完了。毛泽东照着镜子看了看，对曹庆继的手艺表示满意，又对了下表，时间刚好五分钟。便头也没有洗就走了，曹庆继也高兴极了。可惜，后来西柏坡下暴雨，曹庆继住的窑洞倒塌，被压死了。毛泽东为他的死很悲痛，亲笔写了"哀悼曹庆继同志"的挽联。这次，王惠使毛泽东无可奈何，他感到这个理发师不能与曹庆继比，不是军人。但是，王惠边给毛泽东刮后颈，边说："你是国家主席，主席有主席的样子。要是我剃不好，人家会说我王惠不行，我王惠也不光彩！"毛泽东听后，哭笑不得。

毛泽东日理万机，工作繁重，有时还亲自参加劳动。1930年9月，刚成立的山炮连随大部队向江西根据地转移。当山炮连抬着山炮行至清江县黄土岭时，军直机关从后面赶上来了。毛泽东从一个年少的战士身上接过抬杆，一直把山炮抬到山顶，中间，警卫员几次要换他，他都没让换。1933年的一天，毛泽东和警卫员来到才溪乡一家农户家里，跟着农夫到田里插秧，他插得又快又匀，受到老汉的好评。1941年，党中央向解放区军民发起了"自己动手，丰衣足食"和"发展经济，保障供给"的伟大号召，开展以农业为主的生产运动。毛泽东也亲自参加开荒，就在他的门口，利用早晨睡觉前的时间和办公劳累之余，用锄头开了一亩地的荒，种了农作物。警卫员见他工作繁重，要为他代耕，被他拒绝了。1958年5月25日下午5点35分，毛泽东和周恩来、朱德等中央领导人来到十三陵水库地区，使劲挥动铁锹，往筐里装土，干得汗流满面，以一个普通劳动者的身份，参加水库大坝的劳动。

不奢侈浪费

毛泽东一生坚持个人生活低标准，坚持俭朴节约，坚持"后天下之乐而乐"，坚持以人民的幸福为自己的幸福。

毛泽东从不讲究吃。早在江西时，经常使用一个三层（中间盛菜、上下盛饭）小缸子吃饭，他自己说这是"节约缸"，一是节约时间，部队休息时，他要研究工作，顾不上吃饭，行军时吃饭用它方便；二是节约饭菜，吃不完的饭菜下餐吃。有一次，警卫员陈昌奉见到只剩下一点点剩饭就倒掉了，毛泽东第二餐吃时，问剩饭到哪里去了，听到小陈说倒掉了，很是不满意，说："下次剩的不准再倒。"

1937年，周恩来见毛泽东日夜办公，身体瘦弱，伙食太差，便悄悄地要李科长搞点猪脚汤，帮他补补，毛泽东问清是他自己的生活费买的以后才敢喝，当他得知猪蹄价不贵，交代李科长今后每次只烧一只蹄，隔几天烧一个，连汤带蹄一块吃。

1938年春天，毛泽东在从二十里铺开边区党代表会回来的路上，发现沿河滩边有些圆叶子小草，说这是冬苋菜，是一种野菜，他过去吃过，要警卫员给他拔一点，回家叫炊事员老周炒给他吃，一连吃了好几次，当年延安正缺菜，警卫员见毛泽东吃得很香，也挤时间拔这种野菜吃，其他战士见主席和身边的人吃冬苋菜，也纷纷吃这种野菜，解决了当时没菜吃的困难。毛泽东每餐饭只有一菜一汤，加上一小碟辣椒。有一次，周恩来从重庆捎来一点火腿给他吃，他不吃，只吃了一碗汤和辣椒。有一次，厨师老周见他生活太苦，工作太多，加了一个菜，他不吃加的菜，坚持要老周自己吃。

1947年9月至10月，毛泽东在陕北佳县朱官寨、神泉堡，连续两个月与战士一样天天吃黑豆。贺龙从河东给他带了一块腊肉，叫厨师给他炒了一小碟补脑子，毛泽东忙叫人把这一碟腊肉撤走。李银桥急忙出来说："主席用脑子太多，吃腊肉可以补脑，不是为了享受。"毛泽东忙叫李银桥拿把梳子来，要他帮自己梳头，说梳头可以把有限的营养满足大脑。李银桥只得给他梳头，叫炊事员把腊肉拿走，毛泽东这才吃饭。以后，那块腊肉一直保存到新年前，用它招待了从华东赶来开会的陈毅司令员。

当年沙家店战役结束不久，佳县县委书记张俊贤来到牛官寨，向毛泽东汇报工作。毛泽东因天天吃糠菜糊糊而消瘦，给这位县委书记特别招待了一餐高粱米饭。张俊贤望着毛泽东消瘦的面容，端起饭碗流下了热泪。回县委后，大家听到张书记讲了这个情况后，都说："咱佳县再苦也不能叫日夜操劳的毛主席受委屈"，便杀了两只羊送给毛泽东。毛泽东谢谢他们，收下了送来的羊，要他们以后不要这样做。在把送羊人送走后，便在佳县县委写给他的信上批示"送给伤病员吃"，随即派工作人员将羊送伤病员驻地。

1965年5月，毛泽东在湖南巡视住省委九所，通常是四菜一汤，外加一块烤红薯和一个包子，有时，饭内还放些蚕豆、川豆等杂粮。

毛泽东不喝酒，也劝别人少喝，但在重大应酬时也能喝一点。重庆谈判时，去知名人士鲜英家私访，喝过他自制的枣子酒；开国大典那天，与外宾喝过红葡萄酒；在庐山，与周小舟、周惠、田家英喝过茅台酒；长女李敏结婚，喝过红葡萄酒。70年代，毛泽东健康大不如前，睡眠更加困难，又不愿吃补品，工作人员为他用高丽参浸泡了两玻璃罐茅台酒，希望他能在每晚睡觉前喝一口以滋补身体，催催眠，他怎么也不肯喝。所以，这两罐茅台酒一直留在他的卧室。毛泽东去世后，办公厅清理他的遗物时，不知有谁喝去一罐，剩下一罐人参茅台酒，现存韶山毛泽东同志纪念馆。

毛泽东从不讲究穿用。1937年1月4日，毛泽东离开保安去延安，6日住在寺儿台老百姓的窑洞里。要刚烧好炕的警卫员吴清华与他一起睡一个炕。小吴睡下后，正在办公的毛泽东发现炕上烧着了，他忙将小吴叫醒，与小吴一起用已经燃着的被褥扑火，火扑灭了，被褥被烧了一个窟窿。小吴很难过，感到自己烧火烧旺了，毛泽东说没关系，补补还可以用。以后，毛泽东继续使用这条带补丁的被褥，一直用到西柏坡和北京，最后珍藏在中国革命军事博物馆。

延安的一个深夜，毛泽东在窑洞里撰写《论持久战》，冻得有些支持不住。警卫员给他烧了一盆木炭火放在脚下，毛泽东把脚放在火盆上，专心致志地写文章。不料，把一只棉鞋烧烂了。警卫员见烧了一个洞，提出请房东老大娘给他做一双新棉鞋。毛泽东不肯，只让老大娘把这个烧烂的棉鞋补了一下，这双补了的棉鞋以后又陪毛泽东过了几个冬天。

在延安军民大生产运动中，部队自己动手做了一批帽壳平塌塌、帽下耷拉、式样不好看的毡帽，没有人愿意戴。毛泽东得知后，拿着一顶自己戴了戴，说没有人戴我戴。毛泽东果然戴着这顶帽子外出开会、作报告，全体指战员再也不嫌它的"土包子"味了，都戴起来了。

延安时期，毛泽东外出开会穿的那件旧棉衣，灰色已经变白，胳膊肘、袖口、领口补了又补，已经穿了四年了。管理局很快给他做了一件蓝色的新棉袄。警卫员趁着他睡觉时，来了个以新换旧，把那件旧棉衣交管理局拆了。毛泽东醒来后，向警卫员要那件旧棉衣，说那件旧的还可以穿。听到警卫员说，那件旧衣已经拆了，布破得再也不能缝了以后，他才无可奈何地让警卫员拿一件和大家一样的灰粗布棉衣来。管理员贺清华只好按他的意思，将蓝色新棉衣拿走，让毛泽东穿上和战士一样的灰棉衣。

1942 年，毛泽东的警卫员兼马夫辛克给他洗了一件衣衫，他在上面数了 16 块补丁。洗时不小心又搓破了一个洞，晒干后，给他又补上了第17 块补丁。

毛泽东 1945 年赴重庆谈判时，郭沫若发现他没有手表，便从手上摘下一块瑞士产的欧米伽表送给他，与这位大诗人素有深厚而长久情谊的毛泽东，竟然一改不收礼品的常习，欣然接受了这块表。后来，工作人员见此表戴久了，表底发黄，字母模糊，表带破了，建议他换一块，他不同意。不久，表的机件失灵，恰逢瑞士友人送给他一块金表，工作人员乘修表之机要给毛泽东换表，毛泽东破例只将这块金表打了借条借用了几天后上交国库，仍将修好的欧米伽表继续戴着，一直到他逝世。

转战陕北时，毛泽东只用一条毛巾，毛巾没有毛了，像块麻布巾，洗脸、擦脚都用它。警卫员要给他领条新的洗脸，留下旧的擦脚。毛泽东说："脚比脸辛苦，为什么要把它们分开呢？分开就不平等了嘛！"[①]李银桥也幽默地说："那就新的擦脚，旧的洗脸"。毛泽东说："话不能

---

① 《毛泽东教我们学处事》，中共党史出版社 2003 年版，第 269 页。

这么说，我们的国家和人民都还很穷，我多用一条毛巾算不了什么，可是全军如果每人节约一条毛巾，省下的钱，我看就足够打一次沙家店战役了"①。

1948 年秋，警卫员发现毛泽东的毛衣、毛裤太薄了，有几个大窟窿，有些地方还脱线了，建议由李银桥和负责照顾李讷的韩桂馨出面，劝毛泽东买新毛衣毛裤或用毛线织毛衣，李银桥和韩桂馨出面了，但毛泽东不听，坚持要韩桂馨补一补。韩桂馨说："不是我不愿意补，实在是太破了，不好补，就是补上，也实在难看。"毛泽东认为穿到里面看不到，坚持补。因此，添置新毛衣的劝说告吹了。

毛泽东的内衣内裤及拖鞋袜子有很多补丁，警卫员多次要他换新的，他以不露肉、不透风、穿在里面看不见为由，坚持不换新的。

进城后，条件好了，毛泽东也一样俭朴。

有一次，毛泽东接见张澜，要卫士给他找件好衣换。卫士翻了几次，也找不到一件不破或没有补丁的衣服，银桥要到外面借一件。毛泽东以张澜是贤达之士不会怪为由，要他不要借。结果，他还是穿着补丁衣服接见了张澜等民主人士。

1949 年 3 月，毛泽东住在中南海丰泽园的书屋，工作人员在那里摆了许多鲜花，像个小花园，毛泽东叫他们把这些鲜花全部搬走。为了便于雪、雨天工作，卫士们建议建个走廊，毛泽东不同意，说这与艰苦奋斗不符。大门和外面门柱的油漆脱落了，工人们准备重新油刷，毛泽东制止了，说这不是公共场所，不要那么漂亮。

丰泽园院里的颐年堂是毛泽东经常开会的地方，有人要修缮，毛泽东也不同意，只让彻底清扫了一下。

———————————

① 《毛泽东教我们学处事》，中共党史出版社 2003 年版，第 269 页。

1953 年，行政处见毛泽东喜欢游泳，给他修了个游泳池，毛泽东发现后从他的津贴和稿费中支付了这笔开支。

1960 年以后，毛泽东穿的内衣内裤和粗线袜子还是补丁加补丁，内衣内裤看不见本色，粗线袜子要是往外一伸腿就露出了补丁。在接见外宾时，卫士总是向他提醒要他不要伸腿。

毛泽东一生都是睡木板床，不睡沙发床、席梦思。他的被褥都是棉布棉絮，色很淡，白布被面，从不睡鸭绒被、绣花和缎子被面。

毛巾被和睡衣都是补丁加补丁，一直保存在韶山毛泽东同志纪念馆的一床毛巾被上还有 54 个补丁，一件睡衣上的补丁就有 73 个。这件睡衣是 50 年代初北京东交民巷王子青师傅制作的。60 年代初睡衣有了很多破洞，工作人员缝补了一下，后来实在无法再补，工作人员请示换件新的，毛泽东说再请人补补吧。工作人员只好送到总后被服厂刘奎元师傅那儿补。刘师傅找了同颜色的布料精心缝补，不仔细看看不出补丁，毛泽东很满意，让他多次补，补了又穿。有一次工作人员趁毛泽东休息之机，给他换了一件新睡衣。醒后，发现睡衣被人换了，一再追问旧睡衣哪儿去了。工作人员只好把旧睡衣取出来，毛泽东接过旧睡衣，边穿边说："习惯了，还是补丁叠补丁的睡衣好穿"①。1971 年这件睡衣已经 73 个补丁了，人叫"百衲衣"，实在无法再穿了，毛泽东才同意换件新的。

1966 年 6 月，毛泽东在韶山滴水洞住了 11 天，从北京带去的一双拖鞋鞋底磨得很薄，还补过几次，鞋带也接过几次。工作人员建议他换双新的，他坚持再补一下。工作人员先后找了三四个补鞋匠，都拒绝接这个活，最后，好不容易找了个耐心的老鞋匠，才将这双拖鞋补好了。

毛泽东进城后，仍和革命战争时期一样，不用香皂洗手洗脸，在手

---

① 《毛泽东教我们学处事》，中共党史出版社 2003 年版，第 272 页。

上染上墨汁或油洗不掉时，就用洗衣粉或肥皂洗。人家帮他洗衣衫，还要交代洗衣人只在领口袖口搓肥皂，其他地方不要搓，他用清水洗完手脸之后，从不用任何护肤品。

毛泽东刷牙从不用牙膏，只用牙粉，换牙刷要等到牙刷磨得实在无力刷牙时才换。

毛泽东抽烟从来不用打火机，他用过的火柴盒也不准丢失，让警卫员买散装火柴，装在里面重新用。毛泽东丰泽园生活资料保管室的一个匣子里就留下了很多空火柴盒子。

他经常向为他管生活的同志交代伙食不能超支，做新衣服必须经他允许。

毛泽东在革命时期，坚持艰苦朴素，还是可以理解的。他自己也说过："没有条件讲究的时候不讲究，这一条好做到；经济发展了，有条件讲究，仍然约束自己不讲究，这一条难做到，共产党员就是要做难做到的事"①。可是，他在建国后，条件好了，还是做到约束自己不讲究。实行工资制后，毛泽东的工资是不低的，还有一笔像样的稿费，是有条件讲究的，为什么还这样节约呢？据20世纪60年代为毛泽东管理生活的吴连登反映，他的工资虽然不低，但由于毛泽东公私分明，坚持不吃公、用公，除了支付党费外，他的房租费、水电费、煤气费都按时交，分文不欠。个人抽的烟、喝的茶叶、吃的水果从不用公家的。工作人员出于关心他，有时添点菜，超过毛泽东规定的标准，都由工资支付，在家里招待客人，供养一位亲戚，接济他人困难和承担一些可由公家负责的项目，都是从工资中支付。所以他的工资基本上是收支平衡。与江青自1968年8月开始生活、工资互相独立，互不干扰以来，他的收支是独立

---

① 《毛泽东教我们学处事》，中共党史出版社2003年版，第271页。

核算的。《毛泽东遗物事典》中记载着毛泽东 1975 年 9 月的生活账：上月接转 1165.06 元，本月工资支付后，亏 167.08 元。接转下月为 997.98元，所以，直到毛泽东逝世时积累无几。

总之，毛泽东的节约是对自己而言的，对他人却是舍得花钱的，归根结底还是他为党为人民的品德，不是为了吃穿住玩，而"是彻底地为人民的利益而工作的"崇高思想。他说："我们生活在这个世界上，不是为了吃世界，而是为了改造世界。这才是人，人跟其他动物就有这个区别"①。这就是毛泽东的人生观、世界观、价值观，也是斯诺先生赞称他的"东方魔力"吧！

毛泽东一心系着人民。以上所述的毛泽东这个"不"和那个"不"，实质上就是不自私自利。他说："我们共产党人区别于其他任何政党的又一个显著的标准，就是和最广大的人民群众取得最密切的联系；全心全意地为人民服务，一刻也不脱离人民群众；一切从人民的利益出发，而不是从个人或小集团的利益出发"。②毛泽东自己一生正派，一身正气，归根结底"正"在他一切为人民，一心为人民。

毛泽东常常把困难留给自己，把方便和幸福让给人民，这是他毫不利己、专门利人的佐证。1948 年的一天，毛泽东在乘吉普车由城南庄去西柏坡的途中，发现路中一个三十多岁的农村妇女，泪汪汪地守着一名八九岁的、双目紧闭、脸色蜡黄的小孩。毛泽东急叫"停车，"他走下车来，摸摸孩子的手和前额，问孩子怎么样？女人哭着说："病了！"毛泽东叫朱医生快给孩子看病。朱医生检查孩子身体后，说："有救。"但却为难地说："这药只剩下一支了。"毛泽东问什么药？朱医生说："盘尼西林。"毛泽东要朱医生快用。朱医生说："这是进口药，买不到，主席有

① 《向毛泽东学习》，中共中央党史出版社 2013 年版，第 36 页。
② 《毛泽东选集》第三卷，人民出版社 1991 年版，第 1094、1095 页。

病，我也舍不得用，留给主席急用的。"毛泽东坚持要他用。朱医生这时才不得不给孩子注射了这一支为毛泽东应急时的针。不一会儿，小孩忽然睁开了眼，还轻轻地喊了一声"娘"。孩子的母亲"扑通"一下跪倒在毛泽东面前，哭着连喊"菩萨"。毛泽东急忙将她扶起后，含泪吩咐朱医生用他坐的吉普车送她们母子回家，要他观察一段待没问题后再回来。

1934年冬，毛泽东和中央红军右路纵队长征到贵州剑河县城附近的苏州村庄，路旁一位老太太身穿单衣，搂着一个赤身男孩倒在那里，冻得发抖，有气无力。毛泽东从老太太口里得知这个男孩是她的孙子，地主抢走她家一年的粮食，儿子被国民党抓去当兵，儿媳也跑了，她和孙子靠讨饭度日，毛泽东立刻拿出自己的干粮给老太太和孩子吃，还从自己身上脱下毛衣给老太太披上。战士们还把两袋米和一床垫单送给老太太。老太太又喜又急地吃了一点干粮后，挣扎着坐起来，合起双手，流着泪用苗语说："救命恩人啊，我咋个对得起你们啊！"她还让孙子给毛泽东叩头。毛泽东亲手挽起老太太和孩子，帮助她用她的讨米竹棍穿起粮袋，让她和孩子抬着回家。1928年，宛希先从前线回来，到八角楼向毛泽东汇报工作，毛泽东正好不在，下楼后发现毛泽东在满头大汗地春米，宛希先从他的吃力动作中看出他身体不舒服，连忙上去摸他的额头，感到烫手，便急着去红军医院请了一位医生给他看病。医生诊断为重感冒，给他开了六粒退热片。医生刚刚回到医院，一个红军战士将六粒药丸子送回来，毛泽东说什么也不肯用，要宛希先退回去给伤病员用，说他的感冒用春米的办法是可以治好的。第二次反"围剿"中的一天，毛泽东在永丰县中村的前沿阵地，指挥红军与敌人战斗。突然发现一个姓赵的小战士受了重伤。毛泽东扯下自己的衣襟扎好小赵的伤口，将他送到卫生队治疗才回到阵地，继续指挥战斗。毛泽东率中央红军进入草地的第七天，整个部队断炊。毛泽东发现两个战士倒在草地上，随即让警卫员从粮袋里掏出仅有的给毛泽东留下应急的两块青稞饼给他们吃。两个战士流着眼泪不肯吃，经他左劝右劝，最后才吃了。毛泽东还把自己的坐骑让给最弱的战士骑，自己走路，让警卫员扶着另一位战士走。在延安的一天，毛泽东接到从五六十里路外的拐茆野战医院打来的电话。一个即将死亡的、毛泽东并不认识的重伤员想见毛主席。正在紧张工作的毛泽东马上放下工作，骑着马，冒着盛夏的酷暑，来到了医院，走进这个重伤员的病房。这时，那个重伤员已奄奄一息了。看护人员贴近他的耳朵说："毛主席看你来了！"那个伤病员嘴唇微动，用尽最后的气力，想握毛泽东的手。毛泽东弯下身，紧紧握住他的手予以慰问，泪水一滴滴地流下来。那伤员也就欣慰地停止了呼吸，毛泽东亲笔为他题词、送花圈、送葬。还是在延安一个元宵节的前一天，毛泽东在枣园村外与两位老农聊天，听到这两位老农的生日正是元宵节。尽管他自己从不过生日，但在这个元宵节的当天，请这两位老农在中央书记处小礼堂吃饭，还请了附近其他 22 位 60 多岁的老农一块为他们祝寿，给每人送了一条毛巾、一块肥皂作为寿礼，包括其他 22 位不是元宵节生日的老农在内，一人一份。1933 年 4 月的一天，毛泽东来到江西瑞金沙洲坝，发现当地农民从塘里挑脏水吃，随即与乡苏维埃政府发动群众打了一口井，不少人开始吃井里的水。不久，他发现有些人不用这个井里的水，经查问，是由于这口井的附近有一片坟地，不敢食用。毛泽东立即与群众另选了一个地方打第二口井，自己亲自带着乡干部，下到井里铺木炭、沙子。这样，全村都到这口井里打水，还在井台上竖了一块碑，上刻："吃水不忘挖井人，时刻想念毛主席。"

毛泽东这一生只与阶级敌人斗，只反对违背最广大人民根本利益的人，只对少数他认为包括错误认为有路线、原则问题的权威人士"不让步"和"不客气"过。他从来不与最广大的人民群众作对，从未整过斗过最广大的人民群众，从不允许有人诬蔑和丑化人民群众的形象，正好说明他代表最广大人民的根本利益。如1952年10月下旬的一天，毛泽东视察徐州九里山，见到山上光秃秃的，问负责同志"为什么不种树"，听到负责人说"这里的山都这样，乾隆皇帝说徐州是'穷山恶水，泼妇刁民'"后，气愤极了，他认为这是对劳动人民的诬蔑，鼓励当地群众积极种树，改变穷山。在陕北最艰苦的年代，一个小警卫员受不了苦逃跑了，警卫队担心他泄密，立即将他捉了回来，要枪毙他。正在办公的毛泽东走出窑洞，见到这个要枪毙哭着喊救命的战士，立即要部队将他释放，并且还留着他连吃了几天小灶。有人不服气，说对逃兵太宽容了，毛泽东以他还年轻为由，予以解释。

他从来是以人民的幸福为自己的幸福，以人民的灾祸为自己的灾祸，他的感情是最广大人民的感情。1944年的一天，有人向毛泽东反映延安枣园侯家沟两个小村的妇女不生孩子的问题。毛泽东随即请延安市委书记张汉武前来查对情况。张汉武反映情况属实，但不知什么原因，怎么解决，毛泽东随即通知中央医院去侯家沟化验水，帮助群众解决这一问题。医院经过化验，发现水中含有大量有害物质，一方面指导群众改良饮水，一方面帮群众治疗疾病。一年之后，侯家沟的妇女开始生孩子了，群众说："共产党是真'神仙'！"1950年夏，安徽、河南交界处连降大雨，淮北地区受灾惨重，百年未有。毛泽东在批阅淮北灾情的一些报告时，看到一份电报里说有些灾民因房屋倒塌，爬到树上，被青蛇咬死时，不禁流下眼泪。1976年7月28日凌晨3时42分，正是毛泽东临终的那段日子里，河北的唐山、丰南一带发生了里氏7.8级强烈地震，拥有百万人口的工业城市唐山成为一片废墟，人民生命财产蒙受重大损失。当毛泽东得知地震造成极其惨重的损失后，放声大哭。亲自圈阅中共中央《关于唐山丰南一带抗震救灾的通报》。派以华国锋为总团长的中央慰问团于 8 月 4 日赴河北唐山、丰南慰问受灾群众，转达党中央、毛泽东对灾区人民的关怀。

"为人民服务"这句话人人会讲，把它与"毫不利己，专门利人"的伟大品德联系起来做到的不多，毛泽东写的《为人民服务》《纪念白求恩》看来简单，不怀着张思德当 12 年警卫员不思升迁和白求恩冒着不消毒开刀的危险动手术的感情去读是读不懂的。

十三、屈原“高踞上游”

毛泽东说屈原"高踞上游"。他自己又诤言犯上，又服从组织决议，能上能下，苦读勤问。特别是在读书方面，毛泽东简直是个罕见的求知狂，住室藏书6万余册，床铺半边是书。他虽然只有中专文凭，却成为文服群儒、用兵如神、赋压诗坛、史通千古的大学问家。

[评注原文]

屈子当年赋楚骚，手中握有杀人刀。艾萧太盛椒兰少，一跃冲向万里涛。

——《毛泽东诗词集》，中央文献出版社 1996 年版，第 203 页。

骚体是有民主色彩的，属于浪漫主义流派，对腐败的统治者投以批判的匕首。屈原高踞上游。

——《建国以来毛泽东文稿》第 8 册，中央文献出版社 1993 年版，第 456 页。

屈原写过《天问》。过了一千多年，才有柳宗元写《天对》，胆子很大。

《天问》了不起，几千年以前，提出各种问题，关于宇宙、关于自然、关于历史。

——《毛泽东与影响他的历史人物》，中共中央党校出版社 2009 年版，第 8 页。

[故事背景]

屈原，约生于公元前 340 年，殁于约公元前 278 年，名平，又名正则，字灵均，战国末期楚国人，是我国最早的爱国诗人。

他出身于楚国贵族。楚怀王初年，仰慕其才，让他做左徒、三闾大夫，主持立法，接待宾客，办理对诸侯国的事务。他也很有抱负，想通过楚怀王来实现他的政治理想。他主张举贤任能，立法富国，联齐抗秦，进而统一中国。但这些主张触动了楚国贵族的利益，遭到了楚怀王的幼子子兰、宠姬郑袖和上官大夫的迫害，终被免职流放，长期流浪在沅湘流域。楚国也从此渐渐衰落了。

以后，楚怀王悟到没纳屈原谏，吃了亏，才将屈原召回到国都，但仍没有重用。楚怀王三十年（公元前299年），秦国攻占楚国八城后，请楚怀王到秦国相会，以结盟和好。屈原认为这是骗局，劝楚怀王不要去。但楚怀王听了幼子子兰的意见赴会。他去秦后，果被扣留为人质，胁迫楚国割让土地，楚怀王最后死在秦国。

楚顷襄王即位后，任用他的弟弟子兰为令尹。楚国人认为楚怀王客死秦国，是子兰之责，国人和屈原都责备子兰。子兰得知后，让上官大夫在楚顷襄王面前进谗言，使屈原第二次被流放到江南，且永远不许回郢都（今湖北江陵西北）。

楚顷襄王二十一年（公元前278年），秦再攻楚，占郢都，楚国被迫迁都于陈（今河南淮阴）。屈原知后，悲痛欲绝，他为无力挽救楚国而悲伤，绝望地写了一篇遗作《怀沙》，于旧历五月五日投汨罗江自杀了。

屈原作品，前期有《橘颂》《九歌》；被流放后，有《离骚》《天问》《九章》等。《汉书·艺文志》着录《屈原赋》二十篇，其书久佚，后代所见屈原作品，皆出自汉刘向辑集的《楚辞》。

[实践纪事]

毛泽东从青年时代起就十分崇敬屈原的爱国精神，喜读屈原写的充满爱国豪情的作品。早在湖南省立第一师范读书时，他的一本47页名为《讲堂录》的读书笔记，抄录屈原《离骚》《九歌》的诗词就有17页。新中国成立后，他每次外出带的书都有《楚辞》。1957 年，他请人收集的屈原著作达 50 余种。1958 年 1 月，他正在南宁开会，18 日凌晨 1 点多钟，突然发现国民党飞机飞来，全城立即进入空防状态，警卫人员要他进防空洞，他却安然处之，让人点燃蜡烛，聚精会神地读《楚辞》。他读《离骚》不是一遍、两遍，而是从青年读到老年，常读常新，时有领悟。他的七绝《屈原》，是对屈原伟大一生的绝妙赞歌。此作认为屈原的《离骚》对楚国奸佞所发溢的刻骨仇恨有如杀人刀；词中的"艾萧"即指楚怀王公子兰、怀王宠姬郑袖和上官大夫靳尚等奸佞，"椒兰"即忠臣；第三四句的意思是叙述他在奸佞的陷害和逼迫下，沉江殉国的情景。他说"骚体是有民主色彩的"，"对腐朽的统治者投以批判的匕首"，说"屈原高踞上游"，正反映屈原为楚国的安危不怕诬陷、降职、罢官、流放，直到以死抗衡，与国内外浊流顽强争斗的倔强性格，昭示世人学习屈原敢于向上冒颜进谏、向腐败者斗争到底的无私奉献精神。屈原的爱国豪情，激发了后人对他的千古怀念。毛泽东在 1954 年 10 月 26 日，与来访的印度总理尼赫鲁离别前的会谈时说："大约两千多年前，中国的一个诗人屈原曾有两句诗：'悲莫悲兮生离别，乐莫乐兮新相识'"[①]，并向他介绍了屈原因数谏未纳而沉江殉国以及人民以端阳吃粽子纪念他的故事。他这样讲，并非泛泛而谈，而是向外宾显示中国人素有爱国传统，过端午节的重要意义在于弘扬爱国主义精神。

其实，毛泽东自己就具有强烈的屈原性格。

---

① 《毛泽东与影响他的历史人物》，中共中央党校出版社 2009 年版，第 7 页。

刚正不阿，敢于犯上，反对错误

毛泽东从少年时期起，就愤恨剥削和压迫人民的封建统治者和欺凌中国的外国列强，怀着"国家兴亡，匹夫有责"的理想抱负，反对清政府，反对统治阶级，反对袁世凯复辟帝制和接受日本"二十一条"不平等条约，反对军阀混战，反对国民党反动派，一直在寻求救国救民的道路。他在长期革命斗争中，凡是正确的东西，坚持到底；凡是错误的东西，反对到底。他生来就有一种天不怕、地不怕的性格，认为一个人要有头脑、有主张，不论自己的意见也好，人家的意见也好，要用脑筋想一想，对的就听、支持、坚持，不对的要反对，不能随声附和，不能随波逐流、人云亦云。要敢于与一切国内外敌人斗，与错误路线斗，对于领导的错误也一样，从不丧失原则、保官护短、讨好奉承。

1927年9月，毛泽东改变了湖南省委执行中央攻打长沙的决定，坚持走"农村包围城市，武装夺取政权"的道路；1928年6月，拒不执行湖南省委受盲动主义影响命他去湘南的错误决定，坚持井冈山斗争。

1929年5月，以前委的名义复信中央，指出了中央命红军分成若干小部队，要他和朱德离开红军"二月来信的错误"，促使中央改变这一错误意见。

长征途中，毛泽东极力阻止中央负责人博古将部队带往湘西与贺龙、萧克部队会合的错误计划，力主红军进军贵州，从而避免了第二次"湘江惨败"。

遵义会议上，他尖锐地批评了博古因犯冒险主义、保守主义和逃跑主义错误，导致红军第五次反"围剿"的惨败，使这次会议成为真正按中国人自己走的正确道路前进的起点。

1937年，不同意共产国际执行委员会、主席团委员、政治书记处书记王明抗日统一战线中的"七个统一"错误路线，坚持我党抗日民族统一战线中的独立自主方针。

新中国成立后，不惧怕斯大林，从苏联嘴里把属于中国的"肉"拿回来，坚持不让苏联在中国建立军事基地，不接受关于"中国不搞独立而完整的工业体系"的建议。

毛泽东在遵义会议前，曾经受过党内"左"右倾错误路线多次批判、架空、罢官的打击和磨难，但他一直是不怕委屈，坚持正确意见，始终不改刚正不阿的性格。回顾党的历史，正因为毛泽东的坚持，才多次从危机中把党和军队挽救过来。

不怕委屈，能上能下，服从组织

毛泽东虽然敢于犯上，对领导的错误敢于批评、揭发，敢于提出不同意见，但当他的意见没有被采纳，组织作出决议时，他仍在行动上服从决议和组织，不与组织对抗，维护党的团结。

他关于"屈原开除官籍……才有可能产生像《离骚》这样好的文学作品"之说，意在鼓励那些蒙受冤屈和怀才不遇之士，要像屈原一样，善于在逆境中发扬自强不息精神。天地这样广阔，何处不可展现才华？忧才不展者绝非真贤。毛泽东自己一生中就遭遇过很多逆境，他并没有在逆境中倒下，而是不屈不挠，能上能下，忍辱负重，自始至终做好人民需要他做好的工作。

毛泽东在中共八大预备会议第二次会议上说："对于那些不适当的处罚和错误的处置，可以有两种态度，一种态度是从此消极，很气愤，不满意；另一种态度是把他看作一种有益的教育，当作一种锻炼。你晓得，这个世界就是这么个世界，要那么完全公道是不可能的，现在不可能，永远不可能。"① 毛泽东用他的实际行动表现了后一种态度。

1931年11月1日至5日，赣南会议批判了"狭隘经验论""富农路线""右倾"错误，实际上是针对毛泽东而言的。这一次，毛泽东红一方面军总政委的职务随着红一方面军机构的撤销而取消。可是，专做政府工作的毛泽东并未灰心丧气，而是服从组织决定，做好组织上要他做的政府工作。他在东华山，抓住上井冈山以来由于军务繁忙，难得专心学习的好机会埋头读书，如饥似渴地读了《孙子兵法》《水浒传》《三国演义》和汀州福音医院院长傅连暲给他订来的《申报》《新闻报》《工商日报》《超然报》。每天还花4小时为警卫组织文化和时事学习。有时，他还带战士们一起去砍柴，以增强对自己的磨炼和对战士的了解及感情。他还以中华苏维埃共和国临时中央政府主席的名义为周恩来辟谣。毛泽东人在山上，心在山下，对山下来的人总是详细打听情况，关心部队的战士。当红军由于不接受他的意见，强行攻打赣州失败，项英受周恩来委托，上山接他赶往前线时，当即迎着风雨下山。毛泽东下山后，虽然他继续反对再打中心城市的主张没有得到同意，但仍不顾自己的劣势处境，以政府主席身份，耐心说服所在的"中路军"负责人林彪和聂荣臻，经周恩来同意，改"北上"为"东征"，指挥该军夺取了攻打漳州的胜利。

1932年10月2日至12日，宁都会议对毛泽东进行了点名的尖锐批判，又一次撤销了毛泽东红一方面军总政委的职务。毛泽东除了仍然服从组织分配，继续做好政府工作的同时，抓紧读书，一有机会就宣传他的正确路线。他来到福建汀州，住在离福音医院半里多路的小楼，孜孜

---

① 《毛泽东文集》第七卷，人民出版社1999年版，第106页。

不倦地读古代传统兵法和列宁著的《国家与革命》以及傅连璋给他送来的报纸。福音医院住了一位病号叫罗明，是中共福建省委代理书记，由于腰部受伤，在医院动了手术，毛泽东常去医院看他，与他交换对局势的看法。罗明说："自从主力军打下漳州后，千里会师赣南，国民党的第十九路军就乘机进军闽南，眼下只有红军独立第八师、第九师共三千人在闽西，没有其他红军了。"毛泽东听后，便建议罗明在闽南、闽西广泛开展游击战争。毛泽东给他详细介绍了江西三次反"围剿"的经验，讲述了游击战争的规律、战略，讲了集中优势兵力，拣弱的打，讲了诱敌深入的方针，讲了孙膑的"赛马法"故事和"围赵救魏"的兵法。毛泽东的滔滔宏论，使罗明顿开茅塞，说："在福建完全可以按你指点的一套去办。"罗明因此急于出院，出院后，积极贯彻执行了毛泽东游击战争的战略战术，谁知罗明这次的正确行动却带来了很大的不幸。1933 年 1 月底，他写了《关于杭永岩情形给闽粤赣省委的报告》，其中写了"最好的领袖毛泽东"这句话。博古发现了这一报告后，觉得很刺眼，质问罗明，谁说毛泽东是我们最好的领袖？随即，指鹿为马地批判了"罗明路线"，接着又把欣赏毛泽东游击战术的邓小平、毛泽覃、谢维俊、古柏扣上江西"罗明路线"的帽子加以批判。

1933 年 2 月 10 日，博古要没有军权的毛泽东搞查田运动。毛泽东不计大材小用，全身投入这个工作。3 月，毛泽东在瑞金叶坪进行查田试点，取得经验；5 月，率中央政府代表团去武阳召开"春耕生产运动赠旗大会"；6 月，接连在《红色中华》上发表毛泽东在查田中亲自写的关于查田运动的三篇文章：《查田运动是广大红色区域内的中心重大任务》《查田运动的第一步——组织上的大规模动员》《依据农村中阶级斗争的发展状态去开展查田运动》；并根据当时已经发现的"左"倾错误，起草了《怎样分析阶级》的文件，主持制定了《关于土地斗争中一些问题的决定》。6 月 17 至 21 日，毛泽东在瑞金叶坪，主持召开了八县查田运动大会；8 月，毛泽东写了《查田运动的初步总结》；8 月 16 日，毛泽东以苏维埃大学校长的身份，给学员讲《乡苏维埃怎样进行工作》；9 月 28 日，毛泽东反对李德将手里只有一支七十人的教导队，因寡不胜众而打败仗的闽赣军区负责人萧劲光判 5 年徒刑，开除党籍军籍的错误决定，保护了萧劲光。以后，毛泽东又以政府首脑身份，到江西兴国县的长冈和福建上杭县的才溪两个模范乡调查研究，亲自写了《乡苏工作的模范（一）长冈乡》《乡苏工作的模范（二）才溪乡》的报告；10 月 10 日，临时中央政府批准了他起草的文件和主持制定的《决定》，要求各级政府按照两个文件精神对农村阶阶成分复查；1934 年 1 月 20 日在瑞金沙州坝召开的中华苏维埃共和国第二次工农兵代表大会，毛泽东先后作了题为《我们的经济政策》《关心群众生活，注意工作方法》的报告，两个报告后来被收入《毛泽东选集》。

毛泽东这种在任何逆境中不屈不挠、能屈能伸、能上能下的顽强拼搏精神，不仅又一次表露了他全心全意为人民服务的无私而崇高的品德，而且不同于屈原当日沉江自尽的消极情绪，昔日屈原不能做到的，毛泽东做到了！

刻苦读书，勤于问事，自学成才

屈原还有一篇作品叫《天问》。此作对宇宙天地的形成和结构，对人类社会变迁的种种神话传说，连续提出 170 多个疑问，或怀疑或驳斥旧说，很富有批判精神。鲁迅说，《天问》"怀疑自遂古之初，直至百物之琐末，放言无惮，为前人所不敢言"。在这篇奇特作品里，屈原以丰富的想象力和大无畏的批判观点，表达了既成的神话传说及其观念不可依，天命不可恃的清醒的历史理性观点。毛泽东说："《天问》了不起，几千年以前，提出各种问题，关于宇宙、关于自然、关于历史。"

《天问》反映了屈原的一种强烈的求知欲，对任何发生在他周围的事物，不对的就反，不明白的就问，不盲目服从、人言亦言、随声附和、随波逐流。这种打破陈规陋习，敢于怀疑，勇于提出各种问题的个性特征，也正是毛泽东身上一直具有的东西，与毛泽东一贯好学的精神是相吻合的。毛泽东说的"柳宗元写《天对》，胆子很大"话，正是这位唐代文学家、哲学家、"永贞革新"重要人物，对屈原《天问》中所提问题的解答。毛泽东说："学与问是不能分开的，只有好学好问的人，才可能有学问"。毛泽东像屈原一样，对他所碰到的一切事物问到底。1938 年，警卫员李长培说他们脑瓜子太笨，毛泽东说："聪明在于勤奋，勤奋在于好学好问"。他给大家讲了孔子在曾国国君的祖庙里对每件陈列品细问的故事，说："'每事问'是一种美德嘛"，"孔子至今被人们尊为中国古代的大教育家、思想家……聪明人其所以聪明，一个重要的原因，就在于勤学勤问"，"问"往往是破除迷信解决问题的钥匙。

有一次，毛泽东书房里的大沙发要搬去另一个房间，李银桥指挥几个卫士搬。房门小，沙发大，几次搬不出去，李银桥准备不搬。毛泽东发现后，慢条斯理地问："有件事我始终想不通。是先盖这房子，后搬来沙发呢？还是先搬好沙发后盖房子？"大家立刻羞愧地低下了头。李银桥不好意思地发话了："哪有先摆沙发之理？搬吧！"大家满有信心地搬起来，经过几次变换角度，终于把沙发搬出来了。毛泽东过来问大家有什么感想？大家说还是主席高明，毛泽东说："我也有点启发，世界上干什么事都怕'认真'二字，共产党就最讲认真。"1957 年 11 月 17 日，毛泽东在莫斯科大学大礼堂接见在莫斯科学习的近三千名中国留学生和实习生的讲话中,将这句话精炼为:"世界上怕就怕'认真'二字,共产党就最讲认真。"① 其实,他从说"有件事,我始终想不通"起,就在启发人。他明明知道是先盖房,后摆沙发,沙发既然能摆进去,必然能搬出来,见他们不搬,是怕困难和办事不认真的表现。照常情,批评两句就可以解决。他为什么采取提问的办法,而不用批评的方法,显然是个方法问题,比"笨蛋,难道是先摆沙发后盖房吗"好得多。毛泽东从此事得到的真正启发,是大发"认真"二字的宏论和名言。"认真"二字包括问事、想事和办事,不认真办事往往源自不认真想事问事,只有多想多问,才能解放思想,战胜困难,认真办事。毛泽东在这里就是用问事的方法启发人认真想事,达到认真办事的目的。所以,认真问事既是通向认真办事的大门,又是认真想事,求得知识,解放思想,战胜困难的钥匙。"问"往往是与"学"并进的。学问学问,就是又问又学,一个人的学问本来就是问出来的,学出来的。毛泽东之所以知识渊博,正是这样勤问苦学出来的。他自己早就提倡既读有字之书,又读无字之书。这"无字之书",便是群众,是社会实际和社会实践。他曾在致一封没有姓名的"友人信"(注:此信前后残缺)中写道:"弟近年来,所有寸进,于书本得者少;于质疑问难者多"②。

毛泽东尤其喜欢读有字之书,是人间罕见的读书狂。毛泽东从少年到老年,始终是手不释卷,废寝忘食。早在湖南一师期间,同学们常以德意志建国时期普鲁士一个很会读书、很有学问的将军的名字"刘奇"送给发奋读书、成绩优异、志向远大的毛泽东,表示他是奇特人才。毛

① 《毛泽东年谱(1949—1976)》(修订本)中卷,中央文献出版社2013年版,第249页。

② 中央文献研究室、中共湖南省委《毛泽东早期文稿》编辑组编:《毛泽东早期文稿》,湖湘文库编辑出版委员会、湖南人民出版社2008年版,第12页。

泽东说:"有了学问,好比站在山上,可以看得很远,望得很多的东西;没有学问,如在暗沟里走路,摸索不着,那会苦煞人"。[①] 这正是他一生孜孜不倦读书的原因。他读书忘记睡觉、忘记吃饭是常有的事,无论是戎马岁月,还是和平年代,一生嗜书不倦。他的床铺经常是"书柜",除留外面一半给他一个人睡外,里面一半全部是书。他从来视书如宝,转战陕北期间,中央机关撤离枣林沟时,已经听到了追兵的枪声,骑在马上的毛泽东又跳了下来,请家在绥德的卫士马汉荣将自己的书藏到他家里去。他看着马汉荣把书带走后,才离开枣林沟。第二天,听到马汉荣告诉他已经将书藏在一个暗口小窑里后,脸上才泛起笑容,不断道谢。毛泽东每次出差,都吩咐卫士将他正在读和准备读的书,用两个一米见方的木头书箱送上专列,摆在床上、桌上,让他上车就有书看。中南海的"菊香书屋"很可能是原皇家园林增添"风雅"的摆设,成为毛泽东的住室后,却真正成了书屋,里面存放着毛泽东六万余册图书。毛泽东自己虽有多得惊人的藏书,但仍不能满足需要,经常安排工作人员向外借书。北京图书馆1958年发放新借书证时,把毛泽东的借书证编为第一号借书证。杭州、上海、广州、武汉、成都等地图书馆都留有毛泽东借书的记载。

毛泽东读书精读,反复读,从不一知半解。他主张"广收博览",涉及政治、经济、文化、军事、科技、教育,不论古今,不分国界。

毛泽东发奋读马列,从1920年读马克思、恩格斯的《共产党宣言》起,一直把读马、恩、列、斯的著作当作头等大事来看待。1932年4月,打下漳州,毛泽东从没收该地的图书中就选读了恩格斯的《反杜林论》,列宁的《两个策略》《共产主义运动的"左派"幼稚病》。现在保存的延

---

① 《毛泽东年谱(1893—1949)》(修订本)中卷,中央文献出版社2013年版,第109页。

安时期毛泽东读过的马列著作，还有《资本论》《马克思恩格斯列宁斯大林论艺术》《辩证法唯物论教程》《辩证唯物论和历史唯物论》《思想方法论》等。

毛泽东还喜爱读中国历史、古典小说，《二十四史》他通读了两遍，留下了他大量的圈画和批注、批语。本书所写的东西，也充分说明他在这方面的酷爱和读用是不寻常的。1943年春，薄一波在延安第一次见毛泽东，毛泽东在得知他姓薄和是山西人后，连连说："如履薄冰。"又说，汉文帝的母亲也姓薄，她的弟弟叫薄昭，汉文帝曾被立为代王，建都在你们山西的中都。薄一波听后当即怔住，以后翻阅《史记》，发现一点不错，心中暗暗为毛泽东的博学和惊人的记忆力敬佩不已。1975年八九月间，毛泽东的视力明显下降，还两次读《二十四史》中的《晋书》。1976年6月的一天，是他去世的前三个月，毛泽东要张玉凤给他连读两遍地念南北朝著名文学家庾信的《枯树赋》。然后，毛泽东费力地发出微弱的背书苦吟声，张玉凤听着他背的这首诗，简直不相信自己的耳朵，毛泽东背下的这篇长诗只字不漏："此树婆娑，生意尽矣……桂何事而销亡，桐何为而半死？……昔年种柳，依依汉南；今看摇落，凄怆江潭。树犹如此，人何以堪！"

毛泽东还注意自然科学的学习，这是鲜为人知的。1958年9月的一天，陪他视察大江南北的张治中跑进他的车厢，发现他正在读冶金方面的书，他说人的知识面要宽一些。1941年1月31日毛泽东写信给在苏联学习的两个儿子，要他们"目前以潜心多学自然科学为宜"，提出"只有科学是真学问"。1974年5月30日，毛泽东会见曾获1957年诺贝尔物理学奖的美籍华裔、著名物理学家、哥伦比亚大学教授李政道，竟直言问起物理学上的"对称"问题。李政道觉得很惊讶，一个从未从事科学事业且仅仅是中专毕业的人，竟能提出这么一个极其深奥的科学问题。

毛泽东赞赏李政道关于世间一切事物和现象是"相对对称",而不是"绝对对称"的论点。谈到高能物理研究时,毛泽东表示:高能物理本身也会不断地发生变化。他说:"所谓宇宙,就是空间,是无限的。时间也是无限的。构成宇宙的是微观世界。我想微观世界可能也是无限的。"[①]李政道后来回忆这次会见时说:"我们讨论了粒子和反粒子之间的对称以及它们产生和湮灭的动力学过程。看起来对称所具有的美感简洁性及其含义的深刻普遍性的统一,给毛泽东留下了深刻的印象。"1955年1月15日,毛泽东在中南海召开有科学家钱三强、李四光参加的中央书记处扩大会议,在作出研制原子弹决策后,毛泽东向钱三强提出了一个物理学上的问题,他说:"原子核是由质子和中子组成的吗?"钱三强说:"是这样的。"毛泽东问:"那质子、中子又是什么组成的呢?"钱三强答道:"原子论起源于古希腊时期。'原子'这个词,古希腊文的意思是'不可再分的东西'。根据目前的研究,质子、中子是构成原子核的基本粒子。所谓'基本粒子',就是最少的,不可再分的。"毛泽东带有怀疑的口气再问道:"是不可分的吗?"钱三强再答道:"这个问题正在研究,能不能分,还不能被证实。"毛泽东说:"我看不见得吧!从哲学的观点看,物质是无限可分的。质子、中子、电子也应该是可分的。一分为二,对立统一嘛!不过,现在实验条件不具备,将来证明是可分的。你们信不信?"毛泽东又补一句:"你们不信,反正我信。"钱三强和李四光都对毛泽东的话很感惊讶。时过23年,在夏威夷举行的第七届世界粒子物理学讨论会上,经过诺贝尔物理奖获得者格拉肖的提议,将当时已经分了的基本粒子命名为"毛粒子"。

毛泽东不仅自己勤钻苦学,还经常鼓励别人自学。卫士张保全,由

---

① 《毛泽东传(1949—1976)》下卷,中央文献出版社2003年版,第1691、1692页。

于自学刻苦，考入大学，功课常考第一，离开毛泽东后，每次来看他时，毛泽东再忙也要亲自接见，他说张保全自学成才，应高看他一眼。毛泽东对身边的卫士的学习非常关心，当他们对学习无兴趣时，常以文武双全的曹操、李世民、吕蒙的例子鼓励他们；当他们有自卑情绪时，常以项羽、沛公、韩信为例鼓励。卫士回云玉、李连成考入大学预科，在校学习期间，毛泽东派人为他们送书、送食品，毕业后，还请他们吃饭，向他们敬酒，表示祝贺。

这里，顺便提一个学历和学问的关系。我们必须承认学历对学问的积极作用，也不能否定通过自学获得的学问。论学历，毛泽东仅是一个中专毕业生；论学问，他的广度和深度都是稀有的。这就充分表明他的自学精神是非常难能可贵的。谁都知道他没有进过文学院，但能文服群儒，赋压诗坛，精通马列，"两论"盖世；他虽未进过军事学院，但能运筹帷幄，指挥千军，驱走蒋日，逼美停战。至于虽未进过科学院，也能谈论高科，苦钻冶金，盘问石油，"粒子传球"。

此篇显示了毛泽东敢于上谏、遵守纪律、能上能下和刻苦自学的可贵精神。

直言上谏是发扬民主，促进正确决策，减少失误，防止和惩治腐败的关键环节。我们必须像毛泽东那样，从党和人民利益出发，发扬"五不怕"的刚正不阿精神，知无不言、言无不尽地发表不同的正确意见，批评错误，包括领导的错误在内。一切领导也要增强民主和"言者无罪"的意识，从中采纳正确意见，对错误意见，既要与人为善，又要有"言者无罪"的态度，引以为戒。

毛泽东的直言上谏，从不违背"四个服从"的党纪。毛泽东与"左"右倾错误路线斗争时，从未在行动上对抗党组织，直到撤职还在按党的分工和决议工作。我们要像毛泽东那样，既敢于直言上谏，又遵守纪律，在决议形成后的行动上按"四个服从"执行，个人意见只能留待重议时再提。

能上能下，能屈能伸是检验"全心全意为人民服务"的标准之一。任何人都应不计个人名利、爱好、兴趣、委屈，为党和人民全心全意地工作。

毛泽东的好学精神，提醒世人既重学历，更重学问，不可忽略自学得来的知识和才干。应以毛泽东为楷模，提高读书和自学的自觉性，既读有字的书，也读无字的书，让知识和科学刻绘更加美好的明天！

十四、李隆基"后半辈不会做"皇帝

唐明皇晚节不保，使唐朝由盛转衰。毛泽东却始终如一地做人民的勤务员，废寝忘食，永保晚节。他晚年的失误，在于贯彻自己提倡的正确路线不彻底，给党和人民带来损失，但决非失节，其过像其功一样，都是为国为民和为了实现党的最终目标。

[评注原文]

唐明皇不会做皇帝，前半辈会做，后半辈不会做。

——《毛泽东著作选读》（下册），人民出版社 1986 年版，第 751 页。

玄宗能容韩休。

——《毛泽东读文史古籍批语集》，中央文献出版社 1993 年版，第 242 页。

如此简单明了的十条政治纲领，古今少见。

——《毛泽东读文史古籍批语集》，中央文献出版社 1993 年版，第 237—240 页。

李林甫是唐朝的宰相，是一个有名的被称为"口蜜腹剑"的人。

——《毛泽东选集》第二卷，人民出版社 1991 年版，第 657—658 页。

[故事背景]

李隆基（685—761），睿宗第三子。先天二年（公元 713 年），经过宫廷政变，睿宗将皇位让给他，当时，他 28 岁，改年号为开元，执政 43 年，史称李玄宗。

他执政的前 24 年，很能礼贤纳谏。公元 713 年，起用姚崇为宰相，姚崇提出以禁滥施淫刑，仁义治天下；禁穷兵黩武，三十年内不虚求攻边；严禁宦官乱政；不准皇亲国戚任台省之职；废除靠请托授官；废除租庸调制以外的苛捐杂税；禁止贵族恃宠坏法；禁止大造道观佛寺，以免耗资伤农；禁止玩弄大臣，对朝臣待之以礼；虚心纳谏，求闻得失；吸取两汉外戚乱政、危及国家的教训等十件作为是否就任的条件，玄宗满口答应，姚崇方任相。姚崇按此条件施政后，使玄宗在开元初期出现新风。开元四年（公元716年），玄宗又让宋璟为相，保证姚崇的政治纲领得以继续实施。随后，玄宗又用了张嘉贞、张说、李元纮、杜暹、韩休、张九龄为相，他们都能直言诤谏，补救缺政。如玄宗用韩休时，朝官崇尚节俭，在照镜时，身边人说他瘦了，玄宗说："用韩休，我虽瘦了，天下人肥了。"玄宗由于用了这些贤相，"左右前后皆正君子"，善纳他们的良谏，使唐朝革除了很多弊政。如：精简不必要的官员，"大革奸滥，十去其九"；用人唯贤重德；特别是重视对郡县长吏的选择和任用，开元四年（公元716年）县令考试中，有45人不合格，立即被淘汰，并将中央官和地方官对换，以提高地方官素质，又有利于中央官了解下情，有利于改善地方政治；一改武则天以来的奢靡之风，"凡乘舆服饰，金银器玩，皆令有司销毁供国用，其珠玉、锦绣悉毁于殿前"，先后销毁天枢和朱雀石台，规定百官三品方可饰玉，四品方可饰金，五品方可饰银；遣送不少宫女等。因此，这一时期唐朝走向了繁荣的顶峰，出现了开元盛世的局面，史称"开元之治"。毛泽东说唐明皇这个皇帝"前半辈会做"，正是对他这一时期的赞赏。

玄宗执政的后19年就不同了。这一时期，他满足于前期的繁荣，逐渐滋生了个人享乐思想。公元736年，他重用了李林甫。此人素无才学，阴险狡诈，工于心计，善于揣摩人心，窥伺上意，阿谀奉迎，投机经营。他先与玄宗的宦官高力士拉上关系，又向后宫受宠的武惠妃谄媚，因而骗取了玄宗的信任，与张九龄同列为相。以后，李林甫好说玄宗喜欢听的话，好做玄宗喜欢做的事，在玄宗面前说张九龄的坏话。玄宗想起用守边有功的牛仙客为尚书，张九龄不同意，李林甫便说牛仙客有宰相之才，张九龄是书呆子，天子用人不须征求他的意见，骗得了玄宗的信任；玄宗巡幸洛阳后想起驾回长安，张九龄以时值秋收，动身会骚扰州县为由，劝他改期，李林甫说这是陛下自定的事，不必选择时间，玄宗认为李林甫体贴他；玄宗宠幸武惠妃，想废太子瑛，改立惠妃之子寿王李瑁，张九龄认为废长立幼不宜，李林甫说废立太子纯系皇帝族内之事，不必征求外人意见。这些一逆一顺的对比，使已经志骄意满、贪求享受的唐玄宗对张九龄大为不满，罢了张的职，由李林甫一人为相，独揽朝政。此后，李林甫告诫谏官勿谏，谏言开始堵塞，玄宗逐渐怠于政事，沉溺女色，朝堂政务完全由李林甫一人把持。

武惠妃死后，李林甫派人遍地选美，将16岁的江采苹选入宫内，叫梅妃。有一次，唐玄宗在梅园宴请诸王，宁王不小心踩了酌酒的梅妃之脚。梅妃大怒，当即回宫。宁王怕玄宗降罪他，向玄宗推荐更美的寿王妃杨玉环。玄宗见到儿媳果然姿色超群，当晚将杨玉环留下陪宿。玄宗为掩人耳目，命杨玉环向寿王要求做道士，寿王答应后，赐杨玉环"太真"名，留在宫内。公元740年，玄宗为寿王另娶左卫将军韦昭训的女儿为妃，于是，56岁的玄宗纳22岁的儿媳杨玉环为妃。玄宗从此以后集三千宠爱于其一身，更加肆无忌惮地迷恋杨贵妃，过着"春宵苦短日高起，从此君王不早朝"的淫逸生活。玄宗在李林甫的支持下，一改过去崇俭省而为奢华，雇700工匠为杨贵妃织造锦绣，在骊山华清宫为她造用于梳洗的端正楼和用于淋浴的莲花汤，设驿马队为她从川调供荔枝。为杨贵妃每年安排的金银器物、奇珠异宝和穿戴脂粉所耗之费达数十万之多。同时，玄宗将杨玉环的父亲玄琰封为兵部尚书，将杨母李氏封为凉国夫人，将杨叔父玄珪封光禄卿，将杨兄杨铦封御史，将杨的三个姐妹分别封为韩国、虢国和秦国夫人，让她们伴着杨贵妃共同侍候玄宗。

杨玉环还有一个哥哥叫杨钊，原系武则天所宠爱的张易之的甥子，由于寄养于杨家，改为杨姓，玄宗以钊字有金刀为由，将他改名为国忠，封为侍郎，以后又将他封为右宰相，辅助李林甫左右了唐室大局。

李林甫满足玄宗对杨妃贪得无厌的欲望后，玄宗任李林甫为所欲为。李林甫为了防止强过于他之贤挤占他的位子，把玄宗想重用的兵部侍郎卢绚颇降为华州刺史；让玄宗准备提拔的刺史严挺之以治病为名进京，使玄宗误以为他真的有病，给他一个太子詹事的闲职，打消了重用他的念头；李林甫还设圈一方面要另一个宰相李适之向玄宗建议在华山开金矿，另一方面又对玄宗说华山是陛下王气之所在，不宜开采，使玄宗不信任李适之。他见安禄山没有文化，又是胡人，不可能挤占他的宰相位置，将他提升为平卢节度使。谁知这位别有用心的胡官被提升后，常给玄宗送奇禽异兽和珍珠宝贝，并将少数民族首领和士兵用酒灌醉后杀了，割其首级向玄宗假报平乱战功，常对玄宗说他肚子里只有一颗对陛下的忠心，从而骗取了玄宗的信任，让他随便出入后宫。安禄山乘机拜杨贵妃为干娘，杨玉环和姐姐也在玄宗面前说了他的很多好话。安禄山因此就成了玄宗最信得过的人，玄宗还加封他为郡王，为他在长安破例地造了一座与王公贵族一样华丽的房子。

李林甫和杨国忠见安禄山骗取了玄宗的信任，对他们的权势形成威胁，便以加强边防为名，向玄宗进谏，将安禄山排挤出京城。玄宗采纳了两相的意见，要安禄山兼任了平卢、范阳（今北京）、河东（今太原）三镇的节度使，控制了北方边境的大部分地区。不久，李林甫死去，杨国忠当了宰相。骗取玄宗绝对信任的安禄山，在河东招兵买马，结成了一支强大的反唐势力。公元755年10月，乘国人愤恨杨国忠之际，打着奉唐明皇密令讨伐杨国忠的旗帜，与史思明一起，带领十万人马，发起叛乱。不久，叛军渡过黄河，占领了洛阳和长安，玄宗逃奔马嵬驿（今陕西兴平县西)。杨国忠被兵变的御林军所杀,杨玉环被逼自杀。玄宗最后逃往成都,百姓拥肃宗即位。毛泽东说唐明皇做皇帝,"后半辈不会做",指的就是他后 19 年酿成的"天宝之乱"。

[实践纪事]

杨玉环出现在唐明皇的身边时,正是唐明皇 56 岁时和执政后的第 28 年,她与唐明皇相处 15 年,恰好伴到他退位为止。这一期间正处于玄宗称帝的后半辈,是唐室由盛转衰的时期。所以,杨玉环不能不说是李隆基做皇帝从会做到不会做的转化中一个极有影响的人物。史家称李隆基的帝王生涯为"风流天子,盛极而衰",也是此意。

但是,把"天宝之乱"之责加在一个绝世佳人身上是不公平的。李隆基,作为一个堂堂皇帝,负有不可推诿的主责。

本来,李隆基登基后半辈骄傲自满,崇尚享受,风流好色,无非是思想变了。人的思想不能没变化,等于不能没病一样,并不为奇。有病即治也是常情。只要有良医,能治之病,一治即愈。对思想滑坡之病,最好的良医是自己,靠自己的学习来增加营养和抵抗力。李隆基的前半辈也不是没病,由于自己抵抗力强,加上听了良医姚崇、韩休等宰相的话,病治好了,毛泽东说姚崇的十条政治纲领,古今少见,李隆基用了他的纲领,使唐出了新风;李隆基带领人马在苑中游猎大摆宴席,歌舞作乐,宰相韩休劝止,玄宗即停舞撤宴,毛泽东说玄宗容得韩休。但到了后半辈,李隆基不但抵抗力减弱,而且不听良医的话了。当时他的身边有两个医师,一是张九龄,一是李林甫,前者是良医,下了逆耳苦口的良药,他嫌苦了,不吃;偏偏吃了李林甫顺耳蜜口的假药,结果,病越来越重,以致病入膏肓,无可救药。李林甫其人,毛泽东说他"口蜜腹剑";司马光给他画了一个像,说他"媚事左右,迎合上意,以固其宠;杜绝言路,掩蔽聪明,以成其奸;妒贤嫉能,排抑胜己,以保其位;屡行大狱,诛逐贵臣,以张其势"。正当李隆基51岁和执政23年时,吃了李林甫的假药,让他取代了张九龄,此时李林甫更加满足玄宗贪求享受的私欲,肆无忌惮地沉醉于后宫的糜烂生活,甚至对他霸媳杨玉环为妃的事也不谏止,还有求必应地为其提供条件,安排亲人。另一奸相杨国忠因此上台,安禄山这颗炸弹也因投杨贵妃之好埋在他的身边。安禄山原系平卢节度使,由于违背军令,平乱中打了败仗,边境军将他送到长安,宰相张九龄将他判了死刑,由于安禄山贿赂了皇宫里的内侍,玄宗纳了谗言,赦免了他。结果使安禄山成为乱唐的源头。因此,李隆基做皇帝"前半辈会做,后半辈不会做",归根结底是用人问题。前半辈用了直言净谏的姚崇、宋璟等贤相,出了个"开元盛世",后半辈用了个"口蜜腹剑"的李林甫,引来了"天宝之乱"。

作为一个皇帝,虽以夺取、巩固封建统治地位为目的,但也要勤政治国,使自己统治的国家达到国泰民安,国强民富。这个责任不论自觉不自觉,履行好了,叫会做皇帝,反之叫不会做。任何一个人来到这个世上,是要有节操和气节的,要一辈子保节,才能经得起"盖棺论定"的考验。李隆基后半辈一改前半辈礼贤纳谏、勤政治国之道,全身心地沉迷女色和享乐,把国家和国人忘得一干二净,导致唐室由盛变衰,引来"安史之乱"的悲剧,这是他不保晚节造成的,教训是非常深刻而沉痛的。毛泽东在此对李隆基的批评,实际上是将李隆基后半辈不会做皇帝的事作为一个历史糟粕来剔除,警示世人要一生保住气节和节操,进入晚年时,也要保这个节,要保晚节。

毛泽东批评李隆基不守晚节,自己就注意保晚节。从毛泽东一贯坚持理论联系实践和读史为用史的学风这一角度来说,他对李隆基不守晚节的评点应该是有益于自己始终以全心全意为人民服务宗旨的实施的，这也是他的古为今用从我做起的身教示范。所以，他的这一评点不仅是要求任何一个人都要经得起时间的考验，要一辈子好，半辈子好不行，要好一辈子，要好到底。尤其是一个年老人要保晚节，要保到"盖棺"为止。而且自己就是这样做的，他的上半辈与后半辈子都一样，直到逝世为止，为人民服务到底，为人民奋斗终生，鞠躬尽瘁，呕心沥血，永保晚节，战斗不息。这正是他全心全意为人民服务的价值观、世界观、人生观决定的。有人以他晚年失误为由，将他比作李隆基式的人物，那就是一个极大的误区。毛泽东是一个人民领袖，晚年有过失误，但决非失节。李隆基晚年由于迷恋个人享乐，不理朝政，不仅不为民谋利，而且害国害民，这正是大失晚节。新中国成立时，毛泽东56岁了，面对当时十分复杂和非常困难的国情，没有弥天大勇的胆力，长远战略的眼力，驾驭全局的魅力，雄才大略的能力，各方齐启的动力，只争朝夕的精力，是难以在弹指一瞬间创造出这么一个人间奇迹来的。还有一条也可以肯定，晚年毛泽东，仍是日夜奋战，节衣缩食。1957年有一次连续工作两天三晚不睡觉，只吃了一餐饭，两餐燕麦片粥，一餐芋头；他连理发都只准花5分甚至10分钟；建国后还穿着补丁衣裤接见外宾，弥留前还在为遭受地震灾害的唐山人民痛哭。有哪一点像李隆基那样，为迷恋杨玉环，不早朝、不理朝政、筑骊山华清宫、置莲花汤淋浴、雇700个工匠织造锦绣，设专业马队运鲜荔枝。我们应体谅毛泽东为中国人民乃至全世界人民呕心沥血，鞠躬尽瘁的良苦用心，绝不可将其晚年政策上的失误当作失节。毛泽东的晚年失误完全是工作上的，与李隆基下半辈失节的性质是根本不同的。

毛泽东晚年失误是工作性的失误，是为公而误，决非为私，当然，作风不民主的问题不能不说是出自唯我独尊的思想，也属"私"的范畴，但与以谋私利为目的的"私"有别。毛泽东的工作是"探索性"的，是探索社会主义途径上的严重曲折，是工作上的失误。

毛泽东评点李隆基是全面的，既肯定了前半辈的长处，又批评了后半辈的弊端。本书的主题是后者。李隆基不保晚节，致使唐由盛转衰，由开元之治转为安思之乱，历史教训是深刻的。后人不以此为鉴，不保晚节者，包括今人在内，大有人在。他们"倚老卖老"，借老年余威害国害民，有的造成的恶果不次于腐败者。因此保持晚节的教育必须加强。毛泽东以李隆基晚节不保为例，提醒人们要经得起时间的考验，过好"盖棺论定"这一关。毛泽东提醒人，包括他自己，从来是身教重于言教。要人家做的事，首先自己做。要人家古为今用，自己先古为今用。新中国成立时，毛泽东已经56岁，年过半百之人，应该是安享晚年的时候，但他为了国家利益，放弃个人享乐，宵衣旰食、殚精竭虑地为党、为人民工作着。他晚年的失误，是为全国人民探索更加美好幸福的前途而遇到的严重曲折，也带来了严重的损失，但决非失节。这无疑是读唐史时吸取了李隆基的教训。因为他对李隆基的评点是事实，他贯之以恒的理论与实践相结合的学风也是事实。学以致用、古为今用的优良学风，决定了他对李隆基后半辈失节的批评，而且有益于他后半辈不仅没有失节，并且为全国人民乃至全世界人民所作出的举世瞩目的伟大贡献。

十五、"欲加之罪，何患无辞"

毛泽东不赞同卢弼给曹操贴的"大字报"和祢衡对曹操的"蚁观"，主张给曹操"翻案"。他对人物的评价务实、全面，敢于拨乱反正。毛泽东对商纣王历史人物的评价也是这样。毛泽东在他的战友遭受冤屈和不公正处理时，不仅客观评价，而且挺身而出，为其纠正错处，让其发挥才干。这也是毛泽东评人用人上的古为今用。

[评注原文]

此篇注文，贴了魏武不少大字报，欲加之罪，何患无辞。李太白云："魏帝营八极，蚁观一祢衡。"此为近之。

——《毛泽东读文史古籍批语集》，中央文献出版社 1993 年版，第 138、141 页。

曹操结束汉末豪族混战的局面，恢复了黄河两岸的广大平原，为后来西晋的统一铺平了道路。

——《毛泽东晚年读书纪实》，中央文献出版社 2012 年版，第 129、130 页。

做土皇帝，孟德不为。

杀降不祥，孟德所不为也。

曹操的文章诗词，极为本色，直抒胸臆，豁达通脱，应当学习。

——《毛泽东晚年读书纪实》，中央文献出版社 2012 年版，第 127、131 页。

曹操统一北方，创立魏国……他改革了东汉的许多恶政，抑制豪强，发展生产，实行屯田制，还督促开荒，推行法治，提倡节俭，使遭受大破坏的社会开始稳定、恢复、发展。这些难道不该肯定？难道不是了不起？说曹操是白脸奸臣，书上这么写，剧里这么演，老百姓也这么说，那是封建正统观念制造的冤案。还有那些反动士族，他们是封建文化的垄断者，他们写东西就是维护封建正统。这个案要翻。

——《毛泽东晚年读书纪实》，中央文献出版社 2012 年版，第 130 页。

你们读《三国演义》和《三国志》注意了没有？这两本书对曹操的评价是不同的。《三国演义》是把曹操看作奸臣描写的；而《三国志》是把曹操看作历史上正面人物来叙述的，而且说曹操是天下大乱时期出现的"非常之人""超世之杰"。可是因为《三国演义》又通俗又生动，所以看的人多，加上旧戏上演三国戏都是按《三国演义》为蓝本编造的，所以曹操在旧戏舞台上就是一个白脸奸臣。现在我们要给曹操翻案。我们党是讲真理的党，凡是错案、冤案，十年、二十年要翻，一千年、两千年也要翻。

——《毛泽东晚年读书纪实》，中央文献出版社2012年版，第129页。

[故事背景]

曹操（公元155—220年）即魏武帝。三国时著名政治家、军事家、诗人。字孟德，小名阿瞒，沛国谯县（今安徽亳）人。父名曹嵩，中常侍曹腾养子。曹操20岁举孝廉，历任洛阳北部尉、顿丘（今河南清丰西南）令、骑都尉、济南相。中平六年（公元189年）起兵讨伐董卓，在镇压黄巾起义中逐步壮大。初平三年（公元192年）入兖州，迫降、改编青州黄巾降兵30余万，号"青州兵"。男女百余万口均不杀，收其精锐成为曹的主力军。建安元年（公元196年），迎汉献帝建都许昌，挟天子以令诸侯。次年击破袁术，建安三年擒杀吕布，两年后在官渡之战中大败袁绍，平定了北方。建安十三年（公元208年），出卢龙塞大败乌桓，杀蹋顿单于。次年进位丞相，率大军南下，被孙权和刘备联军大败于赤壁。后进封魏王。他不称帝、不杀帝，子曹丕称帝后追尊为武帝。他在经济上兴屯田、修水利、抑兼并、推广农业生产技术，改革赋税制度，使统治区社会经济有所恢复和发展。在政治上不分门第，唯才是举，抑制豪强，强化中央集权。在文学上影响也很大，《蒿里行》《观沧海》等诗篇慷慨悲凉，气魄雄壮。其散文也洞达清峻，又善于用兵，精通兵法，著有《孙子略解》《兵书摘要》等军事著作。

祢衡，字正平，汉末狂士。他"尚刚傲，好矫时慢物"。孔融爱其才，多次称述于曹操，曹欲见之，而祢衡自称狂病，不肯去，且说了曹操的坏话。后来答应去见曹操。却又穿单布衣，头扎巾，手持三尺大杖，坐大营门，用大杖捶地大骂。曹操以其素有才名，不忍杀他，遣送刘表处，又辗转到黄祖处，因他语言不逊被黄祖所杀，时年26岁。刘表得知后将他葬于鹦鹉洲边。

《三国志·魏书·武帝记》裴松之注引《魏武故事》里，载了曹操写的《让县自明本志令》名文。曹操在此文中对有人说他有"不逊之志"，为自己忠心汉室的耿耿心迹作了语颇恳切的声明。其中说到"设使国家无有孤，不知当有几人称帝，几人称王"时，自称读乐毅、蒙恬不图王权，"其势足以背叛，然必死而守义"的事迹，"未尝不怆然流涕也"。卢弼在《三国志集解》中批了注文，他引林国宝语，指责曹操说的这些话"志骄气盈，言大而夸"，"为奸雄欺人之语"。引黄恩彤语斥责曹操用"不逊之志"的话，正是"欲盖弥彰"。引李安溪之见，说曹操写的《让县自明本志令》是"文词绝调"，"令人不喜读耳"。

毛泽东在读到卢弼的这些注文时加了圈点，批注了本篇第一条原文。其意是说卢弼对曹操的这些政治声明所批的注文，是给曹操贴的大字报。大字报是"文化大革命"中用于批评领导人的"四大自由"之一。批评是可以的，但卢弼对曹操的批评是为诋毁曹操，而故意搬弄的莫须有罪名。李白为祢衡作了《望鹦鹉洲怀祢衡》诗，共有八句："魏帝营八极，蚁观一祢衡。黄祖斗筲人，杀之受恶名。吴江赋鹦鹉，落笔超群英。锵锵振金玉，句句欲飞鸣。鸷鹗啄孤凤，千春伤我情。五岳起方寸，隐然诋可平。才高竟何施，寡识冒天刑。至今芳洲上，兰蕙不忍生。"按照李榕村的解释，其意是像曹操这样有"营八极"（经营天下）的势力和雄才的人，视作蝼蚁的，只有祢衡一个人。其实，李白诗的原意，可能是从怀念祢衡的角度出发，说曹操虽有"营八极"的势力和雄图，仍"蚁观"他，赞扬祢衡之才，敬畏祢衡。这就可以与下句"黄祖斗筲人，杀之受恶名"相对称。毛泽东的注文在指责卢弼对曹操的不实攻击之词后，又引用了李白《望鹦鹉洲怀祢衡》诗中关于祢衡歧视曹操之词，有"此为近之"之说，意思是卢弼对曹操的攻击与祢衡骂曹操一样，都是毛泽东不同意的。

[实践纪事]

毛泽东一贯坚持对人的评价要用唯物辩证法的观点，要一分为二、全面、务实。无论对他的优弊，都不能无中生有，任意扩大或缩小。卢弼、祢衡批评曹操，从与人为善的角度来说，是应该提倡，而且还要做到"知无不言，言无不尽"，"言者无罪，闻者足戒"。曹操也有缺点，毛泽东也说他"有时也优柔寡断"，但是他并不称帝，为人家说他有"不逊之志"常感有怨，写了《让县自明本志令》以声明，说"设使国家无有孤，不知当有几人称帝，几个称王"，是可以的，卢弼却说他的声明是"言大而夸""自欺欺人""令人不喜读"的"文词绝调"。曹操明明为后来西晋的统一铺平了道路，不称帝，不杀降，实行屯田，祢衡却蚁观他。所以，毛泽东说卢弼的大字报与祢衡的"蚁观"一样，是莫须有的加罪。他主张"言者无罪"是指在认识上不一和因情况不明而误断的批评，闻者不应因此给他加罪，这就有利于广辟言路。但是，对恶意攻击者，现行法律也不容许，要刑之以"诬告罪"。对因颠倒是非丑化人物形象，影响恶劣，也应澄清是非，还其真相。这样，不仅有利于扶正压邪，而且有利于激励后人。毛泽东对古今人物的评点从来是实事求是的，对不公正之断敢于拨乱反正。他主张为曹操的"白脸奸臣"形象翻案正是一位伟人求实之处。他对曹操的很多评注，正是为"白脸"翻案而写的。

毛泽东在这里批评卢弼和祢衡不实事求是地评价历史人物，意在期盼世上对任何人的评价，都要采取马克思主义的历史唯物辩证观点。所以，对历史人物功过利弊的评价不实事求是，是严重影响后人健康成长的大事。

毛泽东自己就是这样做的。他为曹操鸣冤叫屈，提出翻案，拨乱反正，全面评价，正是为了务实、全面评价历史人物。对其他历史人物的评价毛泽东也坚持一分为二。

商纣王，曾令人油炸厨师双脚，剖孕妇取胎儿，作恶太多，荒淫无道，被后人贬为暴君、魔鬼，"丑角明显"。毛泽东对他也是一分为二。除肯定他的暴虐外，还认为他"很有本事，能文能武"，说他"经营东南，把东夷和中原的统一巩固起来，在历史上是有功的"。[①] 我国中原地区即黄河流域，是华夏族开发的，东南一带则是东夷的老家。东夷不是一个统一的部族，而是许许多多的小部族的总称，比华夏部族落后得多。在商朝后期，有的还处在原始社会阶段。因此，东夷对商朝的反抗日益激烈。纣王的父亲帝乙曾大举攻东夷，没有彻底胜利。纣王亲自出征，往来冲杀，一人能对付几个人，一直打到长江下游，俘虏了成千上万的东夷人。征服东夷后，开拓了中原和东南的交通，中原文化也逐渐传到了东南地区，生产也发展了。所以，毛泽东认为纣王伐东夷，对开发我国东南地区和长江下游是有功的。

---

① 《跟毛泽东学史》上卷，红旗出版社 2001 年版，第 24 页。

郑国是一个小国，春秋初期成了霸主，这与该国有比较发达的经济与政治上的有利条件有关，但郑国君郑庄公的才能与作为也不容忽视。虽然郑庄公专横跋扈，但郑庄公的远交齐鲁，近攻宋卫的政策是很有效的。毛泽东在读苏联《政治经济学（教科书）》的讲话中说："郑庄公，此人很厉害。他对国内斗争和国际斗争都很懂得策略"。

毛泽东对孔子有独到看法，但也肯定孔子正确的一面。他说："我们共产党人看孔夫子，他当然是有地位的，因为我们是历史主义者"。"孔孟有一部分真理，全部否定是非历史的看法""曲阜县是孔夫子的故乡，他老人家在这里办过多少年学校，教出了许多有才干的学生，这种事是很出名的"[①]"迈开你的两脚，到你的工作范围的各部分各地去走走，学个孔夫子的每事问'"[②]。

毛泽东对秦始皇也主张一分为二。他接见埃及副总统沙菲时说："中国历来分两派，一派讲秦始皇好，一派讲秦始皇坏。我赞成秦始皇，不赞成孔夫子。因为秦始皇是第一个统一中国，统一文字，修筑宽广的道路，不搞国中之国，而用集权制，由中央政府派人去各地方，几年一换，不用世袭制度。""不能大骂秦始皇。早几十年中国国文教科书，就说秦始皇不错了，车同轨，书同文，统一度量衡。"他还对北京大学中文系讲师芦荻说过秦始皇之弊："秦始皇作为一个历史人物评论，要一分为二。秦始皇在历史发展过程中的进步作用要肯定，但他在统一六国后，丧失了进取的方面，志得意消，耽于佚乐，求神仙、修宫室、残酷地压迫人民，到处游走，消磨岁月，无聊得很。"[③]

毛泽东虽然说项羽是"非政治家"，但仍对他的英雄气概倍加赞赏。

---

① 1955年12月为《中国农村社会主义高潮》一书中的一文写的按语。
② 《毛泽东选集》第一卷，人民出版社1991年版，第110页。
③ 《跟毛泽东学史》上，红旗出版社2000年版，第212页。

1939 年 4 月 8 日，他在延安抗大演讲时说："项羽是有名的英雄，他在没有办法的时候自杀，也比汪精卫、张国焘好得多。从前有个人作了一首诗，问他为什么要自杀，可以到河东去再召八千兵打天下。我们要学项羽的英雄气节，但不自杀，要干到底。"[1] 这里，毛泽东不是赞赏项羽的自杀，是赞赏他自绝无路时，不投降，不甘被对手杀死的英雄气节。

镇压政敌、政弊颇多的武则天，是我国第一位女皇。毛泽东对她也一分为二，认为她"不简单"，他说武则天"确实是个治国之才，既有容人之量，又有识人之智，还有用人之术"。[2]

毛泽东很小时候也信神，以后不信，但很重视宗教问题。他在 1961 年 1 月 23 日同班禅的谈话时说："群众中有那样多人信教，我们要做群众工作，我们却不懂宗教，只红不专，是不行的。"[3] 他特别注意禅宗六祖唐朝高僧慧能的思想，多次读过由慧能弟子编写的《六祖坛经》。这主要是由于慧能是劳动人民出身，他自小家境贫苦，出身寒微，曾卖柴为生。并通过卖柴了解了弘忍大师的说法，还参拜过弘忍大师。他认为慧能的佛性中有平等思想，在 1959 年 10 月 22 日同班禅大师谈话时说："有上层的佛经，也有劳动人民的佛经，如唐朝时六祖（慧能）的佛经《法宝坛经》就是劳动人民的"这种观点，表现出对劳动人民的重视和热爱，所以博得毛泽东的赞赏。

毛泽东主张将骂名千秋的秦桧主和之责分一点给赵构。他在 1957 年 6 月 30 日晚上约见冒鹤亭，其子舒湮陪父去见毛泽东。鹤亭指着舒湮说："我儿子写话剧《精忠报国》，把秦桧影射汪精卫，汪精卫问我要人，幸

---

[1] 《跟毛泽东学史》上，红旗出版社 2000 年版，第 279 页。

[2] 《跟毛泽东学史》下，红旗出版社 2000 年版，第 696 页。

[3] 《毛泽东年谱（1949—1976）》（修订本）下卷，中央文献出版社 2013 年版，第 528 页。

亏他早跑了"。毛泽东说："主和的责任不全在秦桧，幕后是宋高宗。秦桧不过是执行皇帝的旨意。高宗不想打，要先'安内'，不能不投降金人……是赵构自己承认'讲和之策，断自朕意，秦桧但能赞朕而已。'"①

朱元璋有为巩固明朝政权搞特务统治、诛杀功臣和搞文字狱等弊，毛泽东却较多地肯定他的历史地位。说："自古能军无出李世民的右者，其次则是朱元璋耳"。1948 年，吴晗把他刚刚完稿的《朱元璋传》稿本带到石家庄解放区呈送毛泽东审阅，毛审阅后，在当年 11 月 24 日退还稿时，给吴晗写了一封信，指出他"尚未完全接受历史唯物主义作为观察历史的方法论"，建议他在这方面"加力用一番功夫"。1954 年看了《朱元璋传》第三次修改稿后具体提出："朱元璋是个农民起义的领袖，是应该肯定的，应该写得好点，不要写得那么坏。"②我认为"写得好点，不要写得那么坏"这句话，与 1948 年毛泽东给吴晗的信中所说的"历史唯物主义作为观察历史的方法论"那句话联系起来，就不会误为毛泽东护朱元璋之短。其实，朱元璋确实有不少可取之处，不然，一个农民能统领千军万马，推翻元朝吗？起码有一条是善于礼贤纳谏，他能把捍卫元朝江山的刘伯温和抗击过红巾军的朱升请过来是很不容易的。"高筑墙、广积粮、缓称王"之计就是朱升献的。杀贪腐过多过残之弊也反映了他恨贪的一面。

太平天国主要领导人之一的石达开，1863 年 5 月在大渡河被清军围困，清军打出"投降免杀"的招降伎俩，他轻信敌人的话，表示愿"舍命以安三军"，亲赴清营，请求宽容其部下，自愿受死。当他被清军押过河，其部受阻彼岸时，自觉上当，悔之已晚，不但自己捐躯成都，两千多部属也未能幸免于难。四川总督骆秉章劝降时，石达开毅然答道："成

---

① 《跟毛泽东学史》下，红旗出版社 2000 年版，第 938 页。
② 《读懂毛泽东》，四川人民出版社 2014 年版，第 342 页。

则为王，败则为寇，今生汝杀我，安知来生吾不杀汝耶？"毛泽东说：石达开"对敌人的话太轻信了，这使他吃了大亏"。然而，他还是称赞"石达开毕竟是个英雄"。

毛泽东还在苏联主要领导人斯大林受到赫鲁晓夫否定时，说过公正话。1956 年 4 月，他在修改《人民日报》编辑部文章《关于无产阶级专政的历史经验》时，写了如下意见："斯大林是一个伟大的马克思列宁主义者，但也是一个犯了几个严重错误而不自觉其为错误的马克思列宁主义者。我们应当用历史的观点看斯大林，对于他正确的地方和错误的地方作出全面和适当的分析，从而吸取有益的教训。不论是他正确的地方，或者错误的地方，都是国际共产主义运动的一种现象，带有时代的特点。"[1]

毛泽东对中国国民党的主要创始人孙中山也有公正的评价。他在为纪念孙中山诞辰九十周年而写的《纪念孙中山》一文中，称他为"伟大的革命先行者""中国革命民主派的旗帜"。并写道："他在政治思想方面留给我们许多有益的东西。现代中国人，除了一小撮反动分子外，都是孙先生事业的继承者。"他还说："孙先生是一个谦虚的人。我听过他多次讲演，感到他有一种宏伟的气魄。从他注意研究中国历史情况和当前社会情况方面，从他注意研究包括苏联在内的外国情况方面，知道他是很虚心的人"；"他全心全意地为了改造中国而耗费了毕生的精力，真是鞠躬尽瘁，死而后已"。他在赞扬孙先生历史功绩的同时还指出："像很多站在正面指导时代潮流的伟大历史人物，大都有他们的缺点一样，孙先生也有他的缺点。这是要从历史条件加以说明，使人理解，不可苛求前人的。"[2]

---

[1] 《读懂毛泽东》，四川人民出版社 2014 年版，第 343 页。
[2] 《毛泽东著作选读》下册，人民出版社 1986 年版，第 754、755 页。

在他的战友遭受冤屈和不公正评价、处理时，也是这样。不仅为其澄清真相，务实论人，而且挺身而出，为其纠正错误处理，还其真实面目，让他发挥才干，促进党的各项事业顺利发展。这无疑是他吸取卢弼、祢衡不实责人的教训，在他的伟大事业中，用人上的古为今用。

从对下列几位战友蒙受委屈时的处理可以看出。

1927 年 10 月 3 日，毛泽东率领秋收起义部队到达江西宁冈古城，准备上井冈山。听说山上有两股绿林武装，部队很多人听说是"土匪"，主张用武力解决，若是真的动武，不费吹灰之力是可以很快拿下的。毛泽东早就听说他们与其他劫财害命的土匪不同，便召开有当地人参加的调查会，详细了解情况。果然发现这两股武装打富不打贫，还接济贫人。有个头领叫袁文才，还是共产党员，于 1926 年 10 月，带领一部分人攻下宁冈新城，摧毁清乡局，缴枪 14 支，驱逐知县出境；1927 年任农民自卫军总指挥，先后击毙、赶跑上面派来宁冈的三位伪县长。另一个头领王佐，是遂川县农民自卫队的指挥，赣西农民自卫队副总指挥。毛泽东掌握这些情况后，立即说服部队不动武，他亲自上山做他们的思想工作，给他们送枪，感动他们为起义军解决很多困难，使起义军在井冈山落脚；并改造他们的队伍，促使这两支武装成为革命军的队伍。1929 年 1 月 4 日，毛泽东在柏露村召开会议，传达中共六大通过的《苏维埃政权组织问题决议案》文件，见其中第七条关于"土匪的关系"中，有"与土匪或类似的团体联盟仅在武装起义前可以适用，武装起义后宜解决其武装，并严厉地镇压他们"等明显带有"左"的色彩的一段话。毛泽东见袁、王在场，对这段话没有传达。有些知道这段话的人，主张杀袁、王，毛泽东坚决反对，对这些人讲清袁、王不属文件中所指的人，不能执行，对他们两人继续用而不疑，还将袁文才安排为红四军的参谋长。

1928 年 6 月底，朱德发现大部战士是资兴人的第 29 团，在"左"的错误路线影响下，思乡心切，擅自决定回湘南，朱德多次制止无效，连夜派人送信报告毛泽东派人带信来制止也无效，只得率28团与他们一起出击湘南。不料，两团攻郴州失败，红29团1000余人几乎全军覆灭，剩下100余人并入28团。留守井冈山的部队有些人对朱德不让前委书记毛泽东知道擅自离山有意见。毛泽东早知朱德没有他心，是为了部队安全不得已而为之。便亲自率31团第3营奔赴湘南。途中对随军反复交代，在见到28团、29团后不要对他们有任何指责。毛泽东见到朱德后，对为部队损失感到很难受的他进行安慰，并没有责备，和他一起把部队迎回井冈山。朱德本来对开创井冈山革命根据地的主要领导人毛泽东一直是敬仰、尊重的。但自"三湾改编"明确党对军队的领导以来，这位来自国民革命军第三军教导团团长、南昌起义第九军军长的他，虽然当了红四军军长、军委书记，与过去一个人说了算不同，有事还要和前委书记、红四军党代表毛泽东商量，内心上难免感到不习惯。自中央错误的"二月来信"下达后，朱德的老部下刘安恭取代了朱德的军委书记，背着前委书记作出"前委只讨论行动问题，不管其他事"的决定，还公开提出红军有朱、毛两派，朱德虽对"派性"二字感到委屈，也对毛泽东提了有家长制作风的意见，导致红四军党的七大重选前委书记时毛泽东落选。自中央"九月来信"肯定他的正确主张，恢复他的前委书记以后，毛泽东认为朱德这位久经沙场，且经过南昌起义失败考验出来的老将，对他有意见是正常的，但有一条非常肯定，他们两人之间绝无派性，刘安恭说他们有派性，无论对朱德、对他自己都是不符合实际的。他感到自己的工作方法也有欠妥之处，部队的新纪新规颁布以来，思想工作也做得不够好。便主动地向部队反复肯定了无派性这一点，向朱德也说明了这一点。朱德听了以后，也与毛泽东有同感，丢下了"派性"的思想包袱。他也承认了自己的错误。毛泽东也照样一如既往地坚信朱德，把朱德一直当成老搭档，任他为红一方面军军长，八路军、人民解放军的总司令。"文化大革命"中，一些"红卫兵"要揪"老总"，他挺身而出要为他陪斗，从而保护了朱德。

1943年3月16日下午，饶漱石在华中军分区会议上，指责时任新四军代军长陈毅反对毛泽东，反对政治委员制度，并写了长达1500字的电报，发给毛泽东，说陈毅"以检讨军直工作为名召集20名部、科长以上参加的会议，公开批评政治部、华中局及我个人等，……但望中央速决定物色才德兼备的军事政治负责干部来帮助我们"；并说自己在德方面"可保证无愧"。还鼓励一些干部联名向中央打电报批评陈毅。毛泽东接到电报后，认为陈毅虽然有缺点，但绝对不会反对他，也不会反对政治委员制度；认为他早在南昌起义失败后，跟朱德带领余部奔向井冈山，早就是一个不怕失败的忠诚于党的意志坚强的人；在中央"二月来信"后，虽然取代了他的前委书记，但向党中央汇报了红四军的真实情况，为中央起草了"九月来信"，使他恢复了前委书记。因此，他向饶漱石通过电报说明了他的看法，并通知陈毅去延安参加半年整风学习，通过与他谈话，使他认识和纠正了在工作中的缺点。在中共七大上，陈毅选上了中央委员，又任命他为中央军事委员会委员，仍回华东工作。以后又任他为华东野战军司令员、上海市市长、国务院副总理兼外交部部长。陈毅逝世后，毛泽东参加了他的追悼会，并说他"是个好同志"。

1932年2月下旬，毛泽东在江西东华山见到当年2月16日和2月21日，上海《申报》《新闻报》《时事新报》等陆续刊出的《伍豪等脱离共党启事》（"伍豪"系周恩来的代名）时，随即以时任中华苏维埃共和国临时中央政府主席的名义，起草了布告，为周恩来辩诬："事实上伍豪同志正在苏维埃中央政府担任军委会的职务，不但绝对没有脱离共产党的事实，而且更不会发表那个启事里的荒谬反共的言论。"①中央苏区第五次反"围剿"和长征过湘江时的惨败，作为军内最高领导成员之一的周恩来负有重要责任，在遵义会议批判博古、李德的错误路线时，毛泽东认为他在当时蒋介石抽调兵力入闽，镇压福建人民政府时，提过红三五军团趁机侧击入闽敌军的意见，李德、博古未采纳，将他和朱德调去后方，使他抵制不了博古、李德打阵地战的错误，因而把他从"三人团"分化出来，未将他列入批判对象，予以保护。"文化大革命"中，一批红卫兵想揪斗周恩来，毛泽东予以保护。1974 年筹备四届人大时，毛泽东排除了"四人帮"的干扰，作出了"总理还是我们的总理"的决定，支持了周恩来。

1937 年 5 月 17 日，中央在延安召开白区工作会议，毛泽东安排一直坚持白区工作的刘少奇在会议上作《关于白区的党和群众工作的报告》，介绍了他在国民党统治区工作的经验教训，揭露了"左"倾冒险主义的关门主义错误，与会人员引起了巨大的震动和争论。对他的发言有异议的人，除了一部分受"左"倾路线影响的人外，还有一部分是长期处于枪林弹雨中的同志，他们有的还自恃战功，对他有妒意。深知白区工作重要性和艰巨性的毛泽东，在听到这些异议后，于 6 月 3 日在中央政治局会议上肯定"少奇的报告基本上是正确的，错的只在报告中的个别问题上，少奇对白区工作有丰富的经验，他在实际工作中领导群众斗争和处理党的关系方面，都是基本上正确的，他懂得实际工作的辩证法"②。1953 年，高岗对曾经批评东北局在对待民族资产阶级问题上有"左"的

① 《毛泽东年谱（1893—1949）》（修订本）上卷，中央文献出版社 2013 年版，第 365 页。
② 《中国共产党历史（1921—1949）》上册，中共党史出版社 2002 年版，第 450 页。

错误的刘少奇不满，说刘少奇是"白区党"，说党和国家领导机关现在掌握在"白区党"手里和饶漱石一起煽动和挑拨一部分军队中的高级干部反对刘少奇。毛泽东认为这是不符合实际情况的，是一个阴谋，于1953年3月召开的中共全国党代表会议上，批判了高岗、饶漱石，撤除了他们的一切职务。遗憾的是"文化大革命"中，毛泽东因把刘少奇一些在工作上的不同见解升了级，"四人帮"也提供了不实情况，使刘少奇遭到不应有的悲惨命运。

在少林寺里做过8年杂工的许世友，参加红军后任红四方面军红四军军长、骑兵司令员。在红四方面军全面负责人张国焘另立中央，分裂党和红军，受到全党全军批判后，他想不通，说张国焘没有功劳也有苦劳，不然的话，红四方面军怎么还有8万多人？甚至准备于1937年4月10日带人到四川汉中巴山找刘子才去。有关部门把他开除党籍，抓起来，戴上镣铐，关在保安红军大学的一个窑洞里，有人主张判处他的死刑。毛泽东得知后，认为许世友对革命事业忠心耿耿，战功卓著，长征时三过草地，曾用一套十八罗汉拳，打下阻挡红军出路的塞主所摆下的雷台战；在万源保卫战中，用一把刀同敌人展开惊天动地的肉搏战，杀败了敌人。他还认为批判张国焘错误的路线时，也确实有些扩大化，对许世友思想不通也有影响。因此，他把红四方面军的其他领导和广大战士与张国焘的错误严格分开来。亲自走进关许世友的牢房，对他承担批张中扩大化的责任，并向他致敬，肯定了他的战功，说他是个好同志，受委屈了，亲自为他松了镣铐，接他出狱，恢复了他的党籍，许世友大受激动，很快投入抗日前线。

"文化大革命"中，毛泽东主张经历过民主革命的干部，都要通过教育，自觉和不自觉地过好社会主义革命思想关，使之自觉地抵制腐蚀，成为廉洁自律的人。后期，他本着"处理从宽"的方针，十分看重干部政策的落实，先后让他们得到"解放"，出来工作。1971年重病期间所作的批示，绝大部分是关于解放干部的。1973年上半年，在中央下发关于邓小平复职文件前后，指示有关部门抓紧"解放"一些在"文化大革命"中受到迫害的老干部。他说："我并不知道老同志受罪，我的目的是想烧一烧官僚主义，但不要烧煳了。"他当时还把落实干部政策的工作交由周恩来同志负责。对周恩来说："这个问题（落实干部政策）由你去落实吧！"①1973年上半年，毛泽东阅批了一些在"文化大革命"中被迫害的老干部及其家属的来信，包括谭震林、何长工、李一氓、舒同、谭政、叶飞等，并指示有关部门抓紧"解放"他们，"分配工作"。1973年11月，毛泽东批示解除对解放军原总参谋长罗瑞卿的监护。1974年，毛泽东批准杨成武出来工作。9月17日，毛泽东在陈丕显的来信上批道："似可作人民内部问题处理"。这一年的9月27日，中央政治局提出了一份多达两千多人参加国庆招待会见报的名单送毛泽东审批时，毛泽东完全同意后，又加了萧华、侯宝林、刘志坚和商震。1975年3月8日，毛泽东又批准《关于专案审查对象处理意见的请示报告》，提出"除极少数人外，绝大多数人均予以释放，并妥善安置"，还批准了释放的名单。这样就释放了原来关押着的350个人。据此，"文化大革命"以来被关押着的几百名干部几乎全部解除监禁，许多人被安排工作或住院治疗。

无论是毛泽东评点卢弼和祢衡也好，还是从用史出发评点其他历史人物也罢，或者是为他蒙冤的战友纠错也好，这充分表明，毛泽东评价人是采用历史唯物辩证的方法，是自始至终贯彻和显示毛泽东思想中三大活的灵魂之一的实事求是思想路线的。

---

① 《毛泽东传（1949—1976）》下卷，中央文献出版社2003年版，第1654页。

主要参考书目

1.《毛泽东选集》第1—4卷,人民出版社1991年版。

2.中共中央文献研究室:《毛泽东文集》第1—2卷,人民出版社1993年版。

3.中共中央文献研究室:《毛泽东文集》第3—5卷,人民出版社1996年版。

4.中共中央文献研究室:《毛泽东文集》第6—8卷,人民出版社1999年版。

5.中共中央文献研究室:《毛泽东著作专题摘编》,中央文献出版社2003年版。

6.中共中央文献研究室:《毛泽东读文史古籍批语集》,中央文献出版社1993年版。

7.中共中央文献研究室:《毛泽东传(1893—1949)》上、中、下卷,中央文献出版社2013年版。

8.中共中央文献研究室:《毛泽东年谱(1893—1976)》(修订本),中央文献出版社2013年版。

9.缅怀毛泽东编辑组:《缅怀毛泽东》(上、下),中央文献出版社1993年版。

10.中共中央文献研究室:《建国以来毛泽东文稿》(1、2册),中央文献出版社1987年版。

11.中共中央文献研究室:《建国以来毛泽东文稿》(3、4册),中央文献出版社1989年版。

12.中共中央文献研究室:《建国以来毛泽东文稿》(5 册),中央文献出版社1991 年版。

13.中共中央文献研究室:《建国以来毛泽东文稿》(6、7 册),中央文献出版社1992 年版。

14.中共中央文献研究室:《建国以来毛泽东文稿》(8 册),中央文献出版社1993 年版。

15.中共中央文献研究室:《建国以来毛泽东文稿》(9、10、11 册),中央文献出版社 1996 年版。

16.中共中央文献研究室:《建国以来毛泽东文稿》(12、13 册),中央文献出版社 1998 年版。

17.中共中央党史研究室:《中国共产党历史》第一卷(上、下册),中共中央党史出版社 2011 年版。

18.中共中央党史研究室:《中国共产党历史》第二卷(上、下册),中共中央党史出版社 2011 年版。

19.逢先知、金冲及:《毛泽东传(1949—1976)》(上、下),中央文献出版社 2003 年版。

20.中共中央文献编辑委员会:《邓小平文选》第 1—3 卷,人民出版社 1993 年版。

21.诸葛渔阳:《浴血奋战在敌后战场》,人民出版社 1999 年版。

22.康战、华青:《对日寇的最后一战》,人民出版社 1997 年版。

23.刘武生:《毛泽东与中共党史重大事件》,中央文献出版社 2001 年版。

24.张启华:《读懂毛泽东》,四川人民出版社 2001 年版。

25.罗平汉:《回看毛泽东》,人民出版社 2013 年版。

26.孙宝文、刘春增、邹桂兰:《毛泽东成功之道》,人民出版社 2013 年版。

27.李新芝、郑俊明:《毛泽东纪实(1893—1976)》(上、下),中央文献出版社

2011 年版。

28. 王岳夫、李拥军：《毛泽东教我们学处事》，中共党史出版社 2003 年版。

29. 杨松林：《总要有人说真话》，南海出版社 2013 年版。

30. 谢春涛：《向毛泽东学习》，中共中央党校出版社 2013 年版。

31.《新湘评论》编辑部：《毛主席一家六烈士》，湖南人民出版社 1978 年版。

32. 余伯流、陈纲：《井冈山革命根据地全史》，江西人民出版社 2007 年版。

33. 海鲁德等：《生活中的毛泽东》，华龄出版社 1989 年版。

34. 陈湖、文源：《毛泽东的三十险难》，贵州民族出版社 1993 年版。

35. 王伯福：《毛泽东轶事大观》，山东人民出版社 1997 年版。

36. 韶山毛泽东同志纪念馆：《毛泽东遗物事典》，红旗出版社 1996 年版。

37. 詹全友：《毛泽东瞩目的帝王宰相》，长江文艺出版社 2000 年版。

38. 赵以武：《毛泽东评说中国历史》，广东人民出版社 2000 年版。

39. 薛泽石：《跟毛泽东学史》（上、下），红旗出版社 2000 年版。

40. 国家统计局：《光辉的三十五年》，中国统计出版社 1984 年版。

41. 司马迁：《史记白话》（上、下），岳麓书社 1994 年版。

42. 施耐庵：《水浒全传》，岳麓书社 1988 年版。

43. 罗贯中：《三国演义》，岳麓书社 1986 年版。

责任编辑：王世勇

版式设计：杜维伟

图书在版编目（CIP）数据

毛泽东评史／张汉清 著.—北京：人民出版社，2018.3（2025.8 重印）

ISBN 978－7－01－018589－7

I.①毛…　II.①张…　III.①毛泽东著作研究－史评－中国　IV.A841.692

中国版本图书馆 CIP 数据核字（2017）第 288439 号

毛泽东评史

MAOZEDONG PINGSHI

张汉清　著

人民出版社 出版发行

（100706　北京市东城区隆福寺街 99 号）

北京中科印刷有限公司印刷　新华书店经销

2018 年 3 月第 1 版　2025 年 8 月北京第 4 次印刷

开本：710 毫米 ×1000 毫米 1/16　印张：22.75

字数：293 千字

ISBN 978－7－01－018589－7　定价：98.00 元

邮购地址 100706　北京市东城区隆福寺街 99 号

人民东方图书销售中心　电话（010）65250042　65289539